修远研学实践教育研究丛书

研学实践教育研究

第 1 辑

湖北新民教育研究院 ◎ 编

祝胜华 ◎ 主编

华中科技大学出版社
http://www.hustp.com
中国·武汉

图书在版编目（CIP）数据

　　研学实践教育研究．第1辑/湖北新民教育研究院编；祝胜华主编． —武汉：华中科技大学出版社，2020.8（2021.1重印）
　　（修远研学实践教育研究丛书）
　　ISBN 978-7-5680-6463-7

　　Ⅰ．①研… Ⅱ．①湖… ②祝… Ⅲ．①教育旅游—教育研究 Ⅳ．① F590.75

中国版本图书馆 CIP 数据核字（2020）第 146035 号

研学实践教育研究　第 1 辑　　　　　　　　　湖北新民教育研究院　编
Yanxue Shijian Jiaoyu Yanjiu　Di-yi Ji　　　　　祝胜华　主编

策划编辑：靳　强　郭妮娜
责任编辑：徐小天
封面设计：廖亚萍
版式设计：赵慧萍
责任校对：董文君
责任监印：周治超
出版发行：华中科技大学出版社（中国·武汉）　　电话：(027) 81321913
　　　　　武汉市东湖新技术开发区华工科技园　　邮编：430223
录　　排：华中科技大学出版社美编室
印　　刷：武汉科源印刷设计有限公司
开　　本：787mm×1092mm　1/16
印　　张：18.25
字　　数：313 千字
版　　次：2021 年 1 月第 1 版第 2 次印刷
定　　价：68.00 元

本书若有印装质量问题，请向出版社营销中心调换
全国免费服务热线：400-6679-118　竭诚为您服务
版权所有　侵权必究

《研学实践教育研究》编委会

编委会主任

  祝胜华 湖北新民教育研究院理事长

编委会副主任

  翟秀刚 教育部教育发展研究中心研学旅行研究所特聘研究员、宜昌市委高校工委副书记

编委（按姓氏笔画排序）

  万毛华 江西省南昌二中高新校区校长
  王晓燕 教育部教育发展研究中心研学旅行研究所所长
  王振民 中国教育学会少年儿童校外教育分会副理事长
  申国昌 华中师范大学教育学院副院长
  白雪峰 清华大学附属中学副校长
  田培庆 上海四季教育集团董事长
  刘堂江 中国教育学会常务副会长
  刘玉堂 湖北省社会科学院原副院长
  刘 勇 湖北新民教育研究院院长
  孙 星 工信部工业文化发展中心副主任
  江嫦娟 华中师范大学研学旅行教育研究中心
  汪拥军 湖北省武昌实验中学校长
  张 强 华中师范大学研学旅行教育研究中心主任
  张 硕 湖北省社会科学院楚文化研究所研究员
  李永彬 中少童行（北京）教育科技有限公司总经理
  郭春家 北京市育英学校原副校长
  钱昌炎 华中师范大学第一附属中学原副校长
  彭 蕾 海亮教育管理集团副总裁

编辑部

  主 编：祝胜华 张 强
  副主编：周 蕾 丁 勇
  编 辑：赵家明 周 晔 李晓丽 熊琳晖

卷首语
PREFACE

　　研学旅行、研学实践、实践教育，一个具有划时代意义的国家教育制度的设计正循着轨迹演变、前行。

　　孩子的成长教育，一直都是社会关注的热点、焦点和难点。因为孩子是家庭的未来，是社会的希望。助力孩子成长，不再只是家长们的专属责任，也不再只是学校的专属责任，而应该是全社会的共同责任。中国的基础教育正沿着不断开放、不断改革的轨迹往前发展。在这一发展过程中，教育生态正发生着深刻的变革。

　　一个以旅行为载体，以社会资源为依托，以助力孩子健康快乐成长为目的的具有新生态、新课程、新师资、新方法及新评价的教育模式，正呈现在我们面前，值得我们关注和参与，更值得我们期待与支持。

　　在这样的背景下，由湖北新民教育研究院、华中师范大学研学旅行教育研究中心主编的《研学实践教育研究》问世了。

　　《研学实践教育研究》旨在将研学实践教育的理论与实践贯通融合，将研学实践课程的建设与践行贯通融合，将学界与社会各界的力量贯通融合，并搭建一个能让业内人士充分发表观点、分享经验、探讨学术、创新探索的平台和阵地，以助力中国实践教育蓬勃发展与成长。因此，我们希望此书的问世，能引起更多教育界同仁的参与和认同，能让更多人从中得到一些启示与启迪，能为我国基础教育发展提供借鉴和帮助，以促进实践教育课程有更多系统的探索和探讨，促进中小学生更好地成长，使教育新生态呈现百花齐放、百家争鸣、百舸争流的气象。

　　我们希望能有更多学界、企业界的人士关心关注教育，关心关爱孩子们的成长,真正地多站在教育的角度主动思考问题,能够跨界教育、服务教育。我们希望此书能提供有效帮助,能让社会各界人士从此书中获得更多对教育的了解和理解,对他们的工作有所启示和启迪,进而使实践教育在社会各界参与下呈现出更加繁荣、更具活力的,有着美好的成长与发展的喜人局面。

伟大的教育事业,需要更多人与更多机构积极参与。中国的孩子们需要更多人、更多机构的关爱关心,以助力他们成长。

一切基于孩子的快乐和成长,一切为了孩子的快乐和成长,这就是《研学实践教育研究》的宗旨和目标。

祝胜华

2019 年 10 月 12 日

目 录
CONTENTS

/第一章　研学理论与宏观思考/

003　研学旅行：新时代落实立德树人根本任务的重要途径　　　　/王晓燕

012　研学旅行是家、校、社共育新人的重要途径　　　　/孙云晓　韩庆雷

022　对研学实践教育两大焦点问题的思考和建议　　　　/祝胜华

032　论高校的学科优势及与研学旅行教育的深度融合　　　　/张汉敏　张强

040　对研学旅行的思考　　　　/孙广学

/第二章　主题文化与研学教育/

057　中华优秀传统文化传承与青少年教育　　　　/刘玉堂

067　论工业文化与研学教育结合发展的意义　　　　/孙星　刘玥

077　浅谈博物馆在研学旅行中的教育功能　　　　/张硕

088　传承红色基因　培育时代新人
　　　——关于荆楚红色文化进校园的思考　　　　/郑巍宁

第三章 课程建设与课程践行

099 闻道致远 知行合一
　　——清华附中研学旅行课程的设计与开发　　　　　　／王　敏　白雪峰
109 研精覃思 笃学明德
　　——清华附中初中暑期研学课程纪实　　　　　　　　／伊　娜　白雪峰
119 鲜花在前方，我们在路上
　　——湖北省武昌实验中学生涯教育实施路径　　　　　　　　　　／罗　荣
128 研学课程开发的24字原则　　　　　　　　　　　　／周　晔　余　乐
132 研学旅行与学科课程的有机融合
　　——以课程"秋叶的秘密"为例　　　　　　　　　　　　　　／窦丽芳
139 "四微"教育模块在研学实践教育中的价值与意义　　　　　　／李晓丽
146 定向运动在红色研学旅行课程中的实践运用　　　　　　　　／查文静
152 博物馆研学：大主题、小切口　　　　　　　　　　／赵　垒　牛毅凡

第四章 师资培育与评估评价

157 研学导师队伍建设研究
　　——以宜昌市研学旅行为中心的分析　　　　／张耀武　曹金平　谢　兵
173 研学师资队伍培育与培养　　　　　　　　　　　　／谷　音　陈雪岚
183 中小学生综合素质评价的方法
　　——以研学评价为例　　　　　　　　　　　　　　／戴正清　戴　吉

第五章 安全教育与风险防控

197 中小学研学旅行安全问题及应对　　　　　　　　　　　　　／郭春家
203 中小学研学实践安全防控案例解析　　　　　　　　　　　　／丁　勇

第六章 研学践行与区域发展

215 中小学生研学旅行成为素质教育新引擎
　　——合肥市中小学生研学旅行现状与思考　　　　　　　　　/张少华
221 黄山研学旅行发展的实践探索及其启示建议　　　　　　　　/章德辉
225 集美：打造研学品牌，迈向研学之都　　　　　　　/吴吉堂　张岳俊
234 武汉市中小学生"跟着课本游中国"主题夏令营
　　20年发展历程与经验启示　　　　　　　　　　　　　　　/李　军

第七章 营地教育与研学实践

241 综合实践活动课程、研学旅行和营地教育要体现时代特点　　/王振民
249 中国营地教育的发展方向及实施要求
　　——中美营地教育的比较与反思　　　　　　　　　　　　/杨春良

第八章 机构风采与资源展示

259 厦门集美研学运营管理模式简析
　　——厦门集美闽台研学总部/万千极美研学营地简介
270 与家长校长同盟　助力孩子健康成长
　　——武汉学知修远教育集团董事长祝胜华访谈

276 **编后记**

278 **征稿函**

第一章

研学理论与宏观思考

研学旅行：新时代落实立德树人根本任务的重要途径

王晓燕

习近平总书记在2018年全国教育大会上指出，要努力构建德智体美劳全面培养的教育体系，形成更高水平的人才培养体系。要把立德树人融入思想道德教育、文化知识教育、社会实践教育各环节。中小学生研学旅行是新时代落实立德树人根本任务、加强实践教育的重要途径。

自2016年12月教育部等11部门联合发布《关于推进中小学生研学旅行的意见》（以下简称《意见》）以来，研学旅行迅速在全国各地推开，许多省市纷纷出台配套文件及实施细则，围绕研学旅行的政策要义、工作目标、理论基础、实施策略、发展方向等问题，进行深入分析与研究。

一、研学旅行政策的重要意义

（一）研学旅行是践行社会主义核心价值观的重要载体

习近平总书记指出，核心价值观是一个民族赖以维系的精神纽带，是一个国家共同的思想道德基础。社会主义核心价值观是当代中国精神的集中体现，凝结着全体人民共同的价值追求，是教育工作的"魂"。新时代的教育就是要以培养担当民族复兴大任的时代新人为着眼点，从娃娃抓起，强化教育引导和实践养成。研学旅行作为实践育人的重要形式，充分体现了新时代我国"学思结合、知行合一"的教育理念，通过把研究性学习和旅行体验相结合的教育活动，引导学生走出校园，走向社会，用自己的眼睛观察社会，用自己的心灵感受社会，用自己的思考探究社会，在实践中了解国情、开阔眼界、增长知识，提高社会责任感，从而深入感知、理解和践行社会主义核心价值观。

围绕立德树人根本任务，研学旅行结合学生的身心特点，根据小学、初中、高中不同学段的教育目标，有针对性地开发多种类型的活动课程，让学生在身体力行中践行中华优秀传统文化、革命文化和社会主义先进文化，践行理想信念和爱国主义精神等，促使学生把社会主义核心价值观内化为精神追求，外化为行动自觉。

比如，贵州省遵义市文化小学充分挖掘所在地域的历史文化资源，将遵义会议会址、红军山、娄山关、苟坝会议会址、四渡赤水纪念馆等红色圣地建设成为"遵义小红军实践活动"基地，将"我是小红军"和"重走长征路"作为研学旅行活动主题，设计了遵义会议课程、红军山课程、娄山关课程、苟坝会议课程和四渡赤水课程等，让学生在行走体验中用脚步去丈量，用眼睛去观察，用心灵去思考，亲身感受红军坚忍不拔、战胜一切困难的革命精神，强化学生的情感体验、精神共鸣与文化传承。这种以传承红色基因为主题的研学旅行作为一种新型的学生实践活动，在培育和践行学生的社会主义核心价值观中发挥了重要作用。尤其在价值体认方面，通过研学旅行，学生可以深化社会规则体验、国家认同、文化自信，初步体悟个人成长与社会进步的关系、国家发展与人类命运共同体的关系，树立具有中国特色社会主义的共同理想，拓宽国际视野。

（二）研学旅行是我国人才培养模式的重大创新

随着信息化社会和互联网时代的到来，以及云计算、大数据、人工智能等技术的迅猛发展，学校教育的内外环境、组织形式和功能作用正在发生巨大的变化。"学习"的概念已经被重新定义，世界教育生态也正在进行转型和重构。联合国教科文组织在2015年发布的《反思教育：向"全球共同利益"的理念转变?》报告中指出，过去，把教育理解为有计划、有意识、有目的和有组织的学习，正规教育和非正规教育都是制度化的，但是人的许多学习是非正式的，这种非正式学习是所有社会化经验的必然体验。当今学生的知识获取渠道变得更加宽阔，学习方式也更加多样化，既有书本学习，也有实践学习；既有课堂学习，也有校外学习；既有制度化学习，也有非常规状态的学习。目前教育的发展趋势是从传统教育方式转向混合、多样化的学习方式，让学校教育、正规教育机构教育与其他非常规教育开展更加密切的互动。

研学旅行正是顺应教育发展的这种大趋势，超越学校和课堂的局限，让中小学生从学校课堂走向更广阔、丰富多彩的外部世界。这不仅是我国学校教育和校外教育相互衔接的创新形式，更是我国基础教育领域人才培养模式的重大创新。《意见》特别强调："研学旅行是由教育部门和学校有计划地组织安排，通过集体旅行、集中食宿方式开展的研究性学习和旅行体验相结合的校外教育活动，是学校教育和校外教育衔接的创新形式。"

研学旅行改变了我国学生的学习情境和学习方式，是对现有教育形态的一次革新。在学习情境上，研学旅行使课堂由固定封闭变为动态开放，由校内搬到校外。从乡情、县情、市情、省情、国情的真实生活情境和学生的发展需要出发，引导学生从个体生活、社会生活或与大自然的接触中获得真实的感受、丰富的体验，形成并逐步提升对自然、社会和自我之内在联系的整体认知，同时培养他们对中华民族的情感认同、思想认同、政治认同。在学习方式上，研学旅行将知识、能力、情感、态度、价值观等领域的目标维度整合，由以静态的课堂记忆学习为主转变为以动态的体验学习为主，由以个体学习为主变成以小组合作学习为主，让学生由被动倾听变为主动践行，在全身心进行"体验""体悟"和"体认"的过程中，通过亲身经历、主动实践、积极探究、理性反思等方式，培养、提升综合素质，特别是社会责任感、创新精神和实践能力。

（三）研学旅行是发展素质教育的重要抓手

长期以来，我国的学校教育中普遍存在着认知与实践脱离、知与行分离的倾向，在人才培养方式上，重知识传授，轻实践养成，忽视基于实际情境、运用知识解决问题的实践性学习。实践教育环节薄弱甚至缺失，已成为制约我国中小学发展素质教育的主要因素。要切实促进人才培养方式的创新，实现育人方式的重点突破，必须切实发挥实践教育的重要价值，强化实践教育对学生的引领作用。

研学旅行彰显的实践育人功能，是发展素质教育的重要抓手。众所周知，教育需要两个过程，一个是认知发展和概念建构的过程，另一个是集体形成集团思维的过程。从发展素质教育的方向看，教育必须处理好知识学习和社会实践的关系。人们越来越深刻地认识到，仅有书本知识的教育，不是真正的完整的教育，当今时代孩子们欠缺的不是知识，不是技能，而是创新精神和实践能力。现代学习理论也揭示，人类最佳的学习状态不是静态、被动地获得知识，而是全身心地探究世界与人生。

研学旅行正是研究性学习和旅行体验相结合的一项教育活动。在教育理念上，研学旅行强调认知学习和实践体验（即研究性学习和旅行体验）的紧密结合，使体验得以系统化和理性化，从而促进人的全面发展。在教学方式上，研学旅行倡导课堂讲授和现场实践的紧密结合，强调要超越教材、课堂和学校的局限，在活动时空上向自然环境、社会活动领域和学生的生活领域延伸，充分利用校外的自然资源、红色资源、文化资源、科技资源、国防资源和博物馆、工矿企业、知名院校等企事业资源的育人功能。研学旅行的课程设计特别注重实践性原则，在行走的课堂中引导学生亲近自然，关注社会，反思自我，体验发现问题、分析问题、解决问题的过程和方法，让学生在做中学、学中做，学以致用，充分促进学生"知与行""动手与动脑""书本知识和生活经验"的有机结合与统一。

二、研学旅行实施的几点建议

研学旅行《意见》实施两年多来，得到了教育部以及其他各部门，全国各省、自治区、直辖市政府的高度重视，取得了一些成功经验，形成了一些可推广的模式和做法，呈现出一些初步发展阶段的新特点。

从宏观层面来看，目前已经初步形成了全国的研学旅行布局。从 2017 年到 2018 年，教育部分两批在全国遴选命名了 621 个国家级研学实践教育基地和营地，构建起了以营地为枢纽、基地为站点的研学实践教育网络，并且建立了全国中小学生研学实践教育平台。

从中观层面来看，目前研学旅行已经得到规模化推进。教育部教育发展研究中心研学旅行研究所 2018 年对全国 31 个省（自治区、直辖市）进行的中小学生研学旅行实施情况调研结果显示，2017 年全国学校平均参与率为 38%，

2018年已经达到50%。研学旅行在快速推进过程中,已形成了一些富有特色的地方经验,例如陕西西安模式、湖北宜昌模式、河南郑州模式等。以湖北省为例,初步形成了以教育部和省教育厅命名的中小学生研学实践教育基地、营地为主体,以市、州、县、区多渠道自建基地、青少年校外活动中心、乡村学校少年宫等为一翼,以教育系统外的机构主办的各种未成年人校外活动场所如科技馆、博物馆、革命传统教育基地、游学景点等为另一翼的"一主两翼"格局,在宜昌形成了市研学旅行协调小组＋学校＋家长委员会＋旅行社＋基(营)地的"1＋4"运行管理模式。

从微观层面来看,目前研学旅行的精品课程开发、线路设计、评价体系等正在初步成型,在全国各地形成了以优秀传统文化、革命传统教育、国情教育、国防科工、自然生态五大板块为主题的一批精品课程和精品线路。例如湖北宜昌的"生态小公民"课程,就得到了习近平总书记的充分肯定。

当然,中小学生研学旅行政策从发布到实施毕竟只有两年多的时间,在快速推进的过程中,也面临着一些亟待解决的问题,特别是在市场力量的推动下,出现了旅游化、形式化、碎片化、功利化等倾向,出现了各地各校发展不平衡、课程开发不充分、评价体系不健全、安全管理不规范、经费保障不完善等深层次问题。为深入推进下一阶段研学旅行科学、规范、健康发展,针对以上问题,笔者特提出以下几点建议。

(一) 科学认识研学旅行的育人价值与功能

中小学生研学旅行是以落实立德树人为根本任务,以培养人才为根本目的的一项教育事业,教育性原则是第一基本原则,育人是首位功能。要始终按照习近平总书记的新时代中国特色社会主义思想要求,把立德树人融入思想道德教育、文化知识教育、社会实践教育各环节,积极发挥研学旅行在立德树人中的重要作用,将其作为培育和践行社会主义核心价值观的重要途径,着眼于促进学生形成正确的世界观、人生观、价值观;深入开展理想信念教育、革命传统教育、中华优秀传统文化教育等,增强学生对坚定"四个自信"的理解与认同,同时让学生学会动手动脑,学会生存生活,学会做人做事,促进学生身心健康、体魄强健、意志坚强,促进学生关键能力和必备品格的提升,培养学生的社会责任感、创新精神和实践能力。

在育人方式上,要充分体现实践性原则,引导学生从课内走到课外,从校内走向校外，从思想认知到亲身体验，将实践体验逐步内化为终身受益的行为习惯和道德自觉。在活动内容上，要按照《中小学综合实践活动课程指导纲要》的要求，统筹考虑校内外各类资源的丰富内涵和教育价值，推动德、智、体、美、劳教育在校内外实践教育活动中相互融合、相互渗透。总之，要以研学实践教育为突破口，使素质教育具体化，积极推进育人理念创新、工作创新和载体创新，深化育人途径和手段，不断提高实践育人的吸引力、感染力和针对性、实效性，发挥社会实践教育在凝聚人心、完善人格、开发人力、培育人才、造福人民中的重要作用，培养全面发展的时代新人。

（二）加快提升研学旅行的教育内涵与品质

课程是实现教育目标的主要载体，也是保障研学旅行质量的核心环节。根据学生身心发展规律和教育教学规律，按照各学龄段特点，以课程研发、线路设计为核心，以基地或营地建设为抓手，全方位提升研学旅行内涵和品质。要坚持把研学旅行纳入学校教育教学计划，与教育部颁发的《中小学德育工作指南》《中小学综合实践活动课程指导纲要》两个政策文件结合起来统筹设计实施。促进研学旅行与学校课程、德育体验、实践锻炼有机融合，利用好研学实践基地或营地，有针对性地开展多种类型的研学旅行活动。

要进一步明确研学旅行的课程定位和课程目标，立足域情、校情、生情，与校本课程、综合实践活动课程统筹考虑，因地制宜制订课程整合计划。系统设计研学主题、精品线路、实践方法和成果呈现方式，引导学生通过体验、探究、参与、合作、讨论、调查、社会实践等多种方式，让学生在丰富的、多元化的实践课程中学习、成长。要尽快建立研学旅行课程的评价体系，有效监控研学旅行全过程中的主题、步骤、方法、实施、评价，分析研判研学旅行遇到的各种困难和问题，有的放矢地推进课程化建设，制定有效的反馈和改进机制。

另外，要加快建立健全研学教师培养培训机制，开展对研学旅行专兼职教师和相关人员的全员培训，这其中也包括教育行政部门人员、校长、基（营）地教师，要尽快提升教师开发和利用课程资源的能力，观察、研究学生的能力等，使教师能够真正成为整个研学实践教育活动的组织者、引导者和合作者。建立"研学教师证书"制度，在高校开设相关研学实践课程，开展研学教师的培养培训和资质认定，积极鼓励相关社会人员、导游、基（营）地教师参与研学旅行专业师资培训，不断提高研学旅行师资队伍的专业素养，努力提升研学旅行的教育内涵和品质。

(三) 健全研学旅行质量监控和评价体系

根据调查，目前中小学生研学旅行依托的组织机构种类多样，其资质及服务水平良莠不齐，为从源头上确保研学旅行科学、健康、有序发展，国家要进一步建立健全研学旅行质量监控和评价体系。

一是要加强顶层设计，立足研学旅行基（营）地的管理规范（包括准入标准、运行管理制度和经费使用制度）、质量标准、评价标准、师资标准与收费标准等，抓紧制定研学实践教育规范标准，用专业标准科学引领研学旅行发展，确保研学旅行组织和实施机构有良好的资质和质量保障。文化旅游管理部门要切实负责对承接研学旅行业务的旅行社的经营资质、经营范围和服务内容进行审核，并对其依法规范经营情况实施监督。

二是加强对企业开展研学旅行活动的全过程监控和管理，将研学课程的开发列为研学旅行质量监控对象，有效监控研学旅行全过程中的主题、步骤、方法、实施、评价，推动政府、学校和社会对研学旅行基（营）地的课程设置、师资队伍、教育质量和教育效果等进行督查评价。在考核评价上，要将学生参加研学实践活动的情况、学生满意度、社会评价、资金使用效益等作为重要评价内容，与下一年度资金支持计划挂钩。

三是加强对第三方提供的研学旅行服务产品的评估，特别是要加强对旅行社开展研学旅行活动全过程的监控和管理，对其资质、服务质量和社会效益等进行督查，并建立黑名单制度，使中小学生能安全、系统、科学、趣味地参加研学实践，为学生全面发展提供良好成长空间。

(四) 积极完善研学旅行的安全保障机制

研学旅行牵涉交通安全、饮食卫生、文化旅游等方方面面，会遇到意想不到的风险、困难和阻力，要以确保安全为基本前提。调查表明，学校呈现出一种对研学旅行过程中安全问题高度关注的特点，证明学生安全问题依然是当前中小学生研学旅行活动开展出现困难的重要制约性因素；且一些已经开展研学旅行的学校特别是农村学校的安全责任意识更是有待加强，没有为学生购买相应旅行安全保险的学校依然存在。

促进研学旅行健康、可持续发展，建立政府主导，学校、企业、机构、家庭各负其责的安全保障机制是前提。

一是出台研学旅行学生意外事故处理方面的法律规章，明确交通、旅游、教育主管部门以及公安机关和学校等各方安全责任：旅游部门负责审核开展研学旅行的企业或机构的准入条件和服务标准；交通部门负责督促有关运输企业检查学生出行的车、船等交通工具，依法查处运送学生车辆的交通违法行为；公安机关、市场监管等部门加强对研学旅行涉及的住宿、餐饮等公共经营场所的安全监督；保险监督管理机构负责指导保险行业提供并优化校方责任险、旅行社责任险等相关产品。要建立行之有效的安全责任界定、责任落实、事故处理及纠纷处理机制，切实将学校和教育行政部门从安全的高压线下解放出来。

二是建立健全研学旅行安全预警和应急体系，建立包括旅行意外保险、研学专项保险在内的安全和应急综合保障体系。加大社会保险与商业保险的投保力度，将在校外组织学生集体活动的风险进行合理分散或转移，建议采取强制性的意外保险制度，鼓励保险公司开发和提供专门针对中小学生研学旅行的保险品种，并对投保费用采取优惠措施。受委托开展研学旅行的企业或机构必须购买旅行安全相关责任保险并为参加人员购买意外险。

三是要精心制订周密的研学旅行活动方案和安全保障方案，做到"活动有方案，行前有备案，应急有预案"。教育行政部门负责督促学校落实安全责任，审核学校报送的活动方案（含保单信息）和应急预案，加强对中小学生校外研学旅行的安全主题教育，请家长协助填写安全告知书并署名；协同旅游、交通、公安、市场监管等有关部门共同研究制订研学旅行活动的出行标准，建立安全审查制度，切实落实安全责任和安全举措，做到逐层落实、责任到人。

（五）构建研学旅行的多元化经费筹措机制

研学旅行作为一种新型的教育服务，具有很强的溢出效应，具有纯粹公共产品的非竞争性和非排他性特质，并且作为校外集体性教育活动，经费需求较多，必须采取多种形式、通过多种渠道筹措经费。

在经费筹措机制方面，一是要进一步争取加大政府的财政投入，采取购买服务、项目补贴、定向资助、以奖代补等多种形式，支持社会资源机构开展研学实践活动，通过加强研学旅行基（营）地建设、减免相关景点和场馆费用、严格执行学生交通优惠政策等方式降低研学旅行的成本。同时，始终坚持公益性原则，如在同等条件下，优先到公益性基地开展研学旅行等，以便让更多的农村学校学生有机会走出校园，到更宽广的世界开阔视野、增长见识。

二是要鼓励社会资本发挥在研学旅行服务产品设计、生产、运营和推广渠道等方面的优势，积极吸引市场力量和社会组织参与，提供更为多元和优质的研学旅行服务产品；对提供公益性研学旅行产品服务的组织或团体的收费进行行政管理，并给予相应补贴。

三是要加大对农村地区学生和家庭经济困难学生的资助，引导研学旅行承办机构为贫困家庭学生减免费用或适当提供补助，鼓励通过社会捐赠、公益性活动等形式，让更多的学生能够参加研学实践活动。

总之，进入新时代，面对教育发展的新要求，要充分发挥研学旅行在立德树人中的实践育人功能，形成校内与校外相互配合、相互衔接的系统化人才培养机制，建构"全员育人、全程育人、全方位育人"的大教育格局，从而为建设创新型国家、达成"两个一百年"奋斗目标和顺利实现中华民族伟大复兴中国梦打好基础。

（王晓燕，教育部教育发展研究中心研学旅行研究所所长、首席专家、研究员）

研学旅行是家、校、社共育新人的重要途径

孙云晓
韩庆雷

随着科学技术的快速发展以及国际竞争的日益激烈,当代社会对高素质创新人才的需求更为强烈。通过家庭、学校、社会的合作共育培养高素质的创新人才,已成为教育界的共识,而研学旅行作为能够提升青少年的创新精神与实践能力、全面促进青少年综合素质发展的实践活动,已经成为家、校、社共育新人的重要途径。

一、研学旅行为什么如此重要

今天,从政府部门到中小学校,再到千千万万个家庭,研学旅行在整个社会引起了广泛的关注。大家对研学旅行如此重视,正是因为它对青少年的教育极为重要。

1. 研学旅行满足了青少年在体验中成长的需要,有助于他们的社会化发展

人是在体验中长大的,对于青少年,我们不能代替他们成长,也不能代替他们去体验这个世界。

青少年长大的过程是一个社会化的过程。这个过程有两大特点:第一是实

践性，需要有实际的行动和切身的感受；第二是群体性，需要跟他人产生互动，建立规则意识，学会团队合作。如果在他们成长的过程中，缺少这两方面的真实体验，他们就很难获得全面的发展。

当今高速发展的互联网技术对于青少年的教育其实是把双刃剑。它一方面让青少年有更多、更快获取信息的渠道，更加及时地了解社会动态；另一方面它也可能让青少年的活动范围变得越来越狭窄，缺乏现实生活的体验，从而削弱青少年深度思考的能力，不利于他们的社会化发展。

卢梭是法国著名的思想家，他曾有这样一种担心：人类文明会对孩子的自然天性产生破坏，会对他们天真的童年造成伤害。

卢梭的担心在今天多少得到了印证。我们可以看到，快速便捷的互联网让青少年触手可及整个世界，既为青少年提供了探索世界的广阔平台，也为他们带来不可忽视的不良影响。越来越多的青少年不愿意走出家门，而是宅在家里上网、玩游戏，通过虚拟的网络来了解自己所在的世界。

2019年4月29日，国家卫生健康委员会召开专题新闻发布会。会上，国家卫生健康委疾控局副局长张勇介绍，目前我国中小学生户外活动时间较少，其中"67%的学生每天户外活动时间不足2小时，29%的学生不足1小时"。

我们曾经在童年时代感受过的大自然所赐予的快乐，这一代青少年却很难体验到。他们或者被网络游戏吸引，或者有沉重的学业压力缠身，从而没有足够的时间去体验。

新一代的青少年似乎比我们当年更加成熟、更加聪慧，但也过早地失去了童年的天真。

在人工智能时代，很多电子媒体开始采用大数据技术，根据读者的兴趣主动给他们推送喜欢的内容。青少年在通过电子媒体进行阅读时，如果对某个观点比较认同，或者对某个社会现象比较关注，这些阅读平台就会推送更多类似的内容给他，同时自动过滤掉那些可能引起他们不快，却可能让他们深入思考的不同见解和问题。

青少年原本拥有一颗探索世界的好奇心，但现在的网络媒体却在束缚着青少年的思考力和想象力，让他们长期接受单一的观点和信息。这无疑会让他们产生一种错觉：这个世界就是如此！

要解决这个问题，就需要让青少年通过现实的生活体验，直接获得知识和经验，这其中最好的形式之一就是研学旅行。研学旅行让青少年走出家门，走进大自然，去体验和研究不同地域的人文风情和自然景观。用自己的眼睛去观察这个世界，用自己的身体去感受这个世界，用自己的脚步去丈量这个世界，这种收获是书本和课堂都满足不了的。

更为重要的是这种体验是群体性的，它不是一个人的旅行，而是一群同龄人的群体出行。在这个过程中，个体的体验不是封闭的而是开放的，个体与群体里的伙伴们进行互动和交流，在思想上产生碰撞，最终形成自己较为全面的社会化经验。

2. 研学旅行给青少年提供了社会实践的机会，有助于培养他们的核心素养

青少年时代的社会实践，对人的一生具有支柱性的奠基作用。但遗憾的是，时至今日，青少年所接受到的社会实践教育依然贫乏。

美国前心理学会主席、耶鲁大学心理学教授斯滕伯格发现，那些智商极高的人，在生活中未必是最成功者。通过进一步的研究，他提出了著名的"成功智力"理论。

斯滕伯格把人的成功智力分为三个关键方面，包括分析性智力、创造性智力和实践性智力。虽然这三种智力同等重要、相互平衡，但前两者却需要通过实践性智力才能得以呈现，这充分说明了实践性智力的重要性。

这一点在中国学生发展的核心素养中也能体现出来。中国学生发展核心素养，是以科学性、时代性和民族性为基本原则，以培养"全面发展的人"为核心，分为文化基础、自主发展、社会参与三个方面。其中实践创新是社会参与的重要内容，也是六大核心素养中的重要一项。

其实，早在2004年颁布的《中共中央 国务院关于进一步加强和改进未成年人思想道德建设的若干意见》就明确指出：要按照实践育人的要求，以体验教育为基本途径，区分不同层次未成年人的特点，精心设计和组织开展内容鲜活、形式新颖、吸引力强的道德实践活动。其中，特别要求精心组织夏令营、冬令营、革命圣地游、红色旅游、绿色旅游以及各种参观、瞻仰和考察活动，把深刻的教育内容融入生动有趣的课外活动之中，用祖国大好风光、民族悠久历史、优良革命传统和现代化建设成就教育未成年人。

1993年，我发表了关于中日少年的文章《夏令营中的较量》，引发中国教

育大讨论，而今天普遍开展的研学旅行活动，可以说是最为有力的国家层面的回应与务实举措。西安市教委的研学旅行专家韩新说，中小学生首先要有"能走路的能力"。他认为研学旅行的起码标准：小学生能够走 5 千米，初中生能够走 10 千米，高中生能够走 15 千米。对于所有参加研学旅行的中小学生来说，能够达到这个标准已属不易，但中日草原夏令营规定，包括小学生在内的所有营员每天至少走 19 千米。

由此可见，研学旅行采用的是不同于学校教育和家庭教育的新模式，有助于素质教育的深入推进，能推动学生核心素养的全面发展，促进高素质创新人才的造就。

二、家、校、社在研学旅行中的合作模式

从前面的论述我们可以知道，研学旅行作为促进青少年社会化发展、培养其核心素养的重要形式，是家、校、社共育新人的重要途径，但研学旅行同时也具有无限的拓展性、难以预料的风险性及相关因素繁多等特征，这给将其纳入学校教育教学计划带来了困难和挑战。

要破解这个难题，就需要家庭、学校、社会共同努力，发挥各自的教育特点，最终让研学旅行得以顺利进行，达到预期的教育效果。

1. 学校是研学旅行最合适的组织者

首先，学校执行国家意志，具有教育的法定地位和法定责任，并具有专业的教育教学组织能力和对学生家庭强大的号召力等优势。

所以，在家、校、社共育的模式中，只有以学校为主导，才能充分发挥不同教育主体的特性。同样，对于研学旅行，学校也是最合适的组织者。

其他国家的经验或许可以借鉴。研学旅行在日本被称为"修学旅行"。早在 1958 年 8 月，日本就修订了《学校教育法施行规则》，将修学旅行纳入小学、初中学习指导要领，并将其定位为"学校的例行活动"，学校主导的修学旅行教育功能得到正式认可。

根据日本的相关规定，修学旅行需要在小学、初中、高中各阶段分别组织一次，小学阶段安排在最后一学年（六年级），而初、高中阶段则安排在

初二和高二。具体来讲，修学旅行一般安排在学期中间，尽量避开节假日和休息日。

在韩国，几乎每个学生都参加过修学旅行，其中较有特色的形式是毕业旅行。韩国教育部门将毕业旅行作为学生的一项必修课目，纳入学分管理制度，学生只有参加并修够相应学分，才可以毕业。

在英国，研学旅行被称作"教育旅游""户外教育"或"体验学习"。英国很早就有着游学的风气，所以在这方面有着悠久历史。19世纪时，倘若贵族子弟不曾有过海外旅游学习的经历，就会被人看不起。2006年，英国教育与技能部发布了《课外教育宣言》，目标是促进学校为每一个学生提供高质量且安全的参观活动，这为英国中小学生开展体验式环境教育和社区教育提供了强有力的制度保障。

中国相关部门已经意识到研学旅行的重要作用，2016年，教育部等11部门联合印发了《关于推进中小学生研学旅行的意见》，明确指出，各中小学要结合当地实际，把研学旅行纳入学校教育教学计划，与综合实践活动课程统筹考虑，促进研学旅行和学校课程有机融合。

2. 研学旅行离不开家庭的配合

在中国，很多父母不敢让孩子参与冒险活动，普遍反对孩子探险，孩子若在参加活动过程中发生意外伤害，有些家长就会把学校告上法庭。

而在国外，特别是英国、美国、日本等发达国家，很重视培养青少年的冒险精神，无论学校还是家庭都会经常组织青少年参加各种探险活动。

2000年，我在日本参加中日中小学生夏令营，参加了黑姬山登山探险活动，来回14个小时，不仅异常辛苦，而且险象环生。归来后，我与日本的中小学老师在营地座谈，问他们登黑姬山是否有危险？一旦发生意外事故，学生父母会不会追究组织者的责任？意外事故如何处理？日本老师不认为登山是危险活动，他们认为，登山有着登上人生旅途的意义，父母普遍支持，教师普遍敢组织。对中国父母动辄把学校、老师告上法庭的做法，他们感到难以理解。他们说，一旦发生意外事故，应当由个人负责，严重伤害靠保险解决，一般不会追究组织者。

中日对野外活动态度的显著差异，缘于教育共识与法律保障机制的不同，这也导致中国有关部门和学校害怕承担安全责任。这种担忧不利于研学旅行的推进和发展。

除了父母自身的原因之外，研学旅行的管理部门和组织者也往往缺少让家庭积极参与的意识。比如此前多部门印发的《关于推进中小学生研学旅行的意见》，就较为忽视家庭在研学旅行中所应该发挥的作用，仅仅强调要"告知家长活动意义、时间安排、出行线路、费用收支、注意事项等信息""与家长签订协议书，明确学校、家长、学生的责任权利"等。

实际上，随着父母教育素质的不断提高，他们参与学校教育的意愿越来越强，也越来越多地积极参与学校教育。中国青少年研究中心2012年的调查发现，有84.6%的学生父母觉得学校在做决策时，应该听取学生父母的意见。

所以，研学旅行的发展离不开家庭的配合。父母在积极参与的同时，需要以更理性和更科学的态度来对待研学旅行，并对学校的相关工作给予充分的理解与支持。

3. 研学旅行离不开社会的支持

社会能否对中小学生的研学旅行提供足够的支持，能否为研学旅行在交通、住宿、场馆和景点等方面提供便利的条件和资源，对研学旅行能否顺利开展有着重要的影响。

其他国家的相关部门特别重视社会力量在研学旅行过程中的作用，例如日本，可以说是举全社会之力来做修学旅行的工作。

在日本，修学旅行是基础教育阶段各级各类学校均需开展的一项重要教育活动。修学旅行的顺利开展，除了有政府部门的政策法规保障外，还专门有"公益财团法人全国修学旅行研究协会"这样的组织来"保驾护航"。全国修学旅行研究协会设立于1955年，自成立以来，一直致力于对日本全国中小学的修学旅行进行管理、监督和指导。协会每年都会围绕日本修学旅行的现状、成果以及遇到的问题等展开研究，发布相关的调查统计数据，向社会广泛提供信息和资源，帮助学校和学生向政府申请相关的设施或财政拨款等，促进学校与社会紧密衔接。

为了保障学生修学旅行途中的交通安全，日本铁路部门每年都会开通修学旅行专用列车，为外出修学旅行的中小学生提供安全、迅速而又廉价的服务。铁路部门每年都会提前公布下一年度修学旅行的专列的运行时间、运行路线、运行期限以及可运送学生的总数等信息，这些信息会提供给日本各地教委，并由教委与当地学校衔接，统一订票。

为了给修学旅行提供支持，日本的交通设施一般会为学生团体票提供五折优惠，小学生则在五折基础上继续享受折上折的优惠。除此之外，日本各地的酒店、旅馆以及各种社会教育机构、博物场馆、文化设施等，也会为修学旅行提供低价或免费服务。正是在全国修学旅行研究协会、铁路交通部门、社会机构等全社会的相互协调及严谨规划下，日本的修学旅行才能取得巨大的成果，获得国际上的认可。

我们可以看出，研学旅行离不开学校、家庭和社会的三方配合及互动。实际上，我国很多学校的研学旅行活动已经开始发挥家庭与社会的联结作用，利用家长委员会从动员、组织、收费，甚至派代表参加等方面积极参与研学旅行活动，对推动家校互信和研学旅行顺利开展，起到了良好的作用。

早在11部门《关于推进中小学生研学旅行的意见》发布之前，山东枣庄第十五中学就联合家委会开发了"励志远足综合实践活动课程"的相关研学旅行产品。

这个课程由家长委员会主导，班主任和教师协助，学校给予指导，教育行政部门进行审核。班级家委会是活动的策划者、组织者、管理者、协调者。每个学生背后都有一两位家长，每个学生都有家长监护，分担管理的风险，解决安全问题。

几年来，学校几乎所有班级都组织了亲近自然、意志锻炼、能力拓展、游历学习等方向的春秋游和冬练，包含了红色教育、传统文化、科技体验、名校体验等系列主题。这项课程获山东省省级教学成果奖，新华网等媒体分别以《创造条件让孩子们拥抱春天》《山东部分中小学校家委会参与春游活动"安全双放心"》为题进行了报道。

枣庄十五中的例子说明，家庭不仅是组成社会的细胞，更是联结社会教育资源最广泛、最密切的纽带。家庭在唤醒沉睡的社会教育资源、开发校外实践教育资源方面具有巨大的作用。

三、家、校、社共育在研学旅行中的发展与对策

2018年9月，习近平总书记在全国教育大会上指出，办好教育事业，家

庭、学校、政府、社会都有责任。

正如新教育发起人朱永新教授所言：在教育中，学校、家庭和社区不是相互孤立的教育"孤岛"，而是彼此联系、互相补充的。

推进研学旅行更是如此，它需要政府的正确引导、学校的有力主导、家庭的积极配合和社会的全面支持，才能健康有序地发展。这些年来，家、校、社共育在研学旅行的推进中取得了一系列的成绩，但也存在着需要改进的地方。

第一，在政府方面，国家注重顶层设计，在政策法规方面对研学旅行给予大力支持、引导和监管，取得了卓有成效的结果。

从2013年2月国务院办公厅印发《国民旅游休闲纲要（2013—2020年）》以来，国家出台了一系列关于研学旅行的政策法规和指导意见。

2014年4月，教育部基础教育一司在"蒲公英行动计划"中将研学旅行纳入教育部基础教育一司的工作要点。2014年8月，《国务院关于促进旅游业改革发展的若干意见》首次明确了"研学旅行"要纳入中小学生日常教育范畴。

2016年1月，原国家旅游局公布首批"中国研学旅游目的地"和"全国研学旅游示范基地"。2016年3月，教育部发布《关于做好全国中小学研学旅行实验区工作的通知》，确定天津市滨海新区等10个地区为全国中小学研学旅行实验区。

2016年12月，教育部等11部门印发的《关于推进中小学生研学旅行的意见》明确指出，各中小学要结合当地实际，把研学旅行纳入学校教育教学计划。

2016年12月，原国家旅游局发布《研学旅行服务规范》，作为行业标准。

2017年7月，教育部办公厅下发《教育部办公厅关于开展2017年度中央专项彩票公益金支持中小学生研学实践教育项目推荐工作的通知》，并在当年公布了第一批全国中小学生研学实践教育基地、营地的名单。

受国家政策法规的影响，各地纷纷响应，截至2018年底，全国已经有18个省和直辖市制定了符合当地实际情况的针对研学旅行的管理办法或发布了相关的指导意见和通知。

正是在这些政策法规的影响下，研学旅行雨后春笋般在全国各地迅速发展起来，受到学校、家庭和社会各界的广泛关注。

值得一提的是，早在20多年前，武汉市委教育工委、武汉市教育局就开展了以"跟着课本游中国"为主题的夏令营活动。这实际上是另一种形式的研学旅行活动。经过长期的探索，形成了"教育主导，专业承办；协作分工，管理有序；区校联动，自愿参与；主题鲜明，育人为本"的夏令营管理"武汉模式"。截至目前，武汉市已经有超过25万名中小学生通过这种模式受益。

第二，在学校方面，自从教育部联合多部门发布《关于推进中小学生研学旅行的意见》之后，各地区的学校纷纷落实国家和地区的相关政策，尝试把研学旅行纳入学校教育教学计划，涌现出很多有特色的研学旅行课程。

北京市陈经纶中学是一所较早开展研学旅行的学校。学校把研学旅行设定为"人生远足实践课程"，把若干门性质相关或相近的单门课程组成一个结构合理、层次清晰的连环式综合课程。2018年暑假，该校的"穿越西域 重走丝路"研学课程，让师生在研学中重走中国古丝绸之路这一经典线路，路经两省六市，感受两千多年来中华民族的灿烂文化，将地质地貌考察与历史文化学习相结合，整合历史、地理、语文等学科的知识，让学生进行知识学习和深入体验。

当然，还有不少学校对研学旅行的认识不足，在设计或挑选相关课程时，忽视了学生的身心特点和不同学龄段学生的水平差异，将研学旅行等同于简单的集体参观，学生参加的研学旅行课程也是走马观花，流于形式。

其实研学旅行最大的特点就是深度体验，学校设计或挑选的研学旅行项目，要结合学生身心特点、接受能力和实际需要，才能促进青少年健康协调发展。

第三，在家庭方面，现在的父母对孩子的教育越来越重视，为了使孩子在竞争中有优势，父母增加教育投入的意愿越来越强烈。调查显示，最近几年家庭教育投入的增长主要来自学校教育之外的发展性支出，其中在游学旅行方面的花费越来越多。

但很多父母对孩子参与集体性的研学旅行还存在安全等方面的担忧，不敢放手让孩子离开父母到大千世界里去体验和探索。另外，还有一些生活水平不高的家庭，因为经济原因，让孩子失去了参与研学旅行的机会。这些都需要学校在家校合作中引导父母，并在费用上给予一定的资助或减免。西安等地已经有了为困难家庭学生减免费用的经验。

研学旅行的性质决定了青少年不适合住高级宾馆，而是需要在能够进行深度体验的营地或学校住宿。但是，规模性的研学旅行活动特别需要能够一次性接待500人以上的营地，对此，全国还存在大量的缺口，政府相关部门应该积极推进营地的建设和院校的开放。

另外，虽然教育部和相关部委已经要求交通运输、景区展馆、公安、保险等部门对研学旅行提供费用减免和安全保障等支持，但中国的研学旅行还处于起步阶段，各部门之间的配合需要进一步提高默契，各部门应该加大协作力度。

总之，在政府的主导下，家庭、学校和社会的共育工作，要将推进研学旅行作为重要内容和途径，为青少年的健康成长开辟更为广阔的空间。

（孙云晓，中国青少年研究中心研究员、家庭教育首席专家、国务院妇儿工委儿童工作智库专家；韩庆雷，家庭教育指导师、心理咨询师）

对研学实践教育两大焦点问题的思考和建议

祝胜华

一、研学实践教育的缘起与两大焦点问题

(一) 关于研学实践教育

研学实践教育源于"研学旅行"国家方案的提出。

2013年2月2日,国务院在《国民旅游休闲纲要(2013—2020年)》中正式提出"逐步推行中小学生研学旅行"的设想。在这一背景下,教育部从2013年起在全国部分城市试点推动"中小学生研学旅行"工作。当年,合肥、西安、苏州等城市开始探索研学旅行课程践行活动。

2015年8月,国务院又在《关于进一步促进旅游投资和消费的若干意见》中提出"把研学旅行纳入学生综合素质教育范畴",并作为国务院督办工作,制定了推进研学旅行工作的相关工作举措和工作计划。

2016年12月,在国务院督导推动下,教育部等11部门正式印发了《关于推进中小学生研学旅行的意见》。该文件出台后,推动了全国更大范围的"研学旅行"这一国家课程的进程,国内各省市区渐次比照教育部等11部门文件,发文开展各地研学旅行工作。

2018年9月10日，全国教育大会在北京召开，大会传递了以下重要信息：正式提出了"实践教育"这一概念；将"立德树人""践行育人"并称；重提"劳动教育"，并强调"德、智、体、美、劳"五育并举的教育总方针；教育部从该年度起，以"研学实践"替代以前的"研学旅行"。

从以上重要信息我们不难看出，在完成培养"国家合格的建设者和接班人"这一重大历史任务的教育过程中，中国教育发展的趋势和指向是：研学实践教育与知识传授教育并重。由此可以断定，中小学校将持续开展研学实践教育，而这也是不可逆转的教育发展趋势。那么，如何构建实践教育课程体系？如何开展实践教育课程践行？这将是中国基础教育面临的重大课题。

研学实践教育的本质属性与特征，是要带领中小学生走出校园，把大社会、大自然作为中小学生的"大课堂"或"教学大空间"，以此整合与转化一切有益、有助于中小学生健康成长的资源和力量，使之成为实践教育课程的内容和教育力量。

因此，有效组织中小学生走出校园开展实践教育课程践行的任务，历史性地呈现在广大教育工作者面前。

（二）关于研学实践教育的两大"焦点"

研学实践由国务院红头文件号召发动，到教育部等11部门联合行文部署推动，再到各省市区相继发文启动，在中小学校课程建设中，其推行力度、广度都是空前的，但实际效果如何呢？认真检索和梳理全国各地研学实践课程推行状况，不难看出以下几点现象。

1. "雷声大，雨点小"

文件虽然发了，且多部门联动，但实际工作并未开展起来，缺乏有效措施和相应考评工作机制。在繁重的课程压力下，广大中小学校仍然以"应试教育"为主导，在应试"硬课程"的考量下，其他"软课程"都难免往后靠、往边站。

2. "校外"很热，"校内"较冷

研学实践教育作为国家课程，作为一项被纳入教学计划的必修课程，作为"立德树人"的重要举措，理应引起各级教育部门的高度重视，引起各中

小学校的热烈响应，但事实却恰恰相反，各教育部门、各中小学校出现了相对的集体性冷静，没有群起响应，而多是审慎试点、就易避难、严格管控、缓慢行动……

而此项工作涉及的多个其他行业，如旅游产业中的旅行社、景区及相关资源单位，教育产业中的相关机构等，却站在市场角度，敏锐地察觉到亿万学生的集体旅行、集中食宿所带来的商机，群起呼应、热闹异常。近几年来，全国上下各种研学实践的高峰论坛、研学培训层出不穷。"校外"很热，"校内"很冷，形成典型的"剃头挑子一头热"的现象。

观察以上现象并深度思考和分析，尽管问题产生的原因林林总总，且在多层面、多维度相互交织和纠缠，但有以下两大"焦点"是行业内公认的。

其一，在引导广大中小学生走出校园时，如何有效确保学生安全？万一旅行中发生安全事故，能否避免不分青红皂白地追责？这是"焦点"之一，也是"痛点"。

其二，引导学生集体旅行，在费用上究竟如何有效解决区域不平衡、学校不平衡、学生家庭不平衡的问题？研学实践是纳入教学计划之中的课程设计，强调全覆盖和教育公平性，而开展研学实践工作的经费又从哪里来？面对这些问题，所有教育管理部门、中小学校都没法从红头文件中寻找到明确的答案。

综上，若解决不了安全追责的"痛点"，找不到经费"难点"的解决方法，那么，研学实践这一门能有效助力中小学生健康成长、有效优化学校教育的国家规定必修课程，势必处于尴尬的窘困之中，难以顺利地推动和推进。当然，研学实践工作的难题绝不止这两点，但这两点无疑是最为迫切的制约性"焦点"。本文就这两大焦点，尝试提出自己的建议方案，以期有更多的人来思考和破题。当然，更希望这些建议能引起教育部决策部门的关注和思考。促进千百万学生健康成长，需要全社会共同聚集智慧，攻坚克难。

二、对安全"痛点"的梳理

研学实践是引领中小学生走出校园的"集体旅行"教育活动，在活动过程中难免发生意外。中小学生研学实践中发生的意外伤害事故，其危害不仅仅在于事故本身造成的伤害，还在于它会带来对这项有助于学生成长的教育工作的灾难性异变，以及多米诺骨牌效应般的负面影响。从这一意义来讲，安全确是中国研学实践课程践行工作的最大"痛点"，它是影响和制约研学实践工作推动的关键性要素。找不到安全"痛点"的破解方法，就很难真正形成研学实践工作的良性循环。

安全方面的"痛点"主要表现在以下几点。

（1）中小学生走出校园，在走向大社会、大自然、大世界的过程中，不可控因素确实太多，影响中小学生人身安全的因素也太多。学校作为一个组织机构，确实难以完全把控，也无法承担所有责任。研学实践是国家规定的必修课程，是基于为国家的未来培养合格建设者和接班人的国家教育制度设计。要推行这一教育制度，势必需要明确国家责任，同时厘清学校责任与社会责任。

（2）一旦发生意外伤害事故，学校校长面对"盲目或扭曲性追责"，面对某些闹事行为，往往是非常无奈、恐惧的。在这样的情形下，学校倾向于不做则"无责"，不做则"没事"。

（3）一旦发生意外伤害事故，需要有有效的制度及合适的解决办法将伤害降到最低。

（4）发生安全事故后，需要认定或厘清安全责任，依法依规处置，这种责任认定必须具有权威性、公信力，在对事故责任的科学、理性、清晰的认定之下，机构和个人应遵从。

安全"痛点"的表现也许不止以上这些方面，但无疑这四种最具代表性、典型性，应该直面这些症结，拿出解决方案。

三、解决安全"痛点"的建议

（1）建议教育部下发红头文件，明确研学实践教育是国家教育制度设计，是国家规定必修课程，各级教育部门、各中小学校只要是依法、依规组织研学实践教育课程，便不须承担由此所产生的安全事故责任。这里强调的是"依法、依规"前提下的"无责"。只有这样，才能解开各级教育机构、各中小学校领导们被束缚的手脚，让他们放心去推动这一国家必修课程，使研学实践教育发挥"立德树人、践行育人"的核心作用与核心价值。

（2）建议上至教育部、下至各地教育局的教育行政主管部门增加"安全责任认定"的工作职能，或新增职能机构和人事编制，或在原相关职能部门中增设这一岗位，由这一职能主导各类安全责任事故的认定与审查（具体工作可引进或委托第三方专业机构或专业人士参与其中），并出具安全责任审查报告。在此基础上，依据审查报告处置或追究相关安全责任，使"安全追责"真正进入规范化、科学化、专业化的轨道，从而规避安全追责的盲目性，并扼制当前一些"不闹不得、小闹小得、大闹大得"的非正常现象，推动研学实践教育良性循环。

（3）建议在教育部主导下设立"教育安全风险基金"和"研学实践责任险"，或将现在学校购买的"校园责任险"改为"校方责任险"，并提高相应标准，并将社会实践教育纳入其中。从制度层面、从工作机制的设立开始，管控安全风险，为学校处理安全责任事故开辟通道、释放压力。无论从理论层面，还是从工作操作层面，设立国家教育安全风险基金，设计研学实践责任险，都是可行且必要的。随着国家实践教育课程体系建设的不断完善，中小学生越来越多地走出校园，利用各类社会资源开展实践教育；随着更多中小学生走向大社会、大自然、大世界，研学实践教育将日益常态化，这种制度设计就势在必行，越早越好，越快越好，越主动越好。

（4）研学实践教育是由中小学校组织中小学生走出校园，委托社会相关专业机构承接，与学校协力开展的研学实践课程教学活动。建议教育部与文化和旅游部研究并出台专业承办研学实践教育机构的管理规范，对承办资质、承办标准、承办规范作出明晰的规定。特别是对专业机构的"责任险"作出明确的规定和要求，强调专业机构是中小学生研学实践安全管控的责任主体，强调承接中小学生研学实践业务的保险应有更高的标准，强调"责任险"在风险管理机制中的独特价值等，从而使中小学生研学实践安全管控责任主体明确，使研学实践教育安全风险管理机制更加健全，保险体系更趋完善。

四、对研学经费"难点"的梳理

研学实践教育是由国务院督办的一项涉及教育与旅游两大产业的教育工

作,是教育部规定的必修课程,是深化教育改革的重要举措,是关乎千百万孩子成长的育人工作,是事涉教育公平的民生大事,是城乡都必须推动的教育课程。

这样一项教育工作,难题有哪些?

必然地,"钱"从何处来一定是个大难题。

组织千百万中小学生走出校园,以"集体旅行、集中食宿"的方式开展研学实践课程学习,并且做到学生全覆盖、城乡全覆盖,需要多少经费来支撑?这海量的经费全由国家来承担吗?显然,这还不太符合我们的国情。

因此,教育部等11部门在《关于推进中小学生研学旅行的意见》的"健全经费筹措机制"要求中说道:"各地可采取多种形式、多种渠道筹措中小学生研学旅行经费,探索建立政府、学校、社会、家庭共同承担的多元化经费筹措机制。交通部门对中小学生研学旅行公路和水路出行严格执行儿童票价优惠政策,铁路部门可根据研学旅行需求,在能力许可范围内积极安排好运力。文化、旅游等部门要对中小学生研学旅行实施减免场馆、景区、景点门票政策,提供优质旅游服务。保险监督管理机构会同教育行政部门推动将研学旅行纳入校方责任险范围,鼓励保险企业开发有针对性的产品,对投保费用实施优惠措施。鼓励通过社会捐赠、公益性活动等形式支持开展研学旅行。"从以上引文中,"经费筹措"事涉"政府、学校、社会、家庭"4个层面、10多个部门或机构,但具体如何筹措语焉不详。如政府与学校在文件中是并列为首位的部门,政府在研学实践课程经费筹措中究竟应扮演什么角色,应出多少,如何落实?经济发达地区如何出?经济困难或落后地区又如何出?学校如何落实经费预算?经费来源怎么明确?承担多少为宜?对此没有相应规定,也没有相关政策配套,几乎都停留在字面上。

社会是研学实践课程经费筹措的重要途径,但这实在空泛无边,无法落实。

唯有家庭指向很具体,即谁的孩子谁负责,谁的孩子旅行谁出钱。此说法好理解,便于执行,但仍然存在以下问题。

第一,研学实践课程的费用应由家长全额承担吗?有能力的可以承担,没有能力承担的怎么办?乐意承担的好办,不乐意甚至反对的又怎么办?

第二,来自有钱的家庭的学生参加研学实践课程,家庭困难的学生就不参加研学实践课程,那教育公平性原则怎么体现?国家必修课程如何落实?

问题甚多，需要一一处理妥当。

在教育部等 11 部门印发的文件中也详列了多个部门或机构，它们应为经费筹措出力，如交通部门中的公路、水运、铁路，旅游产业的景区、景点，保险公司等。虽然以上这些部门机构中，有些还是该项文件的发文单位（如交通运输部、原国家旅游局、保监会、中国铁路总公司），但在这一筹措要求下，至今没有一个单位真正拿出了政策，真正在执行这一文件规定。是真的很难吗？不一定。内中的原因很多，也很值得思考。

按理说，全国各类景区、景点资源单位出台对研学实践教育的门票优惠政策应该是相对容易的，但也因各种原因至今还没有较好地实现。

五、破解经费"难点"的几点建议

1. 政策方面

建议国务院或国家发改委在一年一度的教育经费预算中增加"社会实践教育"项目的预算计划，明确研学实践教育课程经费要列入各级教育经费预算。无论预算金额多少，能把"社会实践教育"所需经费列入国家及各级政府预算，必将带来良好的政策导引和强力支持作用。

2. 学校方面

无论学校是否得到"社会实践教育"专项经费支持，学校应将两种用于研学实践教育的费用支出纳入学校公用经费开支。其一是研学实践教育课程建设费用（如课程建设的研发费、资源转化费及师资服务费等）；其二是学校教师参与研学实践教育课程的直接成本，如交通费、住宿费、餐饮费、课时补贴、加班费等。

这些经费明确由学校公用经费支出，既表明学校将研学实践教育经费纳入计划之中、制度之中，体现了学校对积极推动研学实践教育的基本态度，同时，也为向家长收取部分研学实践教育课程费用提供了教育公信力，并减少可能由此产生的负面效应，减轻家长的负担。

3. 社会方面

这个"社会"，沿用教育部等 11 部门印发的文件中的提法，实质上是一个

"泛社会"的大概念，涉及研学实践教育中的方方面面。下面，着重对交通运输部门和旅游产业在破解经费"难点"中可以起到的作用进行论述。

（1）交通运输部门。

交通运输部门虽涉及公路、水运和铁路三方面，但据笔者看，只有铁路部门具有较大的可操作性。

因为铁路部门针对"少年儿童"和"大学生"两大群体本身就制定有相应的优惠政策，所以中国铁路总公司可以将对少年儿童和大学生群体的半价优惠政策延伸到中小学校研学旅行这一工作上来，以实际行动表明对中国基础教育的支持，对中国未成年人健康成长的支持，对研学实践教育工作的支持。

由中国铁路总公司率先制定明确的优惠政策，示范意义甚大。中国铁路总公司是国有企业，理应做好表率，以此鼓励中小学生多乘火车集体旅行，既安全便捷，又能有效增加铁路收益。研学旅行出行时间是在学期中，与旅游旺季或节假日是错开的，与铁路旺季客源不产生运能冲突，而且对铁路的淡季则是极好的补充。铁路部门虽给出一定优惠，但实际是共赢之措施。若铁路总公司相关部门能认真研究，并尽快出台政策，教育部更积极、主动地加强沟通与协调，则能以实际政策的推动来破解研学实践教育经费之难题。

（2）旅游产业。

第一，旅游风景名胜区或大型主题公园等机构。

这些机构往往都是研学旅行目的地，其旅游资源的文化属性与内涵，是研学旅行主题课程的重要内容，以此为依据的课程均能带来较强的参与感、体验感。在旅游大市场正在发生大变化、大分化的大背景下，寻找新的客源正日益成为这一类型景区、景点的内在诉求。怎么有效争取研学旅行的师生，激活市场，促进转型，应该是这类机构或目的地应该考虑的。

文旅部应引导或规定，国有风景区应对研学师生实行免收门票的优惠政策，但可酌情适当收取服务费。研学师生群体的多样性消费，能够有效补充免收门票的经济损失。更重要的是，这种对教育的支持会提升风景名胜区的社会效益和品牌价值。

教育、文化、旅游相互融合，互通、互助、互赢，一定会成为一种促进教、文、旅融通发展的趋势。

第二，旅行社。

旅行社是承接研学实践教育的最佳专业机构，研学实践教育的发展也给旅行社行业带来了整体转型、精细化发展的极好的战略机遇。但旅行社本质上是一个中介服务机构，是依赖人力资源的专业化服务维持生存与发展的，简单地让旅行社优惠收费是不合适的，但可考虑制定相关政策，减免旅行社从事研学实践教育服务的收入的税费，支持旅行社将此优惠转移给研学实践教育服务费。

此外，国家应鼓励大中型企业捐资设立"研学实践教育公益基金"，以此专项基金专项资助或减免留守儿童、贫困家庭子女、军人子女等需要社会关注和帮助的中小学生的研学旅行费用，让每个孩子都能感受社会温暖，享受教育公平。

总之，研学实践教育经费筹集是一个"难点"，而研学实践教育又必须坚定不移地推行和推动。面对这一难题，我们各方都要关注和参与这一工作，对此负有责任的部门及专业机构，要以非常务实、非常积极的态度，来一件件、一项项地研究和破难。只要有心来做，办法总是有的。而这其中，国家机关单位、国有企业的带头先行尤为重要。

4. 家长方面

由于中国基本国情的复杂性，以及研学实践教育课程体系践行的特殊性，研学实践教育的经费不可能全由国家和社会各机构来承担。

研学实践教育的根本目的是帮助中小学生"内化素质，外塑能力"，以适应未来社会对建设者的需求或要求。学生及家长是这一教育制度的最终受益者，让家长承担学生参与研学实践教育的直接成本（如交通费、住宿费、餐饮费、安全监护费等）是适宜的，甚至可以说这个"主体责任"是应主要由家长承担的。

如今，随着教育行政管理越来越规范，任何面对家长的收费都必须合法合规，必须要有明确的收费依据。否则，面对家长的质疑或投诉，学校是难以背负这种"责难"而开展研学实践教育工作的。

因此，教育行政部门应明确规定收费原则和收费规范，应将学校开展研学实践教育的收费纳入学校收费计划之中，为课程收费创造宽松的条件。

综上所述，研学实践教育工作推进过程中的两大"难点"，并非没有解决或破题的办法与智慧，只是面对这两个"难点"，我们需要有高瞻远瞩的目光和视野，着力帮助未成年人更健康、更快乐地成长。推动深化教育改革、持续完善研学实践教育是中国教育发展的必然趋势，是"立德树人，践行育人"的重要举措，是育人模式、育人方式的重要变革。那么，我们的教育部门、相关管理部门、有社会责任感的专业机构，都应关注研学实践教育的"难点"和"痛点"，用集体智慧来解决问题，用集体行动来推进研学实践教育。

（祝胜华，武汉大学副教授、湖北新民教育研究院理事长、武汉学知修远教育集团董事长）

论高校的学科优势及与研学旅行教育的深度融合

张汉敏　张　强

一、坚持"三个确保",把握研学旅行教育方向

一般来说,人们会把 2013 年 2 月 2 日颁布的《国民旅游休闲纲要（2013—2020 年）》视作研学旅行教育之发轫。毫无疑问,《国民旅游休闲纲要（2013—2020 年）》的确提出了"研学旅行"这一概念,要求"逐步推行中小学生研学旅行",但其重点在于"在放假时间总量不变的情况下,高等学校可结合实际调整寒、暑假时间,地方政府可以探索安排中小学放春假或秋假",而在界定研学旅行的概念时,仍把研学旅行视作是"学校组织学生进行"的"寓教于游的课外实践活动",研学旅行的概念模糊不清,重点亦不分明。

"研学旅行教育"概念的正式提出,当在 2014 年 4 月 19 日第十二届全国基础教育学校论坛上教育部基础教育一司前司长王定华的题为"我国基础教育新形势与蒲公英行动计划"的主题演讲中；概念的确立,则迟至 2016 年 12 月 2 日,教育部等 11 部门印发《关于推进中小学生研学旅行的意见》（以下简称《意见》）。《意见》明确规定:"中小学生研学旅行是由教育部门和学校有计划地组织安排,通过集体旅行、集中食宿方式开展的研究性学习和旅行体验相结合的校外教育活动,是学校教育和校外教育衔接的创新形式,是教育教学的重

要内容,是综合实践育人的有效途径。"至此,研学旅行"是教育的有机组成部分,是教育的一种形式而非仅仅是一种特殊形式的课外实践活动"的定位,就明确了下来。当然,《意见》中也提到了研学旅行中旅游的价值和意义,认为研学旅行"有利于加快提高人民生活质量,满足学生日益增长的旅游需求,从小培养学生文明旅游意识,养成文明旅游行为习惯"。

王定华在2014年4月19日的演讲中还提出了研学旅行"两不算,两才算"的特点:课外兴趣小组(即便是校外的)不算,自发组织的团队旅游活动不算;有意识地组织的、有老师指导的、作用于学生身心成长的班级及以上集体活动才算,有研有学,有动手、动脑、动口机会的体验式、实验式和实践式旅游活动才算。

2014年8月9日,国务院下发《国务院关于促进旅游业改革发展的若干意见》(国发〔2014〕31号),肯定了开展研学旅行的积极意义;2014年12月16日开展的全国研学旅行试点工作推进会更是进一步明确了研学旅行在四个方面的重要意义,除贯彻《国家中长期教育改革规划和发展纲要(2010—2020年)》、培育和践行社会主义核心价值观外,强调研学旅行"是全面推进中小学素质教育的重要途径""是学校教育与校外教育相结合的重要组成部分"。

凡此种种,均说明了"素质教育"是研学旅行教育的本质,"校内教育和校外教育相结合"是研学旅行教育的最大特性,确保教育在研学旅行教育中的主导地位是研学旅行教育始终不变的指导思想。唯有如此,才能使研学旅行切实成为促进学生培育和践行社会主义核心价值观的活动,激发学生对党、对国家、对人民的热爱之情;才能使研学旅行成为人才培养创新模式,全面推动素质教育;才能使研学旅行成为引导学生主动适应社会的活动,促进书本知识和生活经验的深度融合。研学旅行是教育而不是高品质旅游,旅游是研学旅行的手段和方式而不是内容和目的。不厘清研学和旅游的关系,不能确保教育在研学旅行中的主导地位,所谓的研学旅行就将本末倒置,无法实现研学旅行教育的终极目标。

仔细分析研学旅行"两不算,两才算"就会发现,研学旅行重点是在教师指导下的有目的的校外教育活动,要确保教学在研学旅行教育中的核心地位,确保研学导师培训在研学旅行教育中的首重地位。这也是由研学旅行教育的本质和研学旅行教育当前的形势所决定的。研学旅行教育是一种将课堂搬出校园、放进社会、融入广大人民群众工作和生活中的教育活动，自发的学习、兴趣小组、单纯的动手实践等都不能算是真正的研学旅行。研学旅行是移动的课堂，是在路上的最美的教育；研学旅行必须有教师指导，必须是团队活动；研学旅行必须有教，有学，有思考，有研究，有行动，有实践。研学旅行是一种新型的素质教育活动，是一种把校内教育和校外教育结合在一起的特殊的教育活动。因此，研学旅行教育不同于以往的社会实践活动，与曾经的"接受贫下中农再教育"更是相去甚远。研学旅行教育的核心内容，是在旅行途中的、与校内教育内容紧密结合的、更贴近社会现实而更具现实意义的、更接近高新科技发展而更具创新意义的、内容更为全面和更注重人文素质培养而更具素质教育意义的教与学的活动。毫无疑问，教学在研学旅行教育中处于核心地位。

正因为研学旅行是一种新型的结合校内教育和校外教育并必须"在路上"完成的教学活动，即便是在新的教育思想指导下的研学旅行教学，也首先必须要有称职、了解研学旅行各方面要求、熟悉研学旅行相关教学内容、掌握研学旅行相关教学技巧、能够圆满完成研学旅行教学一般目标乃至研学旅行教育终极目标的研学旅行专项教师，即研学导师。在新的教育思想下，学生已然成了教学的主体，但教师也不能放弃教学主导者的地位。研学旅行是一种新型的教学活动，在路上学生究竟该学什么和怎么学，要达到怎样的短期和长期目标，研学旅行课程在完成顶层和具体设计之后如何实施，都需要由称职的研学导师来把控和执行，才有可能达到设计的效果和目的。没有研学导师，"在老师指导下"才能完成的研学旅行教学活动就不可能完成。而研学导师所需具备的素质、知识和技能等都不是一般意义下的学校教师或者受过一定教学技能培训的旅行社从业人员所具备的。换句话说，仅仅具备导游资格证的中小学教师或者仅仅具备中小学教师资格证的导游并不能胜任研学导师的角色，因为前者一般不懂得有效规避研学旅行中的安全风险和应对研学旅行中的突发状况，后者则难以全面、深入地了解学校教育各科目的内容，难以区分"课堂教学"与"导引游客"的差异。在现阶段，研学导师奇缺，在没有研学导师，研学旅行教学又无法真正实现的情况下，自然应该把研学导师培训提至研学旅行教育首要发展任务的位置。

二、高校的学科优势

（一）高校的师资优势

对于研学旅行教育来说，高校的师资优势一目了然。姑且不论我国现阶段的素质教育研究中心、马克思主义思想研究中心大多集中在高等院校之中，作为各类教师摇篮的师范类高校的这种优势也显露无遗。如武汉某师范大学的城市环境学院的旅游系就设有"旅游教育"专业，该专业不少教师都兼具旅游业从业经历和大中小学执教经历；而该专业的学生也是一开始就接受了师范专业基本技能和旅游专业知识技能的双重培训，实习也是师范教育实习和旅游专业实习兼具。这一专业的毕业生毫无疑问是未来研学导师的首选对象。

各高校尤其是师范大学的教育学院、心理学院也为高校在研学旅行教育上的师资优势增添了砝码。教育学院的学科设置一般都涵盖学龄前教育、基础教育、中等教育、高等教育和特教等各个方面，其综合性最能满足研学导师的综合性要求。而心理学院对研学导师的抗压能力及应对紧急状态的心理承受能力的培养，在理论、方法和手段上有着得天独厚的优势。

（二）高校的学科门类优势

高校的学科门类优势至少有两点：一是门类齐全，且互为补充；二是新门类不断出现，最能把握学科发展新态势。在研学旅行教育中，如仅仅开展单学科的教学，不仅容易使研学旅行变得枯燥乏味，也容易使每年有限的研学教育实践难以完成预定目标，降低研学教育实践的价值。因此，研学旅行的教学活动必然是"复合型"的——它必须是融合各科目且能让学生德、智、体、美、劳全面发展的素质教育活动。要完成这样的教学任务，相对缺乏专业知识和综合教学素质与技能的旅游专业从业人员，和具备多年教学经验、素质全面、技能突出但大多从事单一学科教学的中小学优秀教师都需要再学习。

而高校之中，学科门类齐全，且学科融合的趋势明显。以体育学科为例，现在的学科分类大致可分为运动生理学、运动心理学和运动管理学；对师范类高校体育专业的学生而言，这就意味着他们在接受传统的技能战术教学之外，还要学习物理、化学、医学、生物学、心理学和管理学等方面的知识，待到这些专业的毕业生进入中小学担任体育教师，他们在研学教育实践中所能起到的作用就相当大：他们不仅可以将自己变成学生的保镖，也可以教学生保护自己；他们可以教会学生随时适应各种生活环境，并可以利用身边的各种简易设备和基本条件锻炼身体；他们懂得教育学生以最简单而又有效的方式实现劳逸结合；他们可以成为"体格健壮、头脑发达"的榜样，引导学生在校内、校外做到德、智、体、美、劳全面发展。高校的学科门类也在不断创新。学科创新、学科交叉、学科融合，都给自然和社会科学的发展带来了生机和活力，也形成了高校在研学旅行教育研究方面的优势。

（三）高校的设备及信息管理优势

尽管随着国民经济的发展和国家对中小学校资金投入力度的加大，中小学办学条件已有很大改善，一些研学服务机构及研学营地或基地也可以斥巨资兴建研学场馆、添加研学设备，但高校的设备、资料、场馆和信息管理建设仍更具优势。从多媒体课堂向"智慧课堂"的转变，将进一步刷新来参加研学的中小学生对高校的认识，并将带动中小学课堂教学的转变。

研学旅行特别强调各部门、各参与单位之间的分工合作，信息管理以及数据库的建设对于研学旅行有着特殊的意义。高校在研学旅行数据的收集、整理方面的效率和数据处理结果的可信度等方面都有着巨大的优势。虚拟仿真技术的全方位应用以及虚拟仿真技术与人工智能技术的深度融合，对于研学旅行教育也有着特殊的价值。极端气候条件模拟、极端地理环境模拟、极端工作条件模拟和国际旅游场景模拟等虚拟仿真技术的运用，对研学旅行户外活动的补充作用非常明显。

（四）高校的教学氛围优势

中小学教育受应试影响较大，而研学旅行作为一种新型教学模式，更多的是以教师为主导，重视学生的学习主体地位，因此，"自主学习"更多地成了研学旅行教学的主要模式。高校作为高等教育机构，一向视大学生为学习和研究的主体，高校的"启发式"教学模式显然更适合研学旅行教学。

进入大学，学生学习目的的改变也使得学习从"输入型"的知识学习向"输出型"的技能培养过渡，这也使得学生自主学习的动力增加。这种从"被迫学"和"要我学"向"主动学"和"我要学"的转变也正是研学旅行所倡导的。

(五) 高校的课程设计与开发优势

课程设计是一个有目的、有计划、有结构的产生课程计划（教学计划）、课程标准（教学大纲）以及教材等的系统化活动。它可以指"为掌握某一课程内容所进行的设计"，称"课程设计"；也可以指"对某一门课程进行教学策划的研究活动"，又称"课程开发"。不同的定义反映了不同的课程研究取向。有技术取向的，指对达成课程目标所需的因素、技术和程序进行构想、计划、选择的慎思过程。高校在课程设计方面所具备的优势十分明显，高校的科研工作者专注于教程的宏观思考，既具备宽阔视野，又具有理论深度。

(六) 高校的双重身份优势

高校可以给研学旅行教育提供理论支持和政策咨询服务，开展研学导师培训，提供研学基地，拓宽研学视野，形成示范效应，参与课程设计与开发，等等。

高校虽然参与课程设计，却很少参与课程实施；虽然为研学导师培训，但不参与具体研学旅行教学。如此一来，高校可以更为冷静地看待研学旅行的得与失。

三、高校与研学旅行教育的深度融合

(一) 高校对研学旅行教育的重视与研究

要实现高校与研学旅行教育的深度融合，需要加强高校对研学旅行教育的重视和研究。

1. 政策导向研究与政策研究

如前所述，高校参与研学旅行教育具有学科优势，在政策及政策导向研究上体现着高校雄厚的理论功底和研究实力。在诸如"研学旅行的关键究竟是'研学'还是'旅行'""中小学境外研学的可能性"等问题上，高校应该积极发声，提供明确的建议和观点，展示观点背后的理论基础和数据分析，为相关中小学校、机构、职能部门建言献策。

2. 标准制定

研学旅行教育仍是一个新鲜事物，很多方面还有待制定新的行业标准。高校应充分发挥学科优势，为研学旅行安全操作手册、研学导师培训标准、研学服务标准、研学基地标准和境外研学各类标准的制定提供咨询并参与编写。

3. 分工合作、协作攻关

研学旅行教育涉及的学科门类繁多，教学内容多样，而呈现方式又要求集中统一，这就要求高校各学科和部门在参与研学旅行教育研究的过程中既要分工又要合作，协同创新，才能最大可能发挥高校的学科优势。例如，针对研学旅行中的安全事故，紧急救援专家应研究防范与处置方法，心理学专家应思考如何对事故幸存人员进行心理疏导，教育管理等专业人士应考虑如何提高管理质量、降低事故概率、开展危机公关等。

（二）高校对研学的指导与协作

1. 研学导师培训

研学旅行是新生事物，研学导师培训更是新生事物。高校具有师资优势、学科门类优势、设备优势、教学氛围优势和课程设计与开发优势，如果承担研学导师培训的任务，可以很好地完成。

2. 研学课程设计

高校具有课程设计与开发优势，也能胜任研学课程设计工作。如果有一家专业的研学旅行教育研究机构牵头，组织各方力量群策群力，是可以圆满完成任务的。

3. 研学课程评价体系建设和研学态势研讨

研学课程评价体系对研学旅行教育的发展至关重要。没有课程评价体系，研学的质量以及学生参与研学的成绩都无从评定，参不参加研学，研学的效果好还是不好，这些问题如果没有结论，必将降低学校和教师带领学生开展研学的积极性，也会降低学生参与研学的兴趣和热情。而让高校有关研究机构来担任这个裁判，是正合时宜的。

高校在信息收集和信息处理方面的优势，也决定了高校在研学态势研讨方面容易更全面、更准确地看待问题。

（三）高校对研学的直接参与

1. 以高校为研学目的地和研学基地

高校本身就可作为研学目的地，许多以开阔学生学术视野、增加对大学认知的"高校研学行"就是这样开展的。

研学旅行团队进入大学校园内的研学基地，开展相关研学旅行教学活动，可以让中小学生更早地认识高校，了解高校的学习方式，开阔视野，及早确定未来学习方向。

2. 建立高校与研学服务机构、研学基地的密切合作

高校的研学旅行教育研究机构可以与研学旅行服务机构、研学基地签订战略合作框架协议，加强与各机构及基地的实际合作。这将有利于高校与研学旅行教育进行深度融合，使得高校切实了解研学旅行的实际问题和痛点，对症下药，提出切实可行的解决方案，充分发挥高校的学科优势，确立高校在研学旅行教育中的地位和作用。

3. 高校应与研学服务机构、研学基地合作开展项目研发

高校的研学旅行教育研究机构应积极与研学服务机构、研学基地合作开展项目研发。高校的研学旅行教育研究机构秉承着高校的学科优势，而各研学服务机构和基地则有大量的研学旅行实证材料、案例、数据和研学过程中碰到的各种尖锐的问题。双方密切合作，开展项目研究，项目研究成果的现实指导性强，项目设计更具有可行性。

简而言之，在研学旅行教育中，高校有师资、学科、设备、教学氛围、课程设计等方面的优势，如能加强对研学旅行的研究，进一步展开对研学旅行的指导与协助，并适当直接参与研学活动，必将促进研学旅行教育的全面发展。

（张汉敏，华中师范大学研学旅行教育研究中心研究员；张强，华中师范大学外国语学院教授、华中师范大学研学旅行教育研究中心主任）

对研学旅行的思考

孙广学

为落实立德树人根本任务，帮助中小学生了解国情、开阔眼界、增长知识，提高学生的社会责任感、创新精神和实践能力，促进中小学生的身心健康发展，国家近年来发布多项重要文件，要求社会各界努力为学生创造更丰富的研学旅程，创造更安全的研学环境，以此更好地推进中小学研学旅行工作，并为我国中小学生的培养开辟一条崭新的育人之路。这是时代发展的必然，是教育进步的必然。

一、研学旅行的相关政策

2013年国务院办公厅印发了《国民旅游休闲纲要（2013—2020年）》，明确提出要"逐步推行中小学生研学旅行"工作；2014年国务院印发《关于促进旅游业改革发展的若干意见》，又提出要"积极开展研学旅行"，并明确教育部负责"加强对研学旅行的管理"；2015年，国务院办公厅印发了《关于进一步促进旅游投资和消费的若干意见》，再次提出要"支持研学旅行发展"。

2016年，为进一步强化和推动中小学生研学旅行工作，教育部等11部门联合发布了《关于推进中小学生研学旅行的意见》（以下简称《意见》），即教基一〔2016〕8号文件。为更好地推动中小学研学旅行工作，2017年9月，教育部印发《中小学综合实践活动课程指导纲要》，确立将研学旅行纳入学校教育学分系统；2017年12月，教育部又公布《第一批全国中小学生研学实践教育基地、营地名单》；2019年6月23日中共中央、国务院在《关于深化教育教学改革全面提高义务教育质量的意见》中，重申了要加强中小学实践锻炼的意见。这些连续而密集的研学旅行政策和要求的发布，既说明国家对中小学研学工作的重视，也为今后中小学开展研学旅行的发展指明了方向。

二、对研学旅行的认识

（一）何为研学旅行

研学旅行，又称研学旅游、修学旅游、教育旅游、游学等，长期以来，其概念表述在学术界和行业实践中没有得到有效统一。2013年国务院办公厅发布的《国民旅游休闲纲要（2013—2020年）》中正式提出将其定名为"研学旅行"。

中小学生研学旅行的定义是：由教育部门和学校有计划地组织安排，通过集体旅行、集中食宿方式开展的研究性学习和旅行体验相结合的校外教育活动。简单来说，就是组织学生一起出游，在主题引领下边学边玩，寓教于乐。教育部提出，研学旅行要纳入中小学教育教学计划，避免"只旅不学"或"只学不旅"现象的发生。

（二）研学旅行的意义

1. 研学旅行的理论意义

柏拉图说过："教育非他，乃心灵的转向。"转向哪？引导孩子转向分数、转向才能、转向才干、转向本事？教育的目的是"在推动学生认识到学习的核心是为丰盈自己的基础上，促使学生的心灵转向爱、转向善、转向智慧"。

那么研学旅行对学生的学习与成长有什么帮助呢？哈佛大学校长德鲁·福斯特在演讲中说过这样一句话："一个人生活的广度决定他的优秀程度。"这位女校长每年都要到一个陌生的地方去旅行，这是她对自己的一个要求。对她来说，用学习的方式来旅行已成为一种生活常态，这种旅行的意义在于促进自己的成长。

她认为，当我们看到的世界大了，才能更加宽容，才能更加坦荡。学生只有自己真正走出去经历了、体验了，才能收获对自然的认识、对世界的认识，才能做到知行合一。研学旅行正是引导学生到富有正能量的地方去丰富自己。

2. 为什么要开展研学旅行

教育部近几年连续发布了多项关于研学旅行的指导文件，大力推进研学旅行工作，鼓励学校组织学生到革命圣地、文化园地、科研基地、国防重地开展研学旅行。其价值首先是有利于促进学生培育和践行社会主义核心价值观，激发学生对党、对国家、对人民的热爱之情；其次是有利于推动全面实施素质教育，创新人才培养模式，引导学生主动适应社会，促进书本知识和生活经验的深度融合；再次是有利于加快提高人民生活质量，满足学生日益增长的旅游需求，从小培养学生文明旅游意识，养成文明旅游行为习惯。

让学生在做中学，学中思，思中悟，帮助学生全面提升综合素质，让研学教育全过程、全方位地体现对学生实施的素质教育，这也是研学课程开发的重要内涵。

3. 研学旅行的目标与方式

研学旅行是面向全体中小学生，由学校组织安排，以培养中小学生的生活技能、集体观念、创新精神和实践能力为目标，通过集体旅行、集中食宿的方式开展的一种普及性教育活动，是加强未成年人思想道德建设的重要举措，是推动学校教育和社会实践相结合、全面推进素质教育的重要途径，重点突出全员参与、集体活动、走出校园、实践体验。

(三) 研学旅行五大任务

为规范和促进未来中小学研学旅行工作的蓬勃发展，教育部等11部门于2016年联合发布了《关于推进中小学生研学旅行的意见》，确定了未来研学旅行工作的五个任务。

1. 将研学旅行纳入教学计划

《意见》明确指出：各中小学要结合当地实际，把研学旅行纳入学校教育教学计划，与综合实践活动课程统筹考虑，促进研学旅行和学校课程有机融合。例如，教学内容中有孙犁的《荷花淀》这篇文章，如果带学生到白洋淀看看，学生会有一种不同的感受。

2. 积极开展研学旅行基地建设

《意见》强调，各地要根据研学旅行育人目标，依托自然和文化遗产资源、红色教育资源和综合实践基地等，遴选建设一批安全适宜的中小学生研学旅行基地，探索建立基地的准入标准、退出机制和评价体系，打造一批示范性研学旅行精品线路，形成布局合理、互联互通的研学旅行网络；各基地要将研学旅行作为重要的教育载体，根据小学、初中、高中不同学段的研学旅行目标，有针对性地开发多种类型的研学实践教育活动课程。

在研学实践中，全国涌现出多种研学形式，这些不同的形式都依托不同的基地运营。当前较为成熟的基地形式有：以革命传统为主题的红色基地，以传统文化为主题的国学基地，以科技为主题的创新基地，以环境保护为主题的绿色基地，以技能培养为主题的实践基地，以探索未知为主题的科研基地，等等。

3. 加强组织管理

研学旅行是一个系统工程，为此，《意见》要求，各地教育行政部门和中小学要探索制定中小学生研学旅行工作规程，做到"活动有方案、行前有备案、应急有预案"；学校组织开展研学旅行可采取自行开展或委托开展的形式，但须按管理权限报教育行政部门备案，并做好学生活动管理和安全保障工作。

4. 拓展经费渠道

教育部教育发展研究中心有关人士建议，各地可采取多种形式、多种渠道来筹措中小学生研学旅行经费，探索专项经费保障机制，探索建立政府、学校、社会、家庭共同承担的多元化经费筹措机制。

在教育部推进研学旅行的初期，各地政府对中小学校开展社会实践课程给予了经费支持，如北京等地区对市内社会实践活动每年每人补助600元。

在目前的研学旅行中，到省外研学的费用，大部分学校是由学生家长支付。当前，在没有任何经济补助的情况下，一名中小学生为期5天的研学旅行的费用预算为3000~4000元，为期7天的研学旅行费用一般为4000~5000元。据调查，这个价格对绝大多数家长来说是属于可接受范围的，对家庭经济困难的学生，学校可以给予减免或部分减免的方法来解决。

5. 建立安全责任体系

安全是研学的第一要务，从策划到内容，从组织到管理，都要以安全为前提来实施，不但要有学校教师的参与，还要有保险机构的参与，不要到危险的地方进行研学旅行。

（四）研学旅行的基本原则

教育部等11部门印发的《关于推进中小学生研学旅行的意见》的文件进一步指出，研学旅行是基础教育课程体系中综合实践活动课程的重要组成部分，由各学校根据相关规定及本校实际情况自主开发和组织实践，并要求研学旅行要遵循以下几项基本原则。

1. 教育性原则

研学旅行要结合学生身心特点、接受能力和实际需要，注重系统性、知识性、科学性和趣味性，为学生全面发展提供良好成长空间。

2. 实践性原则

研学旅行要因地制宜，呈现地域特色，引导学生走出校园，在与日常生活不同的环境中拓宽视野、丰富知识、了解社会、亲近自然、参与体验。

3. 安全性原则

研学旅行要坚持安全第一，建立安全保障机制，明确安全保障责任，落实安全保障措施，确保学生安全。

4. 公益性原则

研学旅行不得开展以营利为目的的经营性创收，对贫困家庭学生要减免费用。

三、研学旅行的价值

"读万卷书，行万里路"，这一经过千百年实践验证的经验早已深入人心，还有一句"读万卷书，不如行万里路"，这两句俗语都说明古人也十分强调"行万里路"。回归到当前的教育环境下，很长一段时间里，广大中小学生只知埋头苦读，却不知很多知识是需要体验和感受的。对中小学生而言，在狭小的教室里待得太久，无论是思想还是视野都会受到局限。唯有走出去，才能重新唤起内心的大格局。所以说，研学旅行活动对青少年身心发展十分有益。

（一）研学旅行是一门培养人的课程

关于研学旅行的目的，《意见》中明确指出，它"是学校教育和校外教育衔接的创新形式，是教育教学的重要内容，是综合实践育人的有效途径"。由此可见，研学旅行和学校教育是要一并规划、一起实施的，它的形式虽不同于传统意义上的语文、数学等具体学科教学，但从实质上讲，研学旅行本身就是一门课程。只不过这门课程的授课地点不在教室里而在室外；这门课程的授课者不一定是传统意义上的教师，但也是具有专业知识和素养的实践型人才；这门课程的授课内容虽然与眼前考试无关，但对学生提升能力、开阔视野会有极大作用。将来，随着研学的逐步深化，研学内容会逐步与课程内容相结合，并对学生综合素质的提升大有裨益。显然，研学旅行应当渗透课程意识，将其作为一门内容丰富、形式多样的课程，并且明确其教育目的，使研学旅行真正体现出其价值。

遗憾的是，在具体的实行当中，不少学校因为缺乏系统规划和全盘考虑，对于研学旅行不上心、不重视，要么无视上级要求，以安全问题为由直接取消；要么缺少课程意识，把研学旅行当成了旅游。这样的安排，严重弱化了研学旅行应有的意义。

(二) 研学旅行契合青少年身心发展特性

从心理学和生理学的角度看，青少年成长的过程有两个显著的特点，一是体验性，二是群体性。所谓体验性，是说青少年是在体验中长大的，他们需要亲身参加许多亲近社会与自然的实践活动，父母和老师的教导是不能代替学生的体验的。所谓群体性，是说青少年将来是要走向社会的，学生是离不开群体交往的，再好的父母和老师都无法代替伙伴在青少年的成长中所能起到的作用。良好的研学旅行活动充分体现了体验性和群体性，因而是教育发展的必然，受到了学生们的欢迎。

(三) 研学旅行具有教育性

研学旅行有助于学生动手、动脑、发现问题、研究问题，作为综合实践育人的有效途径，可以有效承载以下六个方面的教育功能。

第一，道德养成教育。研学旅行是中小学生有组织的集体性、探究性、实践性、综合性活动，是对中小学生进行集体主义教育、生活教育、行为习惯养成教育的有效载体，可以帮助中小学生学会生存、生活，学会做人、做事，促进中小学生形成正确的世界观、人生观、价值观。

第二，社会教育。组织中小学生走进社会、融入社会，有助于让中小学生更加深刻地了解社会，认识社会，感受社会的进步与发展，明确社会发展的方向，培养中小学生的社会责任感。

第三，国情教育。组织中小学生走进乡村、社区、工厂、科研院所，走进实践基地，走进改革开放"现场"，可以帮助中小学生了解国情，了解改革开放以来祖国取得的伟大成就，了解社会的发展与需求，促进中小学生增长知识、开阔眼界，培育中小学生的国情意识。

第四，爱国主义教育。走进祖国名山大川，走进革命圣地，让中小学生感受祖国大好河山，领略革命先烈的英雄事迹，能够激发中小学生对党、对国家、对人民的热爱之情，引发中小学生的民族自豪感，激发中小学生强烈的爱国主义情感。

第五，优秀传统文化教育。组织中小学生走进传统文化、红色文化，走进当代文化"现场"，走进历史"现场"，能够引导中小学生更加真切地感受中华文化的源远流长、博大精深，激发内心对民族文化的崇敬之心、敬畏之情，产生践行之志。

第六，培养创新精神和实践能力。实践能力只有在实践中才能更好地养成，创新精神只有在创新活动中才能更好地培育。研学旅行有助于学生动手、动脑、发现问题、研究问题，进而培养他们的创新精神和实践能力。

（四）研学旅行具有现实性

中国面临实现"两个一百年"的奋斗目标的任务，未来的建设者正是今天的在校生。对于今天只在教室里、书本里获取知识的学习者，要让他们真正成为社会主义的接班人和建设者，让他们走进社会大课堂就具有非常重要的现实意义。

1. 研学旅行是推动基础教育改革发展的重要途径

2016年4月，前副总理刘延东指出："将修学旅行纳入中小学教育是方向，对于孩子了解国情、热爱祖国、开阔眼界、增长知识实现全面发展十分有益。"研学旅行把学习与旅行实践相结合，让学校教育和校外教育有效衔接，强调学思结合，突出知行统一，让学生在研学旅行中学会动手、动脑，学会生存、生活，学会做人、做事，促进身心健康，这种教育遵循了教育规律，有助于培养学生的社会责任感、创新精神和实践能力，是落实立德树人根本任务、提高教育质量的重要途径。

2. 研学旅行是加强社会主义核心价值观教育的重要载体

在国家强调要加强中小学品德教育的要求下，研学旅行依托自然和文化遗产资源、红色教育资源和综合实践基地等，让广大中小学生在研学旅行中实地感受祖国大好河山，感受中华传统美德，感受革命光荣历史，感受改革开放伟大成就，激发学生对党、对国家、对人民的热爱之情，增强对坚定"四个自信"的理解与认同，是加强中小学德育、培育和践行社会主义核心价值观的重要载体。

3. 研学旅行是提升教育水平的现实需要

当前，我国已进入全面建成小康社会的决胜阶段，研学旅行正处在大有可为的发展机遇期。教育部等11部门发布《意见》，有助于进一步加强研学旅行工作，推动研学旅行健康快速发展，推动教育改革不断深入。为此各地积极探索研学旅行工作方法，工作力度持续加大，课程内容不断丰富，社会资源有效整合，保障机制逐步建立，在促进学生健康成长和全面发展方面发挥了重要作用。

四、研学旅行的特征与分类

(一) 研学旅行的特征

1. 范围明确化

研学旅行强调的是让学生"走出去"，课后的一些兴趣小组和俱乐部的活动，以及棋艺比赛等校园文化活动均不属于研学旅行的范畴。

2. 客群固定化

青少年学生是决定研学旅行的主体和中心，是决定研学旅行能否成功开展的核心要素，在进行研学旅行课程前期设计时，要强调这是学生的群体活动，而不是有家长参与、辅助的旅游活动。要结合学生的兴趣爱好和身心特点，对研学内容、时间安排、活动距离、线路规划等进行充分考虑。

3. 目的清晰化

研学旅行具有明确的主题和目的，是有意识组织的、强调学生身心变化的教育活动，目的在于引导学生体验不同的"课堂"，掌握多方面的知识。

4. 组织特色化

研学旅行主要是学校组织的集体体验性活动，不同于家长自发组织的小群体活动，是以班或年级乃至学校为单位进行的团体活动，是学生在老师或者辅导员的带领下一起活动，一起动手，共同体验，相互研讨的一种教学方式。

5. 产品多样化

随着研学市场逐渐完善，研学产品越来越多元化，以学习特殊专业知识为主的研学旅行产品大量出现，并逐渐走向了主题化，如以动漫、影视、体育、科技、文学、历史、生物、探秘等为特色的研学旅行课程层出不穷，这势必会成为以后的发展趋势。

6. 体验全程化

研学旅行强调学生必须要有体验，不是停留在看一看、转一转的"走马观花"，而是要有动手制作、动脑思考、动口表达的机会，在条件允许的情况下，还应该有对抗演练、逃生演练，让学生真正全程参与活动。

7. 支持多方化

研学旅行的发展需要社会多方支持，需要宏观层面的国家政策、中观层面的专业机构和微观层面的行业企业的支持。

（二）研学旅行的分类

研学旅行产品按照资源类型划分，主要有：知识科普型、自然观赏型、体验考察型、励志拓展型、文化康乐型。

1. 知识科普型

主要包括各种类型的博物馆、科技馆、主题展览、动物园、植物园、历史文化遗产、工业项目、科研场所等资源。

2. 自然观赏型

主要包括山、江、湖、海、草原、沙漠等类型的自然资源。

3. 体验考察型

主要包括农庄、实践基地、夏令营营地或团队拓展基地等资源。

4. 励志拓展型

主要包括红色教育基地、大学校园、国防教育基地、军营等资源。

5. 文化康乐型

主要包括各类主题公园、演艺场所、影视城等资源。

五、开展研学旅行的核心内容

研学旅行产品服务的对象是学生,学生的任务是学习,研学作为素质教育的一种,其本质和核心在于其教育性,课程设计的理念是引导学生去体验和收获。

(一)课程开发是未来研学的发展途径

研学是学校教育和家庭教育的有益补充,同时也是学习的"催化剂"。以课程主题为中心的研学项目是连接基(营)地、知识、家长和孩子的最重要的纽带,加强研学课程资源的开发,是研学的未来出路。它一方面能帮助提升孩子的综合能力,同时也帮助孩子挖掘自己的潜能。所以说课程开发要体现知识性、专业化、规范化,要体现寓教于乐。

实施综合性的研学课程,挑战极大,对师资、课程设计能力、管理运营等各个方面要求都很高。但这种综合性的研学课程,也不一定就会收到良好的效果。为了有的放矢开展研学工作,应该开发单一主题的研学课程,这些单一主题的研学课程,符合不同年龄段孩子的生理、心理特征和承受能力,符合不同年龄段的孩子对研学主题喜好的差异性,更便于教师和学生进行选择。

(二)厘清"研学"与"游学"的关系

从概念上来看,旅行是观察身边的景色和事物,研学旅行就是通过这种外出旅行的形式来进行研究性学习。但研学旅行不是游山玩水,而是课堂的延伸,更是学校教育和校外教育衔接的创新形式。所以,研学旅行不是走马观花,而是一个完整的富有主题的学习过程。

首先,"研"主要是突出了这种课程的研究特质,强调培养学生的研究能力,即在外出旅行之前就提前布置好相关的研究主题,将研究主题在旅行中贯穿和深化,让知识"活"起来。可以说,这种学习方式对学生发现问题和解决问题能力的培养有很大帮助。

其次,"学"突出强调了"活化"知识点的教学,通过实地观察和体验实现知识的学习。这种旅行中的学习与课堂中的学习相比,实现了空间上的转换,让知识变得真实、有温度。这种课程是通过旅行实现的,这种手段全面还原了知识产生或运用的真实情境,学生获得的知识都是整体的,这种研究性学习更有助于学生在未来生活中解决实际的生活问题。

过去的游学课程多突出"游"的特质,希望通过组织学生外出旅行拓宽眼界、增长见识,做到"行万里路"。游学是通过短、平、快的方式迅速获取大量信息和知识,但这些知识和信息是碎片化的、平面化的。

而研学强调的是主题研究,有一定学习主题的实践体验,让学生领会如何在真实环境中获取知识,并将知识在真实情境中加以应用,进行系统性的深化。所以,研学旅行课程是在过去的游学课程的基础上进化而来的,这也说明了研学旅行的本质还是课程。

研学旅行需要孩子离开家庭、离开家长进行独立生活锻炼,孩子从依赖家庭到独立自主,需要一个不断递进的过程。孩子在0—6岁阶段更多的是模仿学习,7—12岁则易受到同伴影响,会相互影响并学习,14岁以上已经可以接受一些小的挑战,而到了16岁及以上则需要有一定理论与思考的能力。在不同的阶段,营地教育的课程内容和形式是不同的,要根据学生身心发展特征、兴趣爱好和课程需求进行设计与实施。

(三)研学旅行课程的目标

研学教育课程贯穿于研学活动,是以体验教育为主题,以实践为主要形式的,有别于学校和家庭教育的特色课程。研学要让学生亲身经历,达到知、行、能统一,教、学、做合一。

根据研学主题,将领导力训练、安全教育、感恩践行、环保行动等不同课程融入其中,指导学生做中学,学中思,思中悟,帮助学生全面提升综合素质,助力学生全面均衡发展。在研学教育中,要全过程、全方位地对学生实施鼓励,让他们主动学习,勇于探索,亲身实践,知行合一。

1. 领导力训练

挖掘领导才能,训练组织管理能力,培养责任心,增强沟通技巧。

2. 安全教育

了解安全知识，提高安全意识，在实践中掌握安全自救技能，提升自我保护能力。

3. 感恩践行

理解感恩的意义，了解感恩的知识，传递感恩的行为，将感恩践行到每一天。

4. 环保行动

树立环保理念，从身边点滴小事做起，保护环境，保护未来。

5. 创新能力培养

设立创新实践课题，参观国家高新基地，参与人工智能开发，激发创新欲望。

六、如何有效落实研学旅行工作

"研学旅行"被纳入中小学教育教学计划，成为课堂的延伸，这是中国教育改革与发展的必然趋势。研学工作的开展引发了全社会的高度关注和思考。如何保障研学旅行中学生的安全？如何设计研学旅行课程？要达到什么目的？如何筹措研学资金？学生以怎样的方式参与？由什么人来组织开展？最终要以什么形式收尾？这都是我们推进此项工程必须认真对待的问题。其中研学计划、研学目的、研学内容、活动形式及具体环节设置等，都应当以课程的形式进行深入思考和整理。

（一）周密安排，保证研学课程的顺利实施

"古诗词里寻长安""曲阜孔庙里背《论语》""岳阳楼下忆范仲淹""航空烈士纪念馆里念校友"等类似内容的研学，都需要教师在出发前将研学主题告知学生，并提出研学目标要求，同时引导学生做研学准备，包括思想的准备、

知识的准备、组织的准备等。

例如西安古文化研学，出发去西安前，语文老师就开始让学生搜集与这座古城相关的古诗词。到相关景点进行诵读时，学生们的感受特别深刻。再如，在南京的航空烈士纪念馆里，学生们就找寻到十几位在抗战中牺牲的本校校友，这群热血的"00后"们在了解到校友们的历史事迹后感触颇深，也引发了对历史的再思考。另外，研学旅行要有周密的组织安排，要编写研学旅行手册，手册中要详细介绍研学旅行每天的课程安排，包括预习、现场过程性学习、总结和考核、作息时间、就餐地点、安全措施、应急处理方案，等等。这本手册不是对研学过程的简单记录，而是一本扎扎实实的研学旅行"作业本"，要体现细致周密的行程安排。

（二）安全是第一要务，细节安排无缝对接

研学旅行的第一要务是安全，细节安排要做到无缝对接。几百人边走边学，对哪所学校来说都不是一件小事情。研学旅行中的人身安全、财产安全、运动风险、住宿餐饮安全，每个环节都牵动着几百个家庭。

对研学旅行而言，学校、家长考虑的首要因素是安全。父母从对孩子不敢放手到放手让孩子参与到研学旅行中来，中间有很长的路。学校更是提心吊胆，承担着很大风险。

所以，研学旅行必须做到各种管理与保障全面覆盖，这需要在出发前做足准备。从学生管理办法和随行干部、教师安全管理责任书的签署，到研学旅行课程管理方案；从准备工作到动员，再到管理过程和总结，每一环都必须严格按缜密的步骤来走。

为此，在活动开始的几个月之前，研学组织单位和学校就必须要根据研学基地所在地的地域环境，结合研学基地当地情况，对学习内容、交通情况和安全系数进行反复论证，选出最佳管理运行方案，每个细节都要做到无缝对接，甚至包括每天行程中的交通、查房、教师的轮岗值班安排等。

每到一处，研学安全负责人最先应该了解的就是医院和药店的位置。为了方便管理，在老师的选择上学校也要用心，每组教师要兼有男女，还要考虑不同学科教师的搭配，等等。

无论从事什么形式的教育工作，从业者都要保持教育初心，研学旅行行业的从业人员也应始终保持教育初心，要从教育本身出发去思考。这种初心是发

展研学的根本理念,它表现在自我要求上。有专家说:"这个行业的人应该非常关怀孩子,对教育有理解,对孩子成长有期待。"

总之,在国家大力提倡素质教育的今天,研学旅行是广大学生学习、锻炼的极好形式,未来随着政策的引导、学习的需要,研学事业一定会更加蓬勃地发展。

(孙广学,北京教育学院教授)

第二章

主题文化与研学教育

中华优秀传统文化传承与青少年教育

刘玉堂

中华优秀传统文化，是指居住在中国地域内的中华民族及其祖先所创造、为中华民族世世代代所继承发展、具有鲜明民族特色、历史悠久、内涵博大精深、传统优良的文化。

一、中华优秀传统文化的内涵与特质

文献及出土文物证明，大约在 5000 年前，在今天北非的尼罗河流域、西亚的幼发拉底河和底格里斯河流域、南亚的印度河流域、东亚的黄河及长江流域，人类已经开始摆脱鸿蒙，迈入文明社会的门槛，孕育出人类最古老的文明，即古埃及文明、古巴比伦文明、古印度文明和古代中国文明。最令我们骄傲自豪的是，唯有中华民族创造的古代文明，不仅灿烂辉煌，而且薪火相传，成为上古世界诸多文明中唯一没有中断的文明。

孕育于中华大地的中华传统文化，特色鲜明。首先是历史悠久，中国传统文化是具有五千年悠久历史的文化。其次是世代相传，中国的传统文化在不同的历史时期或多或少地有所改变，但是大体上没有中断过，是世界文化系统中唯一没有中断的文化。再次是美美与共，中国的传统文化是由包括当代 56 个民族以及曾活跃在中国历史舞台上的古代各民族在内的中华民族共同缔造的。

最后是博大精深，所谓"博大"，是指中国传统文化内涵丰富、精彩纷呈，包括各种思想观念、伦理道德、典章制度、教育、宗教仪轨、文学、科学技术、文献典籍、建筑园林、戏剧、曲艺、音乐、舞蹈、雕刻、书法、绘画乃至衣食住行、风俗习惯、风土人情等；所谓"精深"，是指中国传统文化蕴含许多跨越时空、超越国度、具有当代价值、富有永恒魅力的文化基因，积淀着中华民族最深层的精神追求，有着中华民族独特的精神标识。

但同时，我们也必须认识到，由于中国数千年的封建专制统治，中国传统文化也被打上了深深的封建烙印，其中存在着不少的封建糟粕。所以，在对待传统文化方面，我们既不能否定一切，认为传统文化不值得学习；也不能一味盲从，认为凡是传统的都是好东西，不加辨析地继承下来。正确的态度应该是去其糟粕，取其精华，大力传承发展中华优秀传统文化。

对于中华优秀传统文化中"优秀"的定义，一般要从以下两个方面进行衡量和判定：一是是否有利于推动中国特色社会主义的建设事业，是否有利于建设和形成中国特色社会主义的道德体系；二是是否促进个人身心发展，是否有利于现代人更好地适应和创造现代生活。

按照中共中央办公厅、国务院办公厅印发的《关于实施中华优秀传统文化传承发展工程的意见》，传承中华优秀传统文化，就要从其核心思想理念、传统美德、人文精神等方面入手，切切实实地做好这项工作。

核心思想理念。中华民族和中国人民在"修齐治平"、尊时守位、知常达变、开物成务、建功立业的过程中培育和形成的基本思想理念，如革故鼎新、与时俱进的思想，脚踏实地、实事求是的思想，惠民利民、安民富民的思想，道法自然、天人合一的思想等，可以为人们认识和改造世界提供有益启迪，可以为治国理政提供有益借鉴。传承发展中华优秀传统文化，就要大力弘扬讲仁爱、重民本、守诚信、崇正义、尚和合、求大同等核心思想理念。

中华传统美德。中华优秀传统文化蕴含着丰富的道德理念和规范，如"天下兴亡、匹夫有责"的担当意识，精忠报国、振兴中华的爱国情怀，崇德向善、见贤思齐的社会风尚，孝悌忠信、礼义廉耻的荣辱观念，体现着评判是非曲直的价值标准，潜移默化地影响着中国人的行为方式。传承发展中华优秀传统文化，就要大力弘扬自强不息、敬业乐群、扶危济困、见义勇为、孝老爱亲等中华传统美德。

中华人文精神。中华优秀传统文化积淀着珍贵、多样的精神财富，如求同存异、和而不同的处世方法，文以载道、以文化人的教化思想，形神兼备、情景交融的美学追求，俭约自守、中和、泰和的生活理念等，是中国人民思想观念、风俗习惯、生活方式、情感样式的集中表达，滋养了独特丰富的文学艺术、科学技术、人文学术，至今仍然具有深刻影响。传承发展中华优秀传统文化，就要大力弘扬有利于促进社会和谐、鼓励人们向上向善的思想文化内容。

不难发现，在中华优秀传统文化的大观园中，诸子百家熠熠生辉，儒、道、释和谐共生，修身、齐家、治国、平天下浑然一体。可以毫不夸张地说，中华优秀传统文化在思想上有大智，在科学上有大真，在伦理上有大善，在艺术上有大美。

中华民族历经磨难仍巍然屹立于世界民族之林，中华文明历经五千年仍具有旺盛的生命力，其重要原因就在于拥有博大精深的优秀文化。中华优秀传统文化不仅对中国经济和社会的发展发挥了巨大作用，为中国人的文化性格和行为方式的形成奠定了深厚的基础，而且对人类文明的发展也产生了重要而深远的影响。

一是自强不息、厚德载物形成中华传统文化的精神命脉，是中华民族生生不息、傲然挺立于世界民族之林的精神之源和力量之源。中华优秀传统文化凝聚着中华民族自强不息的精神追求。在险恶的环境面前，在巨大的灾难面前，中国人民从不低头，勇于抗争，表现出万众一心、坚不可摧的英雄气概。多灾多难，千锤百炼；愈挫愈奋，愈挫愈强；生于忧患，多难兴邦——这就是中华优秀传统文化的精髓。厚德载物是中华传统文化极其重要的理念，影响着几千年来中国人的处世原则和行为方式。在漫长的历史进程中，中华民族形成并积累了许多传统美德，中华传统文化所包含的美德至少包括宽厚包容、勤劳勇敢、谦逊礼让、急公好义等。中国传统文化具有明显的宽厚包容性，即不排斥异己，主张求同存异。

二是"天下兴亡、匹夫有责"的爱国主义情怀深深积淀在中华民族文化心理之中，是中华民族的优良传统，是中华民族精神的最强音。千百年来，爱国主义像一条源远流长、奔腾不息的历史长河，深深地融入我们的血脉之中。中国人民正是弘扬了爱国主义传统，才维护了中华民族的统一，创造了伟大的中华文明。爱国主义是中华民族生生不息的不竭动力，是每一个中国人成就伟大人格的根本所在，是中华民族的优良传统。中华民族爱国主义的优良传统内涵极其丰富，至少包括以下几个方面：热爱祖国，矢志不渝；天下兴亡，匹夫有责；维护统一，反对分裂；同仇敌忾，抵御外侮。爱国主义是中华民族精神的核心，是中华文化最宝贵的精神财富。

三是以和为贵、天人合一体现了中国传统文化的基本价值，是中国传统文化的人文精髓和核心。中国古代以"和"为最高价值，和谐思想博大精深，具有多方面、多层次的内容，体现为一种"大和谐"观念，至少包括以下几个方面的内容：在人与社会的关系上，崇尚"合群济众"；在人与人的关系上，追求"和睦相处"；在人与自身的关系上，讲求身心和谐，既能心平气和，又能宁静致远；在国与国的关系上，要求"万邦协和"；在各种文明的关系上，主张"善解能容""和而不同"。在人与自然的关系上，主张人不能违背自然，不能超越自然界的承受力去征服自然、破坏自然，而只能在顺从自然规律的条件下去利用自然、调适自然，使之更符合人类的需求，也使自然界的万物都能生长发展。因此，"天人合一"也可以说是中国文化对世界文化的最大贡献。

四是以民为本、仁爱友善思想堪称中国政治思想体系里一笔宝贵的精神财富。中国传统文化中，民本思想尤其可贵，其基本价值理念主要表现在重民贵民、爱民仁民、安民保民等方面，弘扬这一思想的代表性人物有季梁、管仲、孟子、黄宗羲等。与民本思想相向而行，"仁爱友善"也是中华民族最核心的价值理念。在中华各民族融合的过程中，"仁爱"逐渐成为传统文化的特质。中国历史上开明的统治者都追求"仁爱"，为官首先要讲爱心，关心百姓疾苦，仁民爱物。同时，"仁爱"思想具有草根性，是普通老百姓的基本诉求。各种蒙学、家训及口耳相传的人文教化，以润物细无声的方式把这种大爱精神普及到千家万户，传承于世世代代。

二、习近平新时代中国特色社会主义文化观

长期以来，我们党和国家一直非常重视弘扬中华优秀传统文化。1943年，党中央就提出："中国共产党人是我们民族一切文化、思想、道德的最优秀传统的继承者，把一切优秀传统看成和自己血肉相连的东西，而且将继续加以发

扬光大。中国共产党近年来所进行的反主观主义、宗派主义、党八股的整风运动，就是要使马克思列宁主义这一革命科学更进一步地和中国革命实践、中国历史、中国文化深相结合起来。"毛泽东本人博古通今，对中华传统文化有自己独到的认识与见解，他指出："从孔夫子到孙中山，我们应该给以总结，承继这一份珍贵的遗产。"

党的十八届三中全会在全面部署"深化教育领域综合改革"中明确提出，"要全面贯彻党的教育方针，坚持立德树人，加强社会主义核心价值体系教育，完善中华优秀传统文化教育，形成爱学习、爱劳动、爱祖国活动的有效形式和长效机制，增强学生社会责任感、创新精神、实践能力"，为深入开展中华优秀传统文化教育指明了方向。

2014年3月中华人民共和国教育部印发《完善中华优秀传统文化教育指导纲要》强调，加强中华优秀传统文化教育，是深化中国特色社会主义教育和中国梦宣传教育的重要组成部分，是构建中华优秀传统文化传承体系、推动文化传承创新的重要途径，是培育和践行社会主义核心价值观、落实立德树人根本任务的重要基础。

2017年1月，中共中央办公厅、国务院办公厅《关于实施中华优秀传统文化传承发展工程的意见》（以下简称《意见》）发布，这是第一次以中央文件形式专题阐述中华优秀传统文化传承发展工作，前所未有，意义非凡。《意见》指出，文化是民族的血脉，是人民的精神家园。文化自信是更基本、更深层、更持久的力量。中华文化独一无二的理念、智慧、气度、神韵，增添了中国人民和中华民族内心深处的自信和自豪。中共中央办公厅、国务院办公厅还发出通知，要求各地区各部门结合实际认真贯彻落实。

党的十九大报告指出，推动中华优秀传统文化创造性转化、创新性发展，继承革命文化，发展社会主义先进文化，不忘本来、吸收外来、面向未来，更好地构筑中国精神、中国价值、中国力量，为人民提供精神指引。

习近平总书记对中华优秀传统文化也是情有独钟、高度重视的。习近平总书记指出："中国传统文化博大精深，学习和掌握其中的各种思想精华，对树立正确的世界观、人生观、价值观很有益处。学史可以看成败、鉴得失、知兴替；学诗可以情飞扬、志高昂、人灵秀；学伦理可以知廉耻、懂荣辱、辨是非。"习近平总书记还强调指出："从历史的角度看，包括儒家思想在内的中国传统思想文化中的优秀成分，对中华文明形成并延续发展几千年而从未中断，对形成和维护中国团结统一的政治局面，对形成和巩固中国多民族和合一体的大家庭，对形成和丰富中华民族精神，对激励中华儿女维护民族独立、反抗外来侵略，对推动中国社会发展进步、促进中国社会利益和社会关系平衡，都发挥了十分重要的作用。"习近平总书记站在新的历史起点上，从经济全球化、文化多元化、建设中国特色社会主义和实现中华民族伟大复兴的理论视野和思想维度出发，运用马克思主义立场、观点和方法，在一系列重要讲话中对中国传统文化进行了全面系统的论述，逐渐形成具有时代特色的传统文化观。习近平新时代中国特色社会主义传统文化观内涵丰富，主要包括以下几点内容。

第一，明确厘定了中国传统文化的历史分期，将中华传统文化的发展划分为"中国先秦诸子百家争鸣、两汉经学兴盛、魏晋南北朝玄学流行、隋唐儒释道并立、宋明理学发展等几个历史时期"。

第二，精辟归纳和高度凝练了中国传统文化的思想精华，即"崇仁爱、重民本、守诚信、讲辩证、尚和合、求大同"六个方面。这六个方面集中体现了中国传统文化中的政治思想、伦理道德、价值观念以及社会理想信念，这些思想既有各自相互独立的内容与研究领域，又相辅相成，构成了完整的思想体系。

第三，深刻揭示了中国传统文化的历史定位，即"中华文化源远流长，积淀着中华民族最深层的精神追求，代表着中华民族独特的精神标识，为中华民族生生不息、发展壮大提供了丰厚滋养"。

第四，精辟分析了中国传统文化的当代价值，即是中国特色社会主义的文化沃土，是社会主义核心价值观的重要源泉，是中华民族伟大复兴的精神力量，是世界和平发展的重要保证，是人类文明新进步的重要动力。简言之，中华优秀传统文化是中华民族的"根"和"魂"，是治国理政的重要思想文化资源。

第五，科学阐明了弘扬传统文化的正确态度，即坚持有鉴别地对待，有扬弃地继承；坚持创造性转化、创新性发展；加强挖掘和阐发，展示中华文化独特魅力。

习近平新时代中国特色社会主义传统文化观是习近平总书记在实践的基础上对中华民族传统文化有着深入认识、系统分析后总结出的对传统文化的认知以及论述，是具有全党代表性的共同认识，也是符合历史发展规律的科学论述。

我们的党和政府之所以高度重视对中华优秀传统文化的继承和弘扬，很重要的一点，就在于中华优秀传统文化中包含着几千年来中国人民生生不息、绵延不绝的民族精神和发展动力，蕴含着实现中国梦的中国精神和中国力量，即所谓"最深沉的精神追求""最深厚的文化软实力"。高度重视弘扬中华优秀传统文化，充分体现了当代中国共产党人的鲜明文化观，充分反映了我们党高度的文化自觉、坚定的文化自信和强烈的文化担当。

三、大力加强青少年中华优秀传统文化教育

教育部《完善中华优秀传统文化教育指导纲要》指出：加强对青少年学生的中华优秀传统文化教育，要以弘扬爱国主义精神为核心，以家国情怀教育、社会关爱教育和人格修养教育为重点，着力完善青少年学生的道德品质，培育理想人格，提升政治素养。由此可见，中华优秀传统文化教育对青少年未来厚植民族精神、担负历史重任具有重大的意义。

1. 中华优秀传统文化是中华民族的精神家园

中华民族具有独特的文化系统，特别强调人在社会中的地位与责任，注重自强不息、刚健有为的理想信念和道德追求，这是中华民族最根本的精神基因。讲仁爱、重民本、守诚信、崇正义、尚和合、求大同等思想理念，积淀在每个中国人的思维模式和行为方式中，深刻影响了一代又一代中华儿女。可以说，中华优秀传统文化是中华民族的根基和血脉，是中华民族共有的精神家园。

2. 中华优秀传统文化是中华民族最深厚的文化软实力

中华民族拥有五千年的悠久历史，创造了灿烂辉煌的文明，中华优秀传统文化为世界文明进步作出了巨大贡献。所以，无论在过去，还是在将来，中华优秀传统文化是中华民族的突出优势，是我们最深厚的文化软实力。

3. 中华优秀传统文化是实现中华民族伟大复兴中国梦的强大精神力量

中华民族伟大复兴的中国梦，体现了当代中国人的理想，承继了中华民族

悠久的历史传统。在实现中华民族伟大复兴中国梦的历史进程中，必须大力弘扬优秀传统文化、建设社会主义先进文化，凝聚起无坚不摧的强大力量。

4. 中华优秀传统文化教育是青少年最基础、最根本的教育，是健全集体人格的基本途径，是提升综合素质、丰富生活情趣的重要载体

《关于培育和践行社会主义核心价值观的意见》和《完善中华优秀传统文化教育指导纲要》，都要求将中华优秀传统文化教育融入国民教育全过程，覆盖到所有学校和受教育者，努力培养德、智、体、美、劳全面发展的社会主义建设者和接班人。

四、努力创新中华优秀传统文化传承方式

青少年是中国特色社会主义建设事业的接班人，是实现中国梦的主力军，所以青少年要做传承优秀传统文化的先行者。培养培植青少年传承优秀传统文化，我们要站在立德树人的高度去认识、去实施。

1. 各级政府要高度重视，提供保障，为广大青少年营造传承发展优秀传统文化的良好环境

2015年以来，湖北省出资数千万元为全省500多万名中小学生免费配发了《朝读经典》学生读本，为6000多所幼儿园配发了《起点阅读》幼儿绘本，实现了"起点阅读""朝读经典"活动全省全覆盖，让孩子们在丰富多样的形式中了解中华传统文化，激发他们的民族情感和家国情怀，传承光辉灿烂的中华文化。

2. 校园、家庭要成为优秀传统文化传承发展的主阵地

学校要通过中华优秀传统文化进统编教材、进校本课程、进课堂、进校园文化、进课外活动、进主题班会、进校园宣传栏、进班级文化墙等多种形式与载体，让青少年在潜移默化中受到中华优秀传统文化的积极影响。同时，家庭应该在日常生活、行为习惯、家长言传身教等方面，引导青少年学习和热爱中华优秀传统文化。

3. 全社会要为广大青少年营造传承发展优秀传统文化的良好氛围与平台

通过社会教育、传统文化体验、主题教育实践活动、志愿者服务和公益性活动，引导广大青少年践行中华优秀传统美德，弘扬中华优秀传统文化。

4. 青少年群体要以积极的态度来传承中华优秀传统文化

首先要培养热爱中华优秀传统文化的感情，了解优秀传统文化的丰富多彩，提高对中华优秀传统文化的认知，感悟中华优秀传统文化的精神内涵，自觉深化对优秀传统文化的认知，坚定对优秀传统文化的自信。其次要将优秀传统文化的传承发展与日常行为规范相结合，养成良好的行为习惯，做到知行合一。我们最终希望广大青少年能以积极的态度，自主自觉地传承中华优秀传统文化。

5. 不断创新优秀传统文化传承的方式、方法

据统计，目前有70%以上的中国网民通过网络了解、学习传统文化。更为重要的是，人们在网络空间获得的所有这些生活体验孕育着新文化的突破性发展。当中华优秀传统文化与时代特征相适应，与现代文明相融合，它必定走进我们的生活，融入我们心灵最深处。如中央电视台《经典咏流传》节目把古代诗词和当代音乐结合，回到了诗歌的起源，也让诗歌回到了生活，完成了传统文化的创造性转化和创新性发展，把文化的"过去完成时"成功转化为"现在进行时"。而《国家宝藏》节目则立足中华出土文物宝库资源，通过对一件件文物的追寻、释读，演绎文物背后的故事与历史，让观众在欣赏文物之美的同时，也了解文物所承载的文明和中华文化的内核，唤起大众保护文物的意识。又如在保护传承非物质文化遗产方面，非遗已经悄然与我们的生活产生了各种各样的联系，如插上"共享经济""体验经济"的翅膀，剪纸、篆刻、青瓷烧制等越来越多的非遗技艺找到了传承发展的新途径……非遗技艺融入现代生活，非遗传承焕发新彩，非遗让生活更美好。此外，方兴未艾的研学旅行也是传承祖国优秀传统文化的方式方法之一。研学旅行是让广大中小学生在研学旅行中感受祖国大好河山的同时，融入传统文化教育，使得研学旅行有多重价值，既可以帮助学生形成正确的价值观，提升学生的综合素质，也有利于促进

优秀传统文化的传承。

在 2018 年全国两会上，教育部主要负责人鲜明指出：优秀传统文化进校园是固本工程、铸魂工程、中国人打底色的工程。我们坚信，当中华优秀传统文化与时代特征相适应，与现代文明相融合，走进校园生活的每一刻，融入广大师生心灵最深处，它必将成为实现中国梦的强大内生力量，必将对实现中华民族的伟大复兴包括中华文化的伟大复兴发挥巨大的作用。

（刘玉堂，湖北省社会科学院原副院长、研究员，华中师范大学特聘教授、博士生导师）

论工业文化与研学教育结合发展的意义

孙　星
刘　玥

从人类发展的历史进程来看，推动人类发展的根本力量是工业。1999年版《辞海》对工业的释文是："采掘自然物质资源和对工农业生产的原材料进行加工或再加工的社会生产部门。"从这层意义上说，人类最初诞生的历史及文化活动是从"工业"开始的。当工具被人类有意识地大量制造并应用于采集、渔猎、建筑和生活之后，原始工业或称手工业的雏形就形成了。发端于英国的工业革命是人类历史的分水岭，在巨大的市场竞争压力下，旧的技艺乃至旧的工业部门不断消亡，新技术和新产业被不断催生。工业革命之后，工业技术得到不断进步，促进了人类劳动生产率和生活效率的不断提高。

研学教育的形式是研学旅行，落脚点是教育，是对当代课堂教育、家庭教育的补充。将工业文化的传承性和创新性与研学活动的教育性相结合，不仅能够拓宽研学教育的实践领域，丰富研学教育的内容体系，而且能够将工业文化素养的深刻内涵融入社会并传递给下一代，具有重要的现实意义。

一、工业文化的概念及发展

工业文化是工业发展的产物。工业文化并非游离于人类历史之外，它是随着人类社会历史的发展共同演进的。学者在研究过程中往往会分别探讨工业与文化的概念，而关于文化的概念的说法也十分丰富。马克思认为文化是人类在劳动中创造出来的。而工业文化作为文化的子集，具有文化的共同属性，同时更具有在工业发展变化过程中形成的特殊属性。

工业文化研究的是人类在工业生产活动中，文化发生、发展及演变的规律，而研究工业文化这一概念可以厘清工业文化与经济发展之间的复杂关系与内在联系，使人们认识到工业文化是人类在工业发展中创造的独特财富。工业文化素养的培育和对工业的影响渗透经历了这样的过程：首先，总结并提炼出一整套能体现这一思想的价值理念；然后通过教化贯彻到全体生产者中，使他们自觉或被迫形成一系列上行下效、以提升产品价值为目标的，包括管理制度、组织形式、生产方式、价值体系、道德规范、行为准则、经营哲学、审美观念等在内的制度文化和精神文化。从制度文化到精神文化的结构的形成，构成了工业意识的深层结构，或者说是工业文化的素养和积淀。

（一）工业文化的概念

中国学术界对工业文化有几种描述：王正林认为，工业文化不仅指工业社会的精神生产，也不只是工业社会的物质生产，而是包括了物质与精神财富的方方面面，以及社会发展与进步的水平；余祖光主要从行为和制度文化的角度阐释工业文化的内涵，认为工业文化应包括合格公民意识与行为规范、合格劳动者的意识和行为规范、多元文化理解与行为规范等；赵学通认为工业有各种产业、行业文化和企业文化三个层次；王学秀认为工业文化是人类在工业生产进程中，通过工业化生产与消费过程逐步形成的共有的价值观、信念、行为准则及具有工业文明特色的群体行为方式，以及这些信念和准则在物质上的表现；尤政、黄四民认为工业文化的发展尽管已有很长的历史，但是工业文化研究一直没有建立起其相应的知识体系和理论体系，其相关研究碎片化地散落在管理学、工业工程、经济学、历史学、心理学、社会学或者人类学等学科领域。碎片化的现状意味着该领域将更具跨学科、交叉性、总体性的特征。

工业文化的概念具有多义性，可从广义和狭义两个层次来理解区分。广义的工业文化是指工业社会的文化，具有典型的工业时代特征。狭义的工业文化是指工业与文化相融合产生的文化，其特征是与工业活动紧密联系。从狭义的角度可以给工业文化下定义：工业文化是伴随着人类工业活动的，包含工业发展中的物质文化、制度文化和精神文化的总和。狭义的工业文化从产业层面来说，至少包括两类：一类是工业与文化自然融合，如工艺美术、工业设计等；另一类先体现于工业科技与产品，随着应用的普及，逐渐增添了文化元素，如通过广播、电影、电视、互联网等媒介产生的影视文化、网络文化、数字媒体文化等。当然，没有现代工业，就不能产生这些文化形态。随着工业科技的发展，工业与文化的结合会越来越紧密，工业技术与产品融入文化元素后可能形成新的创意业态，如虚拟现实、增强现实、3D打印、可穿戴设备、无人机、人工智能等技术。总之，工业文化无论是狭义的定义还是广义的理解，不管是工业社会的文化还是工业科技与产品支撑的文化，都是人类社会发展到一定阶段的产物，反映了工业社会的客观现象，是社会经济发展的内在需求。

（二）工业文化的传承创新

从工业文化的形态与属性的角度来看，工业文化的发展需要传承与创新。工业文化具有三种典型的形态，分别是工业物质文化、工业制度文化与工业精神文化。工业物质文化主要通过一定的形态展现出来，涉及生活用品、交通设施、建筑物、水利工程、娱乐装备、生产工具等，包括了人类加工创制的各种器具，即可触知的具有物质实体的事物，是人们的工业物质生产生活方式和产品的总和。工业物质文化具有很强的时代特点，随社会经济的发展而变化。工业制度文化反映的是工业生产过程中人与人、人与物、人与生产的关系，这种关系表现为各种各样的制度。各种制度都是人的主观意识所创造的，工业制度文化一旦制定后，便带有一种客观性独立存在，并强制人来服从它，因此，工业制度文化最具有权威性，规定着工业文化整体的性质。工业精神文化由人类在工业生产实践和意识活动中长期孕育出来的价值观念、思维方式、道德情操、审美趣味、宗教感情、民族性格等因素构成，是工业文化整体的核心部分。工业精神文化中尤以工业价值观念最为重要。观念形态的文化是工业文化要素中最有活力的部分，尤其在工业生产活动中培养起来的工业价值观更是工业文化的精髓和灵魂，是核心要素。从工业文化的属性来看，工业文化亦具有多重属性，其中比较基础的是继承性。在人类文明向前发展的过程中，文化的继承性逐渐凸显。工业文化一产生，就有了相对独立的生命，在特定的工业生产活动中传承。因为工业文化是工业生产活动中经验和制度的总结，若无继承性，那么每个新生的一代都必须一切从头做起。如此，工业文化也无法得到进化。

工业文化传承是指工业的物质文化、制度文化和精神文化在上下两代人之间的传递和承接的过程。传承就是工业文化在存在和发展的过程中，对于原有工业文化的保存和继续。每个发展阶段，工业文化的状况不尽相同，它是前一个发展阶段传承与发展的结果。工业文化传承并不是一种随意的选择和改变，历史上有什么样的工业文化，就只能传承什么样的工业文化，这种工业文化发展到什么高度，就只能从什么高度开始传承与发展。人类不仅依赖前人所遗留下来的物质、制度和精神文化遗产，同时更是将遗留的遗产作为进一步发展的起点，沿着前人开创的道路走下去。因此，这就要求工业文化应当在传承的基础上进行创新。

二、研学教育的概念与开展

对大众而言，研学旅行已经不是一个陌生的词汇。关于研学旅行的概念与定义，业已出现过较多官方的解释。将"研学"与"旅行"拆分来看，这项活动既属于旅行的范畴又属于教育的领域。若论二者的关系，则是相互结合、相互影响，不过研学旅行最终是要为教育而服务的。研学旅行是新时代下教育模式现代化的集中体现。它并非要占据教育的主导地位，相反，它是对课堂教育及家庭教育的有力补充。从目前国家的教育体制改革来看，国家尤为重视中小学生在吸纳知识的阶段，实现知识学习的生动化以及自我能力与实践素质的可视化提升。

（一）研学教育的概念

一般来说，中小学生的教育来源主要体现于三个空间，"家庭教育空间""学校教育空间"和"社会教育空间"。[①]家庭教育空间主要靠的是家长对孩子的言传身教，学校教育空间主要靠的是教师对学生的管理与课业的传授。这两种方式构成了中小学教育的基础。通过固化的教学模式，由课堂、习题、家庭组成的循环式的教育链条可以使学生打牢知识基础。但是新时代"两点一线"式的教育不利于激发学生的创新思维。教育的最终目的是为国家培养人才，要求学生具有动手能力与实践能力，具备能理智分析的头脑和健全独立的人格。研学教育符合新时代这一教育诉求。2014年，第十二届全国基础教育学校论坛上，时任教育部基础教育一司司长王定华做了名为"我国基础教育新形势与蒲公英行动计划"的演讲，他将研学旅行定义为"是学生集体参加的有组织、有计划、有目的的校外参观体验实践活动"，指出研学要以班级、年级乃至学校为单位进行集体活动，同学们在老师或者辅导员的带领下，确定主题，以课程为目标，以动手做、做中学的形式，共同体验，分组活动，相互研讨，书写研学日志，形成研学总结报告。2016年，教育部等部门联合发布的《关于推进中小学生研学旅行的意见》中提出："中小学生研学旅行是由教育部门和学校有计划地组织安排，通过集体旅行、集中食宿方式开展的研究性学习和旅行体验相结合的校外教育活动，是学校教育和校外教育衔接的创新形式，是教育教学的重要内容，是综合实践育人的有效途径。"②由此可见，研学旅行不是一场简单地带着中小学生去旅行的活动，本质并非旅行，而是在旅行的过程中通过设置诸多配套课程与活动，让学生全身心投入，高度参与，形成深刻的体悟。研学旅行的过程亦有较丰富的知识积累，这些知识的来源是多元化的，有赖于社会资源的整合、教育产业链的拓展，以及教学模式的开放。同时，学生在研学旅行过程中接触不同的社会角色，用眼睛去看，用耳朵去听，用心灵去感知，能获得不同的知识体验。

（二）研学教育的开展

实施研学教育并非简易的一时之事，应当以教育部出台的政策规定为基础；实施研学教育亦不能选择普通的旅行社，以免淡化教育主题。应当由专业的教育机构，通过制作相应的课程体系与活动，开展研学教育。教育机构在研学旅行的制作过程中首先应考虑"如何将丰富多元的社会资源转化为课程内容并具体实施"，在与学校教育相配合发展的过程中，"有效地利用市场机制和市场力量，吸引社会力量参与研学旅行新课程的研发"，实现社会资源与教学资源的结合，同时研学教育要求教学师资的多元化，"各类社会力量，如专家学者、专业人士、大学生等均可成为研学师资的一部分"；其次要重视教学方法的创新，"研学旅行的教学更突出实践性，更强调经历与感悟，更重视组织实施的安全有效"，以及具备相应的课程评价体系，"其评价体系中应包含对课程实践的目标、效果考评，比如观察积累、动手操作、探究探索、总结应用等实践能力是否得到锻炼和提高等"。③这些问题构成了研学教育成功实施的基础。

国外关于研学教育的开展亦有发展先例，如英国、美国、法国与日本等国的研学教育。尤其是日本，在研学教育领域已有较为完备的制度与系统。日本本身十分重视国民教育，尤其重视中小学生实践能力的发展。所谓实践能力，指的是脱离课本知识与课堂教育，鼓励中小学生进入社会或者大自然参与综合实践活动。日本有一部纪录片专门拍摄了日本小学生参与社会实践活动的过程。影片记录了日本小学生走进农村体验生活，所做的第一件事是赶山羊。这些一年级的小学生们，在活动之前接受了充分的安全知识教育。活动进行的过程中，虽然有不同的分工，但是可以看出每个孩子的参与感都很强。在导师分配好将山羊赶回羊圈的任务以后，小学生们在没有任何指导的情况下自主合作，与同伴交流。其间许多小学生因为个头矮小且第一次近距离接触山羊产生了恐惧，但在任务完成后流露出充满成就感的喜悦。镜头真实而清晰地记录下日本小学生这一户外实践活动，令人颇有感触。研学教育这一概念在日本被称作"修学旅行"。日本政府十分重视修学旅行的开展，修学旅行在学校的"渗透率已高达98％"[④]，还会"以跨部会方式，文部科学省、总务省与农林水产省联合推动小学生五日农村体验与独立生活课程"[⑤]。同时还打造学校之间的修学旅行的联盟，通过修学活动加强互动，并使媒体介入修学旅行的过程，完善安全监督机制，确保修学旅行的实施。日本修学旅行对"体验性"尤为重视，"日本小学修学旅行注重学生体验式学习，活动内容多样化，除社会体验外还包括自然体验、生活体验、文化体验、职业体验等，能够丰富学生对多彩生活世界的感受与体悟"；"日本小学修学旅行相关政策规范相对完善，具有较为成熟的制度保障"；"日本小学修学旅行是合作学习过程，可以培养学生的集体观念、合作意识"[⑥]。日本修学旅行教育实施的成功之处为我们提供了可借鉴的经验。

目前国内的研学教育亦如火如荼地展开。尤其是在教育部出台相关政策以后，各个省份都掀起一场"研学热"。新时代下教育模式的多样化也使每个家庭相应地调整着对孩子的教育开支。每到节假日与寒暑假均可以看到火车站有排着长队、穿着相同队服的中小学生整装待发。

研学教育具有现代意义，我们在做研学教育之前首先要搞清楚这几个问题："研学旅行是什么""研学旅行为什么""研学旅行怎么做"[⑦]。研学旅行是什么与为什么的问题我们之前已经探讨过，关于研学旅行教育到底要怎么做这样的问题，也要注意并不能一味照搬别的国家的形式，应当立足于我们国家当前的基本国情，一切从实际出发。如何能够做好研学教育，这一问题对于不同的主体亦有不同的要求。对于国家层面来说，应当健全研学教育相关的法律法规，保障研学对象的安全，并为这项活动提供相应的财政拨款。对于学校及研学机构来说，应该完善研学课程体系的规范性，课程体系应如何确定符合中小学生心智、年龄特征的配套主题与语言风格，安全教育知识的普及以及课程结束后的评价体系，这些均是应当重点考虑的问题。

三、工业文化与研学教育结合的意义

（一）工业文化拓宽研学教育的领域

工业文化的内涵十分丰富，渗透社会生活的方方面面。研学教育在实施过程中尤其强调学生对文化知识的接收、对物质文化与精神文化的真切体验，最终目的是加深他们对中国文化的认知，增强爱国爱家的情怀。从湖北省的角度出发，研学教育在文化方面的着眼点多，有"首义文化""长江文化""荆楚文化""红色文化""名人文化"等。⑧这些主题，可对应相关的博物馆、科技馆、主题公园、景区等。工业文化作为一种新的名词被定义以后，工业旅游这一新型旅游业也逐渐被挖掘。根据目前国内的发展态势来看，工业旅游的发展前景很广，发展动力十足。工业旅游的主要形式集中于参观工业遗址、工业博物馆、产业园区、现代工厂、国家重大工程等多种方式。这些工业资源与旅游服务方式的结合能有效地实现社会产业附加值的提升，增加社会资金的运转活力。如果能与研学教育相结合，亦能拓宽研学教育自身发展的领域。在工业社会，工业文化所遗留或现存的工业资源十分丰富，这些工业资源均能为研学教育提供丰富的教学内容。

以武汉市青山区红钢城小学目前正在推进的工业文化主题研学教育为例。武汉市青山区具有悠久的工业历史文化传统，工业资源渗透青山区的各个角落。地处青山区的红钢城小学立足地缘优势，根据这一地区的工业历史的发展，确立以"寻找红房子的故事"为主题的研学项目。在制作校本课程的过程中，首先以青山区的工业资源为重点，其次延伸至武汉市，接下来再拓宽到整个湖北省。这些工业资源点涉及青山区的红房子、武汉重型机床厂、武汉铜材厂、汉阳特种汽车制造厂、汉口水塔等。当然，在编写校本课程理论知识部分的过程中，需要学校与研学机构对这些资源点进行实地考察，方能进一步确定实施方案。

（二）研学教育传承工业精神

研学教育的形式可以是多种多样的，但最终目的都是为了教育事业的发展。通过校本课程的学习与课外实践活动的结合，实现教育的生动化与全面化，培养学生的人文精神与社会责任感。工业文化与研学教育的结合，不仅能拓宽研学教育的领域，也可以使得工业精神得到传承。利用目前国内现存的工业文化的资源点，学生可以亲眼看到过去到现代的工业设备的技术演化。学生去参观旧的厂房、工业机器，观看现代工业生产的流水线，甚至还能与优秀的老工匠接触，这些对于他们来讲是一个新奇并充满意义的体验。

仍旧以青山区红钢城小学目前正在编写的"寻找红房子的故事"工业文化研学校本课程为例。前置课程的设置目的之一是要求学生能够掌握自己家乡所在地的工业历史的发展过程。青山区的红房子曾经有怎样的历史故事，汉阳铁厂有什么样的历史，武汉钢铁厂又经历过怎么样的发展演变，这些均会在学生的大脑中留下初步的印象。通过外出考察，用感官真实感受工业遗产现在的状态，以及现代工厂中便捷智能的生产线，二者的对比与反差将会对他们现有的认知产生不小的冲击。学校和研学机构还可以根据教育的需要，在活动中设计一些具有趣味性的任务，如设计工业厂房、工业机器人等比赛，学生通过自主动手与团队合作，既能展示丰富的想象力，也能锻炼交际能力。在课程评价过程中，学生可以通过独立思考，结合传统与现代的历史演变，提出自己关于工业发展的小小见解。这是工业文化得以传承的一个重要方面。

另一方面，在学习工业文化的过程中，通过与优秀老工人接触，学生们对工业文化的精神也能构建起自己的理解模式。工业厂房与工业机器是被静态地放置在原地的，它们本身不会讲话，在研学教育实施过程中每个学生对其理解的角度与深度也不尽相同。但是通过举办讲座、故事会等生动的方式，搭建起与老工人面对面接触的平台，学生们可以近距离聆听工业生产中曾经发生的故事。围坐在一起讲故事的方式，首先给学生营造一种亲切感，老工人就如同家中的长辈一样讲起他们年轻时候奋斗过的事业，回忆当时的武汉工业以及他们在工厂是如何努力的。通过这种方式将工业文化的精神传递给学生，让学生体味工匠精神、劳模精神、奉献精神等精神品质体现在一个工人身上会发生什么，进一步思考作为学生的自己是否能够将这些精神运用到自己的学习生活中，并能够做一个自律的、积极向上的人，将工业文化的精神传承下去。这些都是工业文化与研学教育相结合所产生的积极意义。

(三) 工业文化教育促进研学教育体系的专业化

实施工业文化研学教育也能够促进整个研学教育体系的专业化。当前的教育系统对研学教育的呼声很高。从研学对象即中小学生的角度来看，他们对假期的期待已经不限于从电子产品里获取对社会的印象，更多的是希望通过实践去探索未知与神秘；从家长的角度来讲，现代化的教育改革使他们除了重视孩子的考试成绩以外，也愿意增加业余学习的开支，在为孩子报一些兴趣班的同时，也对研学旅行的实践性教育产生兴趣；从研学的组织者即教育部门与学校来讲，则希望通过研学提高学校学生的综合素质，丰富校园课程文化。因此我们可以看到，研学教育的开展是一种多主体性教育行为。研学教育作为一项新型的教育产业，并不是单向发展的，而是循环式的、多主体的、与市场紧密相连的。研学教育的开展需要国家部门的政策性扶持，也需要学校、教育机构及家长的积极配合。工业文化研学教育的推进其实可以说是通过各主体的一系列推动来实现的，能够促进整个研学教育体系的专业化。

对于国家及政府来讲，推动工业文化研学教育主要着眼于各类支持政策的颁行。就目前的国家政策来讲，国家鼓励研学教育的发展。工业文化研学教育作为研学教育内容的一个分支，极其贴合当下国家经济高质量发展与制造强国的战略。国家重视工业的发展，而大众对工业的某些刻板印象却使民众与工业之间产生了隔阂。通过工业文化的传承将民族工业发展的历史与国家现代工业发展的未来传递给民众，尤其是普及给下一代，对实现工业复兴具有重要的现实意义。因此，国家及相关部门一方面应通过推进工业文化研学教育政策的颁行，保障工业文化研学教育开展有基本建设资金，以及解决工业文化研学教育在实施方面的安全问题；另一方面，对市场上一些机构只顾及眼前的经济利益而忽略研学旅行的教育本质的行为进行监督管理。这是从国家与政府层面对研学教育体系的完善。

对于研学教育的发起者即教育部门与学校来说，以工业文化为主题的研学教育具有较强的专业性，因此活动开展的前期准备工作应当做足。在确定研学主题以后，进行校本课程的编写；在确定教学内容之后，与研学教育机构合作制订研学实践线路，整个活动才能顺利实施。前期的准备对于学校与教育机构来说是充满挑战的。在编写校本课程内容时，要在充分学习工业文化的基本知识的同时，厘清一个地区或者全国范围内的工业研学的资源点，以及在研学过程中所需要制作的配套活动。这就要求研发校本课程的教师团队是具备一定的素质的，并能灵活地与高校的专业学者合作，共同推动工业文化研学教育研究。以这样严格的标准与要求为基础，学校及研学教育机构不仅会积极提升师资素质，同时也能促进研学教育体系的完善。同时，对于工业文化的研学资源点如工业遗产、工业博物馆等，这些主体通过与学校及研学机构展开紧密的合作，融通了工业资源点的产业发展。由原先以公益性质为主的工业资源点向与市场结合转变，这是有利于工业文化资源的保护与开发的。

注释：

① 祝胜华，何永生：《研学旅行课程体系探索与践行》，华中科技大学出版社，2018年版，第3页。

② 祝胜华，何永生：《研学旅行课程体系探索与践行》，华中科技大学出版社，2018年版，第5页。

③ 祝胜华，何永生：《研学旅行课程体系探索与践行》，华中科技大学出版社，2018年版，第6—8页。

④ 王鹤琴等：《日本修学旅行的典型模式及经验启示》，《中国旅游报》，2019年6月11日，第3版。

⑤ 王鹤琴等：《日本修学旅行的典型模式及经验启示》，《中国旅游报》，2019年6月11日，第3版。

⑥ 张义民：《日本小学修学旅行的目的、特点及其启示》，《教学与管理》，2018年第6期。

⑦ 李志强：《对我国研学旅行发展的思考》，《中国旅游报》，2019年6月11日，第3版。

⑧ 祝胜华，何永生：《研学旅行课程体系探索与践行》，华中科技大学出版社，2018年版，第77页。

（孙星，工信部工业文化发展中心副主任；刘玥，华中师范大学中国工业文化研究中心）

浅谈博物馆在研学旅行中的教育功能

张　硕

2013 年，国务院办公厅发布《国民旅游休闲纲要（2013—2020 年）》，提出"逐步推行中小学生研学旅行"的设想。实际上，此前我国许多地区都有尝试把研学旅行作为推进素质教育的一个重要内容来开展。

2016 年 9 月 9 日，习近平总书记回到母校北京市八一学校考察，他强调："教育要注重以人为本、因材施教，注重学用相长、知行合一，着力培养学生的创新精神和实践能力，促进学生德智体美全面发展。"

为了让学生接触自然和社会，增进对自然和社会的理解和认识，培养学生的生活技能、集体观念、创新精神和实践能力，养成自理自立、文明礼貌、互勉互助等优秀品质，2016 年 12 月，教育部、国家发改委等 11 部门印发了《关于推进中小学生研学旅行的意见》，提出将研学旅行纳入中小学教育教学计划，并与综合实践活动课程统筹考虑，促进研学旅行和学校课程有机融合。2018 年，全国教育大会再次提出和强调"立德树人，践行育人"及"德智体美劳"五育并举的教育方针。

因为党和国家领导人的高度重视，同时也因为国家将研学旅行纳入了宏观发展战略，经过五六年的发展，当前研学旅行已经从小范围试点扩展到今天的各省市积极开展，并被纳入中小学课程体系，研学实践教育开展得如火如荼。

当前，我们开展研学旅行活动的目标设定是：让广大中小学生在研学旅行中感受祖国大好河山，感受中华传统美德，感受革命光荣历史，感受改革开放伟大成就，增强对坚定"四个自信"的理解与认同；同时学会动手动脑，学会生存生活，学会做人做事，促进身心健康、体魄强健、意志坚强，促进形成正确的世界观、人生观、价值观，培养他们成为德智体美劳全面发展的社会主义建设者和接班人。基于上述目标，我国研学旅行的活动主题、活动方式、活动场所丰富多样，精彩纷呈。

纵观全国乃至世界各地研学旅行的发展情况，我们发现，在研学旅行众多的活动主题、活动方式、活动场所中，各类博物馆绝对是一个亮点、重点。

公元前3世纪，托勒密·索托在埃及的亚历山大城创建了一座专门收藏各类文化艺术珍品的缪斯神庙。这座缪斯神庙，被认为是人类历史上最早的"博物馆"。博物馆一词即缘起于希腊语——Mouseion，意即"供奉缪斯（古希腊神话中掌管学问与艺术等的九位女神的总称）及从事研究的处所"[1]。同时，我国有学者认为，我国最早的孔庙即是中国最早的博物馆。1753年，大英博物馆建立，它成为全世界第一个对公众开放的大型博物馆，而于1936年6月动工建设的国立中央博物院（今南京博物院）则是中国第一座现代综合性大型博物馆。

通俗地讲，博物馆是征集、典藏、陈列和研究代表自然和人类文化遗产的实物，并对那些有科学性、历史性或者艺术价值的物品进行分类，为公众提供知识、教育和欣赏的文化教育机构、建筑物、地点或者社会公共机构。作为一个公共文化设施，博物馆的形态包含馆舍建筑、植物园、动物园、水族馆、原址遗存、名村名镇、古城古镇、民俗村等，其功能也是多方面的，至少包括搜集、保管、修护、研究、展览、教育、娱乐等。

一、进一步提高对博物馆教育功能的认识

博物馆展品所包含的丰富的历史文化信息、精湛的工艺技术和高超的艺术价值决定了它们在当今和未来都具有重要的教育意义。如今，越来越多的人开始走进博物馆，或许这是人们精神进步的一种反映。我们纷纷进入博物馆，看重的就是博物馆的教育功能。

因为博物馆的主题不同，观众的年龄、背景不同，所以人们眼中的博物馆的教育功能也是各异的，如历史教育功能、文化教育功能、艺术教育功能、科技教育功能、自然教育功能等，但我们可以将这些各异的功能大致归纳为：认识历史，启迪心智，体会审美。

第一，认识历史。地球上自有人类以来，所有的活动都是社会活动，任何历史遗迹和遗物都是一定历史时期人类社会活动的产物。而博物馆展品就是那些经历时间沉淀、承载文化内蕴的人类社会活动的产物，因此每一件展品都有着与所处时代相符的历史价值。透过这些展品，我们可以了解展品所在时代的生产力发展水平、科学技术的发展程度、精神文化的发展高度、社会意识形态的发展阶段等。这些展品，不仅是研究、恢复其社会面貌的实物史料，还是证史、正史、补史不可或缺的资料。所以，博物馆特别是历史类博物馆的最大、最重要的教育功能就是告诉我们：我们从何而来，我们的祖先曾经拥有过怎样的历史与辉煌。

第二，启迪心智。人们常说，博物馆是人们终身教育的殿堂，也是广大青少年的第二课堂，是开启心智的最佳场所。研究发现，参观博物馆可以有效提高观众特别是青少年观众的观察力、记忆力、思维力。如在历史类博物馆，青少年通过对文物演进发展的观察，可以了解历史发展的规律；在地质类博物馆，青少年通过对古生物化石、矿物标本的近距离观察，培养对科学探索的兴趣；自然类博物馆对于培养青少年观众的想象力、创造力有着独到的优势，青少年看完动物标本后，很容易激发天马行空的想象力，如海豚的雷达功能、鸟类的滑翔本领能引导青少年进入仿生学的领域，引导他们去思考、去创造。同时，在参观博物馆的过程中，大量的信息扑面而来，将全面激发青少年观众的记忆力，特别是在参观过程中，观众眼、耳、口、手、脑多感官综合运用，听、说、读、写、思多思维并行并举，对于记忆力的提高大有益处。

第三，体会、欣赏美。观众走进博物馆，本质上就是一个追求美、审视美的过程。博物馆展品甚至博物馆本身就是精美的艺术品，如青铜器、陶器、玉器、漆器，如书法、绘画、雕塑，如博物馆的建筑设计、内部陈列设计，等等，无不体现着匠心独具的艺术之美。青少年在走进博物馆，近距离接触这些散发美的光芒的展品时，其内心一定会受到极大的震撼，进而获得审美的愉悦，最终提高对美的鉴赏力。

二、新时代我国博物馆教育功能的新使命

习近平总书记历来高度重视历史文化遗产的传承保护,注重文化遗产科学合理地开发利用,多次强调指出:"文物承载灿烂文明,传承历史文化,维系民族精神,是老祖宗留给我们的宝贵遗产,是加强社会主义精神文明建设的深厚滋养。""要系统梳理传统文化资源,让收藏在禁宫里的文物、陈列在广阔大地上的遗产、书写在古籍里的文字都活起来。"习近平总书记多次参观、考察博物馆,并发表一系列重要谈话,对博物馆的社会教育功能有着高度的把握与认识。

1. 历史是最好的教科书,博物馆是这本教科书最生动、最全面的板书

2012年11月29日,习近平总书记参观了国家博物馆"复兴之路"的展览。"复兴之路"展览紧扣"伟大的民族复兴"主题,以"中国沦为半殖民地半封建社会""探求救亡图存的道路""中国共产党肩负起民族独立人民解放历史重任""建设社会主义新中国""走中国特色社会主义道路"五个部分为主线,陈列展示出1150余套最具代表性的珍贵文物。习近平总书记在参观时提出:"中华民族的昨天,可以说是'雄关漫道真如铁';中华民族的今天,正可谓'人间正道是沧桑';中华民族的明天,可以说是'长风破浪会有时'。"② 由此可见,"复兴之路"的展览是中华民族昨天、今天以及未来的投影,中华文化的厚重与绵长在博物馆的展演中得到完美诠释,教育并启迪着中国共产党和全体中国人民,这正是新时代背景下博物馆职能细化并以此作用于我国社会主义建设的范例。

2. 见证历史、以史鉴今、启迪后人,历史也是最好的清醒剂

中华民族传统文化是中华民族的"根"和"魂",中华民族传统文化是中华民族的突出优势,中华民族伟大复兴需要以中华文化发展繁荣为条件,从井冈山革命博物馆到金寨县革命博物馆再到中国人民革命军事博物馆,从杭州西湖博物馆到首都博物馆,从广西合浦汉代文化博物馆到北京故宫博物院,习近平总书记在参观过程中注重传统文化的精神内涵,重视传统文化对当今社会发

展的借鉴意义，因而在参观首都博物馆时总结："见证历史、以史鉴今、启迪后人。""历史是最好的教科书，也是最好的清醒剂。"这也正是习近平总书记在新时代背景下对我国博物馆建设的愿景与期待。

3. 让文物活起来

习近平总书记曾提到："一个博物院就是一所大学校。要把凝结着中华民族传统文化的文物保护好、管理好，同时加强研究和利用，让历史说话，让文物说话。"③ 2013 年 12 月 30 日，习近平总书记在主持中共中央政治局第十二次集体学习时提出，"要系统梳理传统文化资源，让收藏在禁宫里的文物、陈列在广阔大地上的遗产、书写在古籍里的文字都活起来"。2015 年 2 月 15 日，习近平总书记在参观西安博物院时也同样提出，"让历史和文物说话"。博物馆藏品底蕴深厚，积淀着中华民族最深层的精神追求，代表着中华民族独特的精神标识。将文物保护好、管理好，让历史说话，让文物说话，传承祖先的成就和光荣，增强民族自尊和自信，正是我国现代博物馆应承担的责任与义务。

4. 博物馆要突出特色，不要千馆一面

2017 年 4 月 19 日，习近平总书记到广西壮族自治区考察调研，在参观广西合浦汉代文化博物馆时提到，博物馆"要突出特色""不要'千馆一面'"。合浦汉代文化博物馆位于海上丝绸之路的著名港口合浦港，馆藏文物以汉墓出土的带酒铜提梁壶、玻璃杯、玉带钩、紫水晶长串穿珠等闻名于世，因此其独具特色的海上丝绸之路文化是其不同于其他博物馆的典型特征。在我国，不同的博物馆分别演绎着不同的文化精神，如红色革命精神、丝路精神、长征精神等。中华民族传统文化的博大精深、源远流长在我国不同种类、不同地域的博物馆里得到了淋漓尽致的反映。

对于一个国家、一个民族来讲，博物馆可以激发人民群众对民族优秀传统文化的了解、认同和热爱，坚定文化自信，汇聚发展力量。对于一个城市来讲，博物馆可以找回城市记忆，体现城市精神，提升城市品位，展现城市魅力。同样，对于研学旅行实践教育来讲，博物馆因其独具魅力的文化底蕴，被誉为研学旅行最佳目的地之一。

习近平总书记关于博物馆事业的一系列重要论述，是其治国理政新思想在博物馆领域的集中体现，是新时代我国博物馆事业发展的重要指示，也是健康发展研学旅行实践教育的重要指引，是博物馆教育功能的新使命。

三、大力促进博物馆教育与研学旅行融合开展

党的十八大以来，我国政府将"立德树人"作为教育的根本任务，全面实施素质教育，培养学生的社会责任感、创新精神、实践能力，这不仅是教育内容与形式的改变，更显示出一种超前的理念与格局宏大的战略眼光。

前文讲过，博物馆具有广泛性的、多方面的教育功能，是我们开展研学旅行不可多得的资源，此前全国各地的研学旅行实践中，博物馆的教育功能也在不同程度上发挥了积极的作用。如在2014年，为更好地发挥博物馆对青少年的教育功能，促进博物馆青少年教育与学校教育的有效衔接，探索构建具有均等性、广覆盖面的博物馆青少年教育项目并形成机制，国家文物局启动了"完善博物馆青少年教育功能试点"工作，委托北京、山西、内蒙古、吉林、上海、江苏、浙江、福建、山东、河南、广东、重庆、四川、陕西、新疆15个省（自治区、直辖市）文物局（文化厅）组织省内博物馆开展试点工作。此次试点共有各级各类博物馆150多家（包括一些民办博物馆和行业博物馆）参与，累计发放调查问卷近5万份，挖掘、凝练教育课程和体验项目1000余项，组织实施教育活动3000余场次，惠及中小学生134万余人，取得了丰硕的成果。陕西省是文物大省、博物馆大省，作为试点省份，该省在建立"陕西省博物馆教育活动项目库"和加强"馆校合作机制"方面做了很多创新性工作。西安市作为全国研学旅行首批试点城市，出台了较为齐全的相关政策，逐步扩大试点学校范围，不断探索市场规范机制，取得了很大的成效。教育部等11部门印发《关于推进中小学生研学旅行的意见》后，国家文物局会同教育部将95家博物馆及相关机构列入全国中小学生研学实践教育基地名单。各地博物馆加强资源整合，推出一批研学旅行实践项目和精品课程，如重庆红岩革命历史博物馆打造了"红色小记者"研学旅行体验营，小记者们通过实地探访博物馆、陈列馆、革命遗迹，探寻历史故事，弘扬革命传统；成都杜甫草堂博物馆开展"草堂一课"教学活动，以学术讲座、诗歌朗诵会、文艺演出、园林园艺展览等形式，弘扬杜甫的爱国主义精神，开展爱国主义教育；故宫博物院设计了6

个主题的研学课程,除了解古建筑、珍宝、宫廷生活外,还能动手操作,创作属于自己的金瓯永固杯刮画作品;敦煌研究院推出"世界文化遗产之旅"研学游,包括聆听有关敦煌文化的讲座,观看敦煌莫高窟主题电影和《丝路花雨》情景舞剧,参观莫高窟和榆林窟等内容。这些由博物馆主导的、具有特色的研学旅行实践项目都取得了不错的社会反响。

但是,毋庸讳言的是,因为研学旅行是一个新生的事物,所以目前在博物馆教育功能与研学旅行实践的对接、融合方面,还存在一些有待改进、改善的地方,如社会(包括博物馆本身即研学旅行主体单位、筹办单位)对博物馆教育功能的认识不足,对博物馆教育功能的挖掘不够,研学旅行实践对博物馆教育功能的利用不充分、表层化、同质化,等等。

为了将博物馆的社会教育职能与研学旅行有机融合,将更多的博物馆学习与体验活动融入国家基础教育,使博物馆为孩子从应试教育向素质教育转变发挥实质性的作用,本文就博物馆教育功能与研学旅行实践教育的对接、融合、发展等问题,提出一些看法与建议。

1. 进一步提高对研学旅行与博物馆的认识

首先,研学旅行实践教育的终极目的是:落实立德树人根本任务,帮助中小学生了解国情、热爱祖国、开阔眼界、增长知识,着力提高中小学生的社会责任感、创新精神和实践能力。其次,博物馆在对中小学生开展研学旅行实践教育方面有着无可比拟的综合优势。研学旅行与博物馆二者之间的有机融合、深度融合、创新融合,是时代的命题。

2. 共同打造研学旅行实践教育的平台

实施研学旅行教育,单单靠博物馆一方、学校一方或者研学旅行专业承办机构一方的热情、资源都是不可能实现良性发展的。很多博物馆工作者都有过这样的经历:当你满怀热情和信心地联系学校开展一项教育活动时,学校却因为教学时间和出行安全等方面的原因而婉言拒绝合作。博物馆、学校、研学旅行专业承办机构三方要充分珍惜、利用国家政策机遇,发挥各自的优点和长处,探索良性合作机制,打造三方合作平台,促进学校教育和博物馆教育的融合开展。

3. 博物馆要主动作为，勇于担当，将开展研学旅行实践教育纳入博物馆工作范畴

博物馆收藏的是过去，但是面向的一定是未来，所以博物馆也应该不断重新定义自身，以适应社会经济发展的新需求，不断满足人民群众对美好生活的向往与追求。这里，我们不妨以西安半坡博物馆为例进行说明。

第一，主动接洽。西安半坡博物馆是依托1953年在西安发掘的半坡遗址所建立的新中国第一座史前聚落遗址博物馆。半坡博物馆通过现场展示，揭示了距今6000多年前的一处典型的新石器时代仰韶文化母系氏族聚落的社会组织、生产生活、经济形态、风俗习惯、文化艺术等方面丰富的文化内涵。半坡博物馆是中宣部确定的首批"百个爱国主义教育示范基地"之一，2008年5月被国家文物局评定为"国家一级博物馆"，被西安市政府评定为"西安旅游十大景点"之一，被网友评为"中国最值得外国人去的50个地方"之一。在研学旅行被确立为国家政策后，半坡博物馆积极编写了《西安半坡博物馆研学接待手册》，手册中对半坡文化、研学活动内容与流程做了详细介绍。半坡博物馆还主动向西安市教育局以及参与试点的所有学校赠送手册、推介针对性活动，积极参与西安市中小学生研学旅行工作领导小组的各项工作会议，表明博物馆对于研学旅行活动积极支持的态度。为将优秀的博物馆教育活动带给更多的青少年，半坡博物馆还走出博物馆，走出西安，对研学教育项目新模式进行探索与尝试，如与中国江南水乡文化博物馆联合开展研学交流活动。

第二，健全组织。西安半坡博物馆成立了"西安半坡博物馆研学旅行接待小组"，由馆长亲自任组长，社会教育部门工作人员为骨干，补充各部门人力共同完成任务，将研学接待工作作为整个博物馆的一项重要工作来做。

第三，升级接待量。为了适应研学旅行人数众多的接待需求，半坡博物馆精心设计了单次600人的接待方案，在进行多次模拟测试后，根据测试情况，增添人员与活动道具，扩大活动场地，确保研学活动优质、顺利实施。

第四，提出针对性方案。为了开展研学旅行，半坡博物馆特别设计了一系列针对性方案，包括场地区域划分、疏散通道设置、医疗救护预案、活动区厕所蹲位配比调整等；实施精细化管理，确保每名学生得到良好的体验；按照教育活动对象的年龄段，实施分众管理，活动的讲解词和现场内容同时作出相应调整等。

第五，课程化改造。研学旅行活动是中小学列入教学计划的内容，是学校教育的补充，也可以是博物馆陈列展览的延伸，所以在半坡博物馆的研学活动当中增加了课本知识点的链接、延伸，还通过现场案例，潜移默化地对学生进行德育、美育教育，培养学生们坚忍不拔的精神和顽强的毅力，充分发挥博物馆作为学校教育补充的特点。如西安半坡博物馆"史前工场"项目，以青少年为活动主体，精心设计活动环节和道具，全方位、立体式地向广大青少年呈现了6000多年前史前先民的生活画卷，获得了"中国博物馆教育项目示范案例"的称号。

只有当博物馆主动作为，勇于担当，积极开展研学旅行活动，探索研学旅行规律，创新社会教育工作方法，做好研学课程开发和研学导师培训工作，以高要求、高标准和高质量开展研学旅行，"让更多的孩子走进博物馆、爱上博物馆"，才会成为现实。

4. 精心设计课程，促进研学旅行产品提质增效

教育部等11个部门联合印发的《关于推进中小学生研学旅行的意见》明确要求，研学旅行必须搭建一套完善的研学旅行活动课程体系。与此同时，研学旅行课程与传统校园课程不一样，它是根据新课改精神，贯彻新课程实施要求，开发和利用课程资源与社会资源的创新举措。它把课程搬出学校，通过游览、交际，认识自然和社会，在欣赏风土人情中提升认知，是培养学生探究精神和合作意识的综合实践课程。根据这个要求，各地博物馆已经在课程建设方面作出了尝试与努力：广东省博物馆组织的"自然海洋营"推陈出新，孩子们可以根据老师科普的知识创作海洋故事，也可在"DIY工作坊"里解剖鱼类，或进行角色扮演表演即兴话剧，在自主参与中轻松收获海洋生态知识，释放想象力；西安半坡博物馆则同广西民族博物馆开展馆际合作，将"史前工场"课程带到南宁，让南宁的孩子们能现场观看"钻木取火"的演示，体验陶器钻孔、原始房屋搭建等项目，穿越千年体验原始人生活；甘肃天水民俗博物馆的"我们的四合院"课程，从居住形态的演变、四合院的布局与功能，四合院中的花草和寓意三个方面，多角度介绍四合院的文化内涵，并通过四合院模型展示、现场有奖问答等形式，活跃了现场气氛，让孩子们在生动活泼的气氛中学到了知识。

5. 确保专业机构承办，提升研学旅行质量

博物馆因其资源优势和独特魅力，成为各类研学旅行的重要目的地之一。近年来，部分社会机构、个人以"博物馆游学"之名，组织开展粗放、只游不学、走马观花、名不副实的"研学旅行"活动，严重损害中小学生的利益，对新生的研学旅行活动也是极大的伤害。根据国家研学旅行政策的要求，研学旅行活动需要由优质的社会服务机构来进行有效衔接。研学旅行是一门专业性很强的活动，需要具有丰富经验和较强的研学课程开发能力的专业团队来组织开展，因此要遴选教育、文旅、文物等部门审核批准的正规机构，以提升研学旅行质量。

总之，博物馆是历史、文化、艺术、科学、自然等要素的荟萃之地，博物馆可以满足人们的多种精神文化需要，如历史观的塑造、人文精神的培养、文化知识的学习、艺术鉴赏和美的享受等。作为人类传统文化的收藏之所，博物馆的"每一件文物背后都有一个独一无二的历史密码，记载着一个故事、一段历史、一场兴衰，见证了城市的起源、发展甚至兴亡的全过程。博物馆用这些独特的历史密码，记录城市成长脚步，铭记城市古今记忆，传承城市文明"[④]。沈从文先生也说："这个民族在一段长长的年份中，用一片颜色，一把线，一块青铜或一堆泥土，以及一组文字，加上自己生命做成的种种艺术，皆得了一个初步普遍的认识。由于这点初步知识，使得一个以鉴赏人类生活和自然现象为生的乡下人，进而对于人类智慧光辉的领会，发生了极宽泛而深切的兴味。"[⑤]可以说，博物馆承载着一个国家、一个民族、一个地区、一个家族以及个人的记忆，走进一座博物馆就像走进了一段凝固的历史，博物馆的发展关系着人类文明和文化的传承与发展，所以博物馆要努力成为每一个公民的精神家园，让他们在这里提高自身综合素质，促进自身全面发展。

同样，我们组织青少年走进博物馆求知，是对历史的守护、文化的传承、艺术的致敬、科学的坚守、自然的敬畏。从这个意义上说，开展博物馆研学旅行实践教育对促进青少年素质教育大有裨益。当前，在国家和地方政策支持的大背景下，博物馆、中小学校、专业承办机构之间要密切合作，优势互补，建立"馆、校、企"三位一体的研学责任矩阵，特别是博物馆要主动担当，勇于作为，实现博物馆教育功能的最大化、最优化，促进研学旅行实践教育的健康发展。

注释：

① 王宏均：《中国博物馆学基础》，上海古籍出版社，2001年版，第36页。

② 人民网：《实现中华民族伟大复兴是中华民族近代以来最伟大的梦想》，http：//cpc.people.com.cn/xuexi/n/2015/0717/c397563-27322292.html。

③ 央视网：《学习他——一个博物馆就是一所大学校》，http：//news.cctv.com/2017/05/18/ARTIBknlTrvL6oWP66xCJ6ew170518.shtml。

④ 罗向军：《博物馆传承城市文化的意义与途径》，《文物春秋》，2016年第3期。

⑤ 沈从文：《花花朵朵 坛坛罐罐：沈从文谈艺术与文物》，重庆大学出版社，2014年版。

（张硕，湖北省社会科学院楚文化研究所研究员）

传承红色基因　培育时代新人
——关于荆楚红色文化进校园的思考

郑巍宁

新民主主义革命时期，湖北人民在中国共产党的领导下，前仆后继，英勇奋斗，走过了波澜壮阔的光辉历程，创造了惊天动地的丰功伟绩，形成了以理想如磐、信念如山，救国爱民、赴汤蹈火，艰苦奋斗、筚路蓝缕，英勇善战、敢于胜利为主要内涵的荆楚红色文化。艰辛成就伟业，奋斗铸就辉煌。荆楚红色文化，是中国红色文化的重要组成部分，是荆楚历史文化的时代高峰，是荆楚人民宝贵的精神财富，是新时代湖北实现新崛起、创造新辉煌的重要力量源泉。

荆楚红色文化是中国共产党在湖北地区领导革命事业和进行自身建设的过程中，所创造的红色物质文化和非物质文化的总称。

荆楚红色物质文化具体包括荆楚地区的红色历史遗址、遗迹、纪念物等，荆楚红色非物质文化主要包括新民主主义革命的历史事件、历史人物、传统精神和革命文化等。

荆楚红色物质文化拥有数量众多的全国重点文物保护单位、全国重点烈士纪念建筑物保护单位、全国爱国主义教育示范基地、红色旅游区等。荆楚红色非物质文化方面，湖北诞生了5个中共一大代表（李汉俊、董必武、陈潭秋、包惠僧、刘仁静），1位国家副主席（董必武），1位国家主席（李先念），"将军县"红安涌现了200多位将军。荆楚红色文化是马克思主义与中国共产党在湖北革命运动实践生动结合的产物,是荆楚传统文化的升华,是当代荆楚文化的重要组成部分。

一、荆楚红色文化的时代价值

习近平总书记指出:"文化是一个国家、一个民族的灵魂。文化兴国运兴,文化强民族强。"文化能够为人民提供坚强的思想保证、强大的精神力量、丰润的道德滋养。荆楚红色文化的时代价值是多方面的,最主要有三个方面。

1. 荆楚红色文化能够为各级党委领导湖北人民实现新时代伟大梦想提供坚强思想动力和政治智慧

1920年8月,党在武汉的早期组织正式成立,湖北成为全国建立党的早期组织的六个地区之一。1921年7月,中共一大召开,来自湖北的董必武、陈潭秋、包惠僧、李汉俊、刘仁静5人参加了中共一大会议。湖北的先进知识分子为中国共产党的创建作出了不可磨灭的重要历史贡献。从1921年到1927年,湖北地区的工农运动在中国共产党领导的全国工农群众运动中具有极其重要的地位和影响。1927年8月7日,革命的紧急关头,八七会议在武汉召开,纠正和结束了陈独秀的右倾机会主义错误,改组了中央领导机构,确立了土地革命和武装反抗国民党反动派的总方针。到1937年,中国共产党在全国建立了15个农村革命根据地,相继创建了红二方面军、红二十五军、红二十八军等军队,其中在湖北及周边省份建立的有鄂豫皖、湘鄂西、湘鄂赣、湘鄂川黔、鄂豫陕5块革命根据地。1937年7月,抗日战争全面爆发后,湖北共产党人坚持敌后抗战,鄂豫边区抗日根据地不断发展壮大,新四军第五师成为中原抗战的中流砥柱。解放战争时期,中原军区部队顽强坚守并转战中原,中原解放区日益发展巩固,湖北成为夺取全国胜利的战略要地。新民主主义革命时期,中国共产党在湖北地区创造了丰富的红色文化。

当前,中国共产党带领全国人民迈入中国特色社会主义新时代,确立了新时代伟大奋斗目标,指明了前进方向。湖北肩负中部崛起的重大使命。新时代任务艰巨,挑战严峻,对党的领导能力和治理水平提出了新的要求。荆楚红色文化中理想信念坚定、勇立潮头、敢为人先、善战敢胜的精神,可以为各级党组织和领导者提供强大思想动力和政治智慧。认真研究、学习荆楚红色文化遗产，总结各方面的历史经验，如党的先进性建设的经验、执政能力建设方面的经验，能够为新时代提高执政能力和领导水平提供有益的经验借鉴和智慧启迪。

2. 荆楚红色文化是教育社会、感化民众的强大精神资源，是新时代道德风尚建设的营养剂

中国共产党在湖北地区创造的丰富的荆楚红色文化，能够帮助人们丰富自身的知识，提升人文素养。2017年1月10日，国务院印发的《国家教育事业发展"十三五"规划》中就要求："充分利用图书馆、博物馆、文化馆等各类文化资源，广泛开展中华民族优秀传统文化、革命文化、社会主义先进文化教育，培育青少年学生文化认同和文化自信。"

荆楚红色文化资源中既有革命纪念馆、革命遗址遗迹、烈士纪念碑、烈士陵园等物质文化资源，还有红色精神、红色歌谣、红色歌舞、红色影视等非物质文化资源。这些物质文化资源和非物质文化资源，蕴含着追求光明、崇尚真理、英勇奋斗、永不懈怠的精神，能够让人们在接受红色文化的洗礼和熏陶中，提升自身的政治素养和文化道德素养。人们通过观看荆楚红色经典歌舞、影视片，提升了艺术鉴赏能力，陶冶了身心，愉悦了精神，丰富了自身知识，提升了人文素养，坚定了理想信念。

当前社会道德风尚总的来说是良好的，但拜金主义、享乐主义、极端个人主义、历史虚无主义等不良思潮和消极观念，均不同程度地存在并对社会风气产生了消极影响，部分党员干部信仰滑坡，理想信念动摇，经不起金钱美色诱惑，少数党员干部由于贪污腐化，受到了党纪法规的处分。荆楚红色文化资源，蕴含着丰富的革命先烈和先辈的生动精彩故事及彪炳史册的丰功伟绩。这些可歌可泣的革命故事，充满着正能量，有助于引导人们做一个道德高尚的、纯粹的、有利于人民的、脱离了低级趣味的人。

3. 荆楚红色文化充满敢于争先、奋勇向前的拼搏精神，是湖北人民在新时代推进高质量发展的重要力量源泉

荆楚红色文化是非物质文化资源和物质文化资源的有机统一体。物质文化

资源的主要载体有革命文献、文物和革命遗址、纪念馆等，非物质文化资源载体主要以革命精神为主。湖北革命老区多位于山区，见证了革命年代那段充斥着苦难与辉煌的峥嵘岁月，许多革命先烈的英雄故事和歌唱党和红军的歌谣，仍然在当地人民群众中广为流传。这些红色文化蕴含巨大正能量，充满拼搏向上的精神。

当前，湖北正处于高质量发展、实现率先崛起的关键时期，需要充分发扬荆楚红色文化的奋斗精神，勇于争先，成为中部崛起的排头兵。尤其是一些革命老区，虽然拥有山清水秀的自然环境，但是当地经济发展仍然较为落后，面临着加快发展经济、文化、社会事业等方面的现实问题。为了加快发展，这些革命老区更要继承发扬荆楚红色文化精神，可以依托当地的历史纪念馆、纪念园、革命遗址，通过建设爱国主义和革命传统教育示范基地，发展红色文化产业、红色旅游业。通过积极发展红色文化产业，不仅能帮助革命老区发展经济，还能引导人民群众陶冶情操、净化心灵。

二、荆楚红色文化进校园的重要意义

荆楚红色文化是湖北的宝贵财富，继承红色文化并将其发扬光大，是湖北的光荣使命与历史责任。推进荆楚红色文化进校园、进课堂，是担当历史使命与责任的战略举措，是传承红色文化的关键环节，是谋长远、打基础的重要抓手。习近平总书记指出，我们要加强学校的思想政治课，用先进文化包括红色文化教育广大青少年，解决好培养什么人，怎样培养人，为谁培养人这个根本问题。推进荆楚红色文化进校园，对于解决好习近平总书记提出的"这个根本问题"，有十分重大的意义。

1. 荆楚红色文化进校园有利于从学校抓起、从娃娃抓起，用真理的强大力量引导学生，帮助青少年增强"四个自信"

2016年7月1日，习近平总书记在庆祝中国共产党成立95周年大会上明确提出：坚持不忘初心、继续前进，就要坚持"四个自信"，即中国特色社会主义道路自信、理论自信、制度自信、文化自信。坚持"四个自信"，是不断推动中国特色社会主义伟大事业前进的内在动力，是全面建成小康社会和实现中华民族伟大复兴的前提和保障。帮助青少年学生打好理想信念的基础，增进历史认同、道路认同、制度认同，增强"四个自信"，是国家、社会、学校必须承担的重大任务和历史责任。

荆楚红色文化具有丰富的资源，拥有众多的历史遗迹和纪念场馆，比如武汉革命博物馆、八七会议旧址等。因此，要运用丰富的荆楚红色文化资源，积极推进荆楚红色文化进校园，采取组织青少年学生参观红色遗址遗迹和爱国主义教育基地等方式，对青少年学生进行课外教学，帮助青少年不断增强中国特色社会主义道路自信、理论自信、制度自信、文化自信，为实现中华民族伟大复兴汇聚起持续奋斗的青春力量。

2. 荆楚红色文化进校园有利于在学生心灵埋下真善美的种子，引导学生"扣好人生第一粒扣子"，帮助青少年树立正确的世界观、人生观、价值观

荆楚红色文化体现了湖北人民团结统一、爱好和平、勤劳勇敢、自强不息、敢为人先、不怕牺牲的革命精神，展现了马克思主义科学的世界观、方法论，以及伟大的革命精神和崇高的革命理想。荆楚红色物质文化资源丰富，拥有烈士纪念建筑物保护单位150余处，其中国家级10处，省级22处，包括湘鄂西苏区革命烈士陵园、黄麻起义和鄂豫皖苏区革命烈士陵园、鄂豫边区革命烈士陵园、向警予烈士陵园等全国知名陵园。

荆楚红色文化对于青少年学生而言，具有很强的精神引领和示范作用。组织青少年学生参观这些荆楚红色纪念地，学习革命烈士坚定的理想信念、艰苦奋斗的高贵品质、百折不挠的奋斗精神、立党为公忠诚为民的奉献精神，帮助处于价值观形成和确立时期的青少年学生树立正确的世界观、人生观、价值观，"扣好人生的第一粒扣子"，培养无惧困难、积极进取、勇于担当、刚健有为的精神品格，让他们成为品德高尚、人格健全的人，担负起建设中国特色社会主义的伟大历史使命。

3. 荆楚红色文化进校园有利于先进文化占领学校这块重要阵地，激励学生成人成才，为青少年的成长创造良好社会环境

随着世界多极化、经济全球化、社会信息化、文化多样化的发展，各种思

潮激荡，意识形态领域的斗争始终未曾停止。西方"自由""民主"、拜金主义、享乐主义、极端个人主义、历史虚无主义等思想时常沉渣泛起，侵蚀、腐化着青少年学生的思想和精神。由于社会环境的影响，部分青少年学生在成长过程中，存在学习缺乏动力、生活缺乏热情、奋斗缺乏目标等问题。荆楚红色文化资源蕴含丰富的精神财富，如武昌辛亥革命体现了敢为人先的首创精神，鄂豫皖苏区、湘鄂西苏区及其他革命烈士陵园体现了革命烈士坚定理想、百折不挠的奋斗精神，八七会议旧址体现了追求真理、求真务实、勇于实践、一心为民的奉献精神。因此，充分运用荆楚红色文化所体现的精神财富，占领学校这个阵地，为青少年植入红色基因，努力培养担当民族复兴和中部崛起的历史大任的时代新人，培养德、智、体、美、劳全面发展的社会主义建设者和接班人，具有重大意义。

三、荆楚红色文化进校园的实践途径

当前，各级党政部门、教育单位围绕开展荆楚红色文化教育，帮助青少年了解党的光荣传统和优良作风，探索出了一系列有效的工作方法，取得了一定的成绩。但是，也应该看到，荆楚红色文化进校园还存在一些问题和薄弱环节。比如，对荆楚红色文化进校园的重大意义认识不足，重视程度不高；对荆楚红色文化进校园缺乏系统化、制度化、规范化的要求，缺乏红色文化进校园的总体布局和长远规划；荆楚红色文化进校园的教育方式比较单一，效果平平；思想政治教育课与荆楚红色文化进校园缺乏有序衔接，融合度不高，等等。为此，本文特提出如下思路和对策。

1. 加强顶层设计，整合各方力量，形成强大合力

习近平总书记在全国党史工作会议上指出，中国共产党的历史是一部丰富生动的教科书。用党的历史教育党员、教育干部、教育群众尤其是教育青少年，是党史工作服务党和国家大局的重要内容。荆楚红色文化作为湖北人民智慧的结晶，应当被青少年学习、熟知和认同。这方面的学习和教育都应当趁早，即在青少年世界观、人生观、价值观形成的学习阶段就应当加强荆楚红色文化的教育。

要着力抓住青少年这个群体，开展形式多样的关于荆楚红色文化的历史知识、光荣传统、优良作风和英雄模范事迹的教育，从小培养青少年热爱党、热爱社会主义的感情。各级党委、政府要加强顶层设计，统筹部署荆楚红色文化进校园工作，做到总体有规划、年度有方案、年终有评估，积极推动荆楚红色文化教育进学校、进课堂、进学生头脑。要积极整合宣传部门、财政部门、教育部门、党校、高校、中小学等各方力量，形成整体的工作合力，共同开展好"荆楚红色文化进校园"活动。积极发展壮大荆楚红色文化产业，深度开发荆楚红色影视及其他艺术作品，对荆楚红色文化资源进行产业化开发利用，让荆楚红色文化融入青少年的学习和生活。

2. 健全工作制度，完善课程体系，建立长效机制

要健全完善"荆楚红色文化进校园"工作机制，建立健全以青少年革命传统教育需求为基础、以各级党组织为主导、以资政育人为根本任务的常态化的工作机制，不断增进青少年对荆楚红色文化的了解和认同，潜移默化地引导青少年增强中国特色社会主义的道路自信、理论自信、制度自信、文化自信。要积极整合各个教育阶段语文、政治、历史等教材中涉及荆楚红色文化的内容，把荆楚红色文化教育与中国特色社会主义理论体系和思想政治教育结合起来，不断完善青少年荆楚红色文化教育的学习体系。各相关部门、各学校还要有荆楚红色文化教育的工作计划，确保把荆楚红色文化教育放在思想政治教育课的重要位置，在安排课时和师资时，适当倾斜，保障荆楚红色文化教育有位、有序、有声、有效。

3. 注重社会实践，提升教育效果，搞好知行结合

读万卷书，不如行万里路。让青少年学习荆楚红色文化的目的，就是让他们真正掌握荆楚红色历史，认同中国共产党的政治信仰和历史使命。教育行政部门和学校可以通过开展志愿服务、参观荆楚革命老区、瞻仰荆楚红色教育基地等社会实践，加强青少年对荆楚红色文化的掌握和认识。各级教育机构可组织开展有关荆楚红色文化教育的演讲、知识竞赛、党课培训等校园文化活动，引导青少年阅读有关书籍，深入开展荆楚红色文化教育，营造浓厚的学习氛围。在长征纪念日、抗战胜利纪念日、武汉解放纪念日等重要历史纪念日，加大开展荆楚红色文化的学习教育力度，引导青少年正确认识党

在湖北地区的奋斗历史，弘扬爱国主义精神，增强民族自信心和自豪感。

各级教育机构在组织瞻仰革命遗址、参观纪念场馆活动的同时，运用播放视频、VR体验等方式，强化青少年对荆楚红色革命遗址、纪念场馆所蕴含的红色文化、精神财富及时代价值的体验，使荆楚红色文化融入青少年的血脉，内化于心，外化于行。将荆楚红色文化与青少年社团活动结合，帮助青少年组建荆楚红色文化活动组织。如组建荆楚红色文化理论研究会、红色歌会、红色话剧社、红色动漫社等社团，提供经费、场地和指导，鼓励青少年开展丰富多彩的红色文化活动，深入社区、工厂、企业、农村，开展以讲传统、树新风、做好事为主要内容的践行红色文化的活动，传承红色文化基因。

4. 运用新兴媒体，拓宽教育渠道，形成创新合力

当前，互联网已经深入到中国社会的各个方面，基本覆盖了青少年的学习、生活、交流等方面。充分利用移动网络新媒体对青少年学生进行荆楚红色文化教育，是大势所趋。学校在进行荆楚红色历史课堂教学时，可以充分利用多媒体教学设备，通过影像资料播放、图片资料展示等方式，将荆楚红色发展历史立体化，使其具体化、形象化，提高青少年学生对荆楚红色文化的感性认识。还可以通过知识竞赛、宣传活动、文艺表演、读书、征文、讲座、绘画、书法和摄影等多种形式，利用当前发达的网络新媒体，推动荆楚红色历史文化学习、教育活动更加生动活泼、全方位地展开。可以建立手机版教育主页，通过微信、QQ、论坛等渠道与青少年进行专门的学习交流，答疑解惑。定期在移动媒体上发布红色故事、红色视频，传播荆楚红色文化的新理论、新知识、新故事，使荆楚红色文化教育入脑、入心。通过综合运用青少年喜爱的动漫、短视频、图说等新方式寓教于乐，让青少年在快乐的学习氛围中耳濡目染，增强学习荆楚红色文化的自觉性和主动性，引导青少年将荆楚红色文化的光荣传统和宝贵精神发扬光大。

5. 强化师资力量，建设专业队伍，形成研究高地

加强对青少年的荆楚红色文化教育，不断提高教学质量水平，建立一支专业的教学人才队伍是关键。要积极整合学科队伍，引进专职的教学人才，提升教学水平和效果。要严格把关，把责任心强、有事业心、敢于担当的专业教师作为荆楚红色文化教育的骨干老师，进行重点培养和扶持，打造一支战斗力强

的荆楚红色文化教学师资队伍。

要激励教师加强学习、敢于创新，采用青少年喜闻乐见的形式，让红色文化教育内容富有魅力和吸引力，在春风化雨、润物无声中，让青少年受到荆楚红色文化的熏陶。建立校园荆楚红色文化研究高地和宣传阵地，提炼和诠释荆楚红色文化精神。

6. 挖掘遗存资源，活跃教育氛围，加强基地建设

加强荆楚红色文化进校园，可以充分挖掘和利用湖北地方红色文化资源，建设一批高质量的红色文化基地。这些具有丰富资源的红色文化基地，对于中小学生而言更鲜活、更亲切、更有吸引力，能提升荆楚红色文化教育的效果。各部门、单位应积极挖掘本地红色文化资源，及时推进成果转化，组织拍摄、编写符合青少年各阶段特点的荆楚红色文化宣传片、通俗读物等，提升现场教学效果，发挥基地重要作用。

校园文化建设应同本地红色文化基地资源相结合，展现本地红色文化重大事件和英雄人物；充分利用地方红色基地的遗存，如纪念馆、展览馆、革命烈士陵园等进行实地学习教育，拉近荆楚红色文化与青少年的距离，让青少年更直观地感受、认同、践行荆楚红色文化。

参考文献：

1. 邓小平：《邓小平文选》，人民出版社，1994年版。

2. 白锡能，任贵祥：《红色文化与中国发展道路论文集》，中国社会科学出版社，2015年版。

3. 陈世润：《中国特色社会主义道路与红色资源开发利用研究》，人民出版社，2015年版。

4. 周利生，汤舒俊：《红色资源与高校思想政治教育》，九州出版社，2018年版。

5. 吴翠军，张志谦：《以爱国主义为核心，加强中小学生党史教育》，《党史博采（理论）》2005年第4期。

（郑巍宁，中共武汉市委党史研究室副调研员）

第三章

课程建设与课程践行

闻道致远　知行合一
——清华附中研学旅行课程的设计与开发

王　敏
白雪峰

2016年12月，教育部等11部门印发了《关于推进中小学生研学旅行的意见》，提出要将研学旅行纳入中小学教育教学计划，与综合实践活动课程统筹考虑。随着相关文件的颁布以及一系列政策的出台，学术界对研学旅行课程化展开了积极的探索，各地中小学也纷纷切实把握研学旅行之"热"，将其纳入学校课程视野。可见，研学旅行课程是将校外实践活动和校内课程有机整合、书本知识和实践经验深度融合的课程化路径。开发符合学生身心发展特点的研学旅行课程，以它作为学校加强活动育人，培养学生社会责任感、创新精神和实践能力的重要载体，关键在于构建一种研究性学习和旅行体验相结合的实践性学习的课程活动机制。

清华附中研学旅行课程，致力于对旅行资源进行挖掘和整合，结合理论与实践、课内与课外，还原知识产生的过程与场景，启发学生立体而全面地深度学习与深入思考。本文将从清华附中研学旅行课程的历史沿革、课程的开发流程与实施路径、研学旅行育人的课程价值与理念分析这几个方面展开，为研学旅行课程的实施提供讨论个案，为探究育人模式的转变发挥应有作用。

一、研学旅行课程的历史沿革

清华附中的研学旅行起步较早，在20世纪80年代就已初现雏形。据校史记载，1980年，清华附中曾组织学生开展夏令营活动，主要内容有：参观核能所原子反应堆，听核能所的艰苦创业史；参观坦克兵团，听革命传统报告；参观明十三陵；举行体育比赛，观看电影，举办营火晚会；举办团支部发展会等。1985年暑假，清华附中组织各班班干部到山西省偏关县开展夏令营活动，历时十天，主要内容有：参观云冈石窟与五台山，领略祖国灿烂文化；参观电影《啊，摇篮》的摄制地——黄河；在杨家将镇守的"三关重镇"之一的偏关县，听关于县城改革发展情况的报告，参观工厂，访问万元户和贫困户，开展专题社会调查等，回校后撰写思想总结和调查报告，进行交流汇报，优秀总结与报告编印成册，取名为《西行漫记》。

进入21世纪，清华附中学生的研学旅行在继承中有了新的发展和突破。2013年，文科班先后进行了为期一周的山东文化考察和日本文化考察；2015年，高二年级全体学生开始了主题为"秦风唐韵——西安历史文化考察"的活动，清华附中的研学旅行正式开始向课程化、体系化的方向迈进；2016年至今，六个年级都开展了不同线路的研学旅行课程，先后设计了十几条线路的课程方案，标志着清华附中的研学旅行课程从开发到实施的成熟完备。

从这一发展历程可以看出，清华附中的研学旅行课程，一直牢牢把握"以学生为主体，将学生置于真实情境"这一内核，经历了"点—线—面"及"由浅入深"的发展历程，完成了从"游学旅行"到"研学课程"的转变，在传承的基础上不断创新完善，将学校的历史经验与国家的教育导向相结合，形成了"闻道致远、知行合一"这一独特的风格和气质。

二、研学旅行课程的开发流程与实施路径

研学旅行课程化是当下教育界的热点话题，是人们对研学旅行的深度思考与重要决策。研学旅行课程开发具有很强的专业性，研学课程开发与实施更是一个复杂的过程。作为国家课程校本化实施的一种课程组织形态，研学旅行课程理应遵循课程建设与编排的要素设计原则，即从课程目标的制定、课程内容的选择以及课程评价的实施这些方面实现研学旅行课程化。就此，我们总结出研学旅行课程开发的5个基本环节：制定研学课程目标、出台课程设计方案、学生自主选择线路、课程资源整合开发、制定研学课程评价标准（见图1）。其

中出台课程设计方案和课程资源整合开发是灵魂和核心。

图1 研学旅行课程开发的5个基本环节

（一）制定研学课程目标

作为一门实践类课程，研学课程的设计方案也应始于课程目标的制定，这就需要把握其特殊性与功能性。一个内涵完整的目标强调平衡：社会、知识、学生的平衡，人文素养与科学素养的平衡。鉴于此，我们将已有的课程资源进行知识化、系统化的整合，并对学生获取的课程价值作出一定的要求，制定了研学旅行课程的目标。

学生通过研学旅行课程的学习，应该在以下四个方面获得发展。

积累·整合：通过研学实践，使已经获得的知识、能力、方法和情感、态度、价值观等方面的要素融汇整合，切实提高人文和科学素养。

感受·鉴赏：体味自然与人文的多姿多彩，陶冶性情，融合古今，深入了解社会，体会中华文化的博大精深，追求高尚情趣，提高道德修养。

应用·拓展：能在生活中和其他领域的学习中，感悟科学与自然、社会和自我的密切联系；以科学的态度发现、认识和研究身边的问题。

思考·创新：通过观察思考，对未知世界始终怀有强烈的兴趣和激情，敢于领异标新，走进新的领域，尝试新的方法，追求思维创新、表达创新。

（二）出台课程设计方案

为了实现课上与课下的有机结合，将研学旅行课程作为课堂的补充与延伸，我们采取各个教研组分别出台设计方案，最后进行整合的思路，确定了以下指导方针。

第一，在课程资源开发的过程中，各教研组深入思考本学科与研学旅行课程的关系，拟出本学科的课程目标、课程设计理念与课程设计思路；第二，教研组教师认真研究具体的活动线路，收集丰富的素材，充分挖掘线路文化景观中可以与本学科密切结合的内容，找到学科契合点；第三，在目标、理念的引领下，根据不同的线路，具体设计课程结构、实施方案（行前实施内容、过程中实施内容），制定课程评价标准、附录相关的知识链接等。

在课程目标的指导下，在进行内容选择时，深入挖掘课程资源非常重要，课程内容的选择应该建立在认真研究具体的活动线路、收集丰富的素材、充分挖掘线路文化景观中可以与本学科密切结合的内容之上，最关键的是找到学科契合点，进行"研究性主题学习"，如在安徽的研学旅行中，化学教研组教师设计的基于化学学科的研究性主题学习是：以"身边的化学"为主题，围绕"学生与自然、社会和自我"三方面的关系开展化学学科的综合实践活动课程，旨在促进学生的全面发展，让学生感悟化学学科的魅力，学会以化学学科的思维认识和研究身边的问题。在"身边的化学"这一大主题下，根据不同研学线路的特色，分为"饮食与化学""服饰与化学""绿色环境与化学"等多个子课题。根据安徽线路的特点，教师结合徽菜文化、黄山温泉以及千岛湖水资源的开发和保护等研学资源初步拟定"舌尖上的化学"和"水资源保护与化学"这两个课题。学生也可根据个人兴趣自选主题。

在西安的研学旅行中，地理教研组教师基于地理学科的研究性主题设计了与学科密切相关的多个考察课题，学生根据情况选择其一。学生也可自己设计研究课题。参考课题如下。

1. 西安成为中国古都的地理条件分析

从宏观角度（在渭河平原兴建国都的原因）和微观角度（城市具体选址在河流沿岸的原因）综合分析西安建都的地理条件。

2. 西安地域文化对西安城市发展的影响——以城市建筑为例

在西安的城市规划与城市建筑发展中，应如何做好传统古都文化与现代文化的和谐统一，保持城市特色，增强城市的竞争力？

3. 西安饮食文化的形成与地理环境的关系

以一种或几种西安传统饮食为例，深入探讨饮食文化形成与区域地理环境的关系，领悟人与自然环境协调发展的思想。

4. 西安的旅游资源开发条件评价

针对本次人文实践的考察线路，综合考量，对旅游资源开发作出全面评价。主要从以下几方面完成：旅游资源自身质量，各个景点的集群状况，地域组合情况（景点类型互不雷同），交通条件，地区接待能力（食、宿、购物等），景点环境承载力（同时能够容纳游客数量）。

可见，研学旅行实践课程是一门基于旅行的研学课程，必须兼顾旅行和学习的特点。首先，学生个性化发展需求是课程资源选择的首要考虑因素。在确定课程目标后，理性分析学生的需求，基于此来进行课程资源的筛选。其次，课程资源的深度整合是有效课程内容生成的基础。

鉴于此，教师在对研学课程目标深度解读的基础上，科学整合学科知识，并融入体验式主题探究式活动，以兼顾任务型与体验性内容。作为课程资源选择的主体，教师借助其丰富的课程理论知识和课程开发专业素养，实现研学课程的内容设计。

（三）线路设计与学生自选

研学旅行以学生亲历性体验为主，学生的自主选择权非常重要。课程实施的第一个环节就是引导学生学会选择，通过投票最终确定一条线路，形成"班级民意"。在分发意向表时，通过强调研学旅行课程的意义，让学生更加期待和重视该课程。意向表如表1所示。

突出选择性，让学生有充分的自主性，参与到课程中来，是课程设计非常重要的一环。

表1 研学旅行线路选择意向表

在研学旅行中，能获得积极体验和丰富经验，形成对自然、社会和自我之内在联系的整体认识；体验并初步学会解决问题的科学方法，培养问题意识，发展良好的科学态度、创新精神、实践能力，形成强烈的社会责任感……这是我们实施研学旅行课程的初衷与目标。请各班广泛征求学生意见，达成一致意见，从以下精心设计的七条线路中选出一条填报志愿	
线路介绍	
线路一	浙江杭州、富阳、绍兴古文化考察（6日）
线路二	山东济南、泰安、曲阜、台儿庄文化考察（4日）
线路三	江苏苏州、周庄、镇江、南京文化考察（6日）
线路四	安徽黄山、屯溪、千岛湖、宏村文化考察（4日）
线路五	陕西西安"秦风唐韵"历史文化考察（5日）
线路六	河南洛阳、登封"访中原大地，探华夏之源"考察（4日）
线路七	江西南昌、景德镇、金溪"古村落文化考察"（5日）
＿＿＿班意向：＿＿＿＿＿＿＿＿＿	

（四）课程资源整合开发

　　传统课程的学习方式多为接受式学习，其学习情境大多局限于课堂的有限空间，而且多为模拟、假设的情境，而研学旅行课程不同于传统课程，其对教学情境以及学习情境有着较高的要求。研学旅行课程的情境并非创设所得，而是包括课外、校外的空间与资源。大自然、社会为研学旅行课程提供了丰富的真实情境，使得情境学习始终与研学课程相伴。引导学生获得充分的体验，一本实用有趣的指导手册非常重要。基于此，清华附中成立了课程指导手册编写团队，根据每条路线的不同特点，编写出各具特色的课程指导手册。团队将各个教研组提供的资源，合理安排在每天的行程中，充分整合、适当详略，让学生带着问题参观、思考，完成每日考察任务。此外，将无法容纳的内容放在课程指导手册的附录中，供学生持续学习。

　　在南京线的研学旅行中，也通过"阅书万卷 有备而行""漫行万里 揣问而观""笃行致远 满载而归"三个主题将丰富的学科内容进行整合，便于学生进一步学习和探究（见图2）。

```
行前必读
第一篇 悦书万卷 有备而行
    1.2 悦书万卷
        1.2.1 寒山寺
        1.2.2 虎丘
        1.2.3 拙政园
        1.2.4 苏州博物院
        1.2.5 周庄
        1.2.6 中国苏绣艺术博物馆
        1.2.7 金山寺
        1.2.8 西津古渡
第二篇 漫行万里 揣问而观
    2.1 悦书有惑
    2.2 山魂水魄凝智慧——苏州
    2.3 水乡灵动的诗意——周庄
    2.4 有一种成熟叫铭记——南京
第三篇 笃行致远 满载而归
    3.1 小组作业（任选其一）
    3.2 课程评价
```

图 2　南京研学线路指导手册目录

"秦风唐韵"西安线的模块整合方式，则是把对任务的描述、任务类型还有涉及的学科都在课程指导手册首页呈现出来，为学生使用手册提供导航，是非常有创意的整合方式（见表2）。

表 2　西安研学线路模块整合

模块	任务描述	任务类型	涉及学科
一、品味西安	利用搜索引擎、景区官方微博及App了解景点相关知识，撰写景点宣传语	小组合作	信息技术、政治
	阅读文章，考察之后完成微写作	个人学习	语文
二、今古尘梦	思考：西安城墙的军事价值有哪些？其御敌作用是通过哪些结构和特点完成的？	个人学习	历史、通用技术
	综合探究：建都西安考虑的地理因素和古代关中本位政治地理	小组合作	地理、历史
三、昭陵六骏	查找、阅读材料，了解"昭陵六骏"的故事	个人学习	历史、美术
	综合探究：文物保护中所采用的化学方法的基本原理和具体措施	小组合作	化学
四、秦风唐韵	总结西安的建筑风格和特点	个人学习	地理
	在考察中选择一处建筑，绘制该建筑的图纸，分析其中的数学元素和物理结构	小组合作	数学、物理

续表

模块	任务描述	任务类型	涉及学科
五、古都新貌	西安每年要接待众多国内外游客,请结合自己的所见所闻,谈谈西安应如何进行古城保护	个人学习	政治
	在考察过程中,关注当地旅游宣传册,制作一份四日三夜旅游攻略手册并汇报	小组合作	语文、英语
六、文创设计	结合你在某个景点观察到的文创产品销售情况,做调研访谈,发现问题,确立设计课题	小组合作	通用技术

(五) 研学课程评价标准

课程评价是课程推进的重要环节,评价质量的高低影响课程实施的效果。为了促进学生的发展,我们对研学课程评价可作如下几点规定。

第一,师生互动共制评价目标。教师在掌握研学主题目标的情况下,将这些目标用学生可以理解和接受的文字进行描述,并积极征求学生的意见。在此过程中,教师加强了与学生的交流,更加明确了学生的需求;另一方面,学生可以根据这些生成的标准随时调整自己的研学行动。

第二,实施过程性评价与及时反馈。研学旅行实践课程是以活动学习为主的体验式课程,包括认知体验与情感体验,教师需关注活动中学生的每一次表现、每一项任务的完成,针对任务的性质作出合理而又适切的评价,并且每日都要对学习手册作出点评。

第三,学生自评与互评相结合。研学旅行课程是在真实情境中进行的、学生集体参与的活动式课程,在很大程度上有别于传统讲授式教学,教师在整个课程实施过程中扮演着引导者、参与者的角色,把评价的主动权交到了学生自己及其同伴手里,便于学生更积极地调整自己的状态,提升自我成就感,实现研学课程的深度体验和认知,在交流中琢磨彼此的知识与见解,有益于个体自身知识面的拓展以及合作精神的培养。

三、研学旅行育人的课程价值与理念分析

研学旅行课程是通过让学生自主选定旅行主题、参与活动选择与计划,在

自然和社会生活中亲自体验与感悟，从而丰富学习内容、提升学习效果的体验式课程。清华附中以"知行合一"作为研学旅行课程编制和实施的内在理念，使得研学旅行课程始终走在正轨上，发挥了其应有的价值。

"知"即学生课堂所学并内化到其心中的知识；"行"即主观意念之动与客观实践相结合，个体通过亲身实践，将所感所悟内化于心，并进行主观层面的思维活动。"知行合一"即将课堂所学知识内化到主体的认知结构中，并产生相应的思维活动，最终将其付诸实践的过程。研学旅行课程将学科课程内容与课外真实情境相连接，学生将所学学科知识内化于心，形成自身的认知结构，并在研学主题相关活动中进行理论与现实的对照，发现理论的不足，利用现实的感受和经验去补充并完善所学理论。此外，学生在自然中探索，在社会中实践，在活动中学习，在运用所学知识的同时获得了知识课堂所缺失的真实情境体验，升华所学学科知识内容，进而达到对课堂知识的反思、巩固、运用与超越。

如研学旅行课程中地理教师试图实现其在课堂上无法充分实现的"知行合一"，采用了如下方式。

（1）实现体验式学习：综合实践考察有助于学生感受不同地域的自然地理、人文地理特征，从地理的视角认识和欣赏我们生存的这个世界。由于教学时间有限，教材只能选取最具代表性的某个区域的地理环境和人类活动作为教学案例，往往存在片面性。综合实践考察能弥补这一不足，让学生感受到真实的客观世界，体验未知的地理事物与现象，获得丰富的地理感知。

（2）进行教材理论验证：地理学是实践性极强的学科，地理概念、地理原理、地理规律都来源于对大量地理事物和地理现象的考察与研究，并最终要应用到实际生产和生活中。带着地理知识、技能，走出课堂，走入自然，走入生活，不仅能够检验地理理论，提出质疑，也能够给我们带来生活的智慧，提升学科价值。

（3）对现实社会进行评价：课程理论给人类社会描绘了一幅美好的蓝图，但现实中各区域的发展并非如此，存在环境污染、生态破坏、资源枯竭、人口激增、名胜古迹被毁、历史文化消亡等现象。在此过程中，学生可学会用地理科学的眼光看待我们当今世界的人类行为，多一些思考，多一些评价，为区域的可持续发展建言献策。

教育的本质功能是育人，实现个人价值，促进个体的全面发展，因此在教育教学中关注学生的主观精神世界极其重要。研学旅行课程的最大特点是其学习情境的真实性，即在真实的自然情境中施行课程，在生活中教育，在自然中教育，在社会中教育，紧扣学生的生活。研学让学生个性得到极大的发挥，同伴羡慕其学习成果，教师对其学习状态满意，家长赞赏其学习效果。在研学旅行课程结束后，老师、同学、家长都从不同的角度对研学旅行发表了感想。现举例如下。

老师写道：无论曾经多么辉煌的文明，都无一例外地淹没于历史长河中，感谢博物馆，让人们可以由这些星星点点瞻仰过去，望见大唐盛世的背影和它繁华落尽的沧桑。

学生记道：我们把历史看作一个有机的生命，正是因为它在每一个阶段都在成长和发展，它不只是一堆无生命的资料，而是要我们剥开这些数据复活的生命本体。

家长写道：兴致勃勃的孩子将这次社会实践活动的收获讲给我们家长听，在各个学科都学到了从课本上学不到的知识，感受到了师生、同学间的友爱，感谢老师的付出。

清华附中在研学旅行课程实施中，始终贯彻"知行合一"的理念，以亲历性文化主题实践活动作为课程的主要活动过程，倡导自主体验、主动参与和合作研究，将其作为课程的主要活动方式，更加突出学生的主体地位，引导学生主动发展；面向学生完整的生活世界，为学生提供开放的个性发展空间，发展学生的创新精神和实践能力；帮助学生拓宽文化视野，提高综合素养；了解历史文化名人，加深对中华优秀传统文化的理解；感受祖国山河之美，了解丰富的民俗文化，增强国家认同，培养爱国情感，树立民族自信和社会责任感；锻炼沟通能力和人际交往能力，引导学生学习分享、尊重与合作，培养团队精神。由此可见，研学旅行课程的开发和实施，对于学生认知能力的提升、情感体验的丰富、价值观念的构建以及主体性的形成有着重要的教育价值。

（王敏，清华大学附属中学教师；白雪峰，清华大学附属中学副校长）

研精覃思　笃学明德
——清华附中初中暑期研学课程纪实

伊　娜
白雪峰

　　从孔子周游列国，到徐霞客探幽寻秘，古人早已开始践行"读万卷书，行万里路"的理念，用行动说明真正的知识不仅在课堂和书本里，更在广阔的天地山水之间。

　　从20世纪80年代的夏令营到今天的研学旅行，清华附中一直在实践中探索着社会文化考察课程的内涵要义和研学育人的有效途径。今天的清华附中研学旅行——综合实践文化考察课程，以亲历性文化主题实践活动为课程的主要活动过程，倡导自主体验、主动参与和合作研究为课程的主要活动方式，突出学生的主体地位，引导学生主动发展；帮助学生拓宽文化视野，提高综合素养；带领学生了解历史文化名人，加深对中华优秀传统文化的理解；让学生感受祖国山河之美，了解丰富的民俗文化，增强国家认同，培养爱国情感，树立民族自信和社会责任感；锻炼学生的沟通能力和人际交往能力，引导学生学会分享与感恩、尊重与合作，培养学生的团队精神。

　　2019年7月7日至12日，清华附中初17级和初18级全体师生共1200余人分别赴上海、苏州、宁夏、安徽等地开展了综合实践研学课程，师生们一同"探秘姑苏水城，感受吴风雅韵"，一同"揽高山大漠长河，品宁夏历史文化"，一同感受匠心筑梦的徽州，一同踏寻诗情画意的三峡……研学过程中，学生利用研学手册和多样的活动，在老师们的陪伴与指导下，积极参与，深入体悟地方文化，记录精彩的感动瞬间，在实践中体验，在体验中学习，在学习中提升，在提升中成长。

一、体验活态文化，对话沧桑历史

活态文化是指在特定地点和时间的日常生活中能经历和体验的民族传统文化和自然历史文化，是一种"活着的、活过的、非文本的"文化。活态文化体现为文化延续过程，是人类文化在时代中一个古老而又真实的存在。在研学过程中，同学们体验了多样的活态文化，在亲身参与中走进民俗，感受古人的智慧，穿越时间，对话沧桑历史。

上海线的同学们在手工活态馆了解了古代雨具的发展与演变，并参与制作了油纸伞，亲身体验了绘制油纸伞纹样，画出了自己的得意之作。学生们表示："在绘画的过程中，我们体验到了中国传统的古典文化，感受了'上有天堂，下有苏杭'的韵味。"此外，该线路的同学们还在"天下第一行书"的创作地——兰亭，参加了描红扇面和拓碑两项活动，大家也纷纷表示收获颇丰，深深地受到了博大精深的中国古代文化的洗礼（见图1）。

图1　上海研学线路

山东线的同学们则先后体验了拜师礼、篆刻、国画、射艺以及茶艺等中国传统文化，在活动中体会了尊师的传统美德，了解了中国绘画的发展史，感受了技精艺绝的扇骨艺术，学习了儒家思想的"礼"之道等（见图2）。同学们也感叹道："在活动中，就好像穿越回了那个年代，中国历史的漫漫长卷在面前缓缓打开，对传统文化也有了更直观的认识。今天一整天，在传统文化中游历，真的感受到了中华文明的精神与内涵。"

图 2　山东研学线路

其他线路的同学们也都分别亲身体验到了不同特色的活态文化：在墨条上描金，近距离感受歙砚、徽墨的魅力；在脸谱上绘制花纹，穿上戏服体味昆曲的细腻与高雅；在藏兵洞中摸索，在曲折前行中感叹古人的智慧（见图 3）。

图 3　其他研学线路

在多样的体验活动中，通过同学们认真对待的表情和真切炙热的感悟文字，我们深切地感受到，有些教育就在无声无息的体验中生效了，那一瞬间的心灵感悟甚至胜过千言万语的教诲。让体验成为学生学习的过程和方式，与"生活即教育，社会即学校"的理念相契合，让教育变得更贴近自然、贴近生活、贴近生命，变得更加多彩、更有趣味、更有意义，也使学生能够更好地感受生活、感受社会、感受自然。

学生们不仅在活态文化的体验中加深了对中华优秀传统文化的理解，还在与历史的对话中感受到了中华文明的厚重与魅力，同时，学生的参与、学习，也使得活态文化得以传承，使民族传统文化和自然历史文化焕发新的生机与活力。

二、钻研活动课题，求索山水之间

研学旅行与旅游的区别在于侧重点的不同，后者更强调"游"，凸显观光性和舒适性，是娱乐导向，而前者则更强调"行"，凸显体验性和探索性，是学习导向。因此，在我们的研学课程中，也特别关注了对学生的探索精神和深入思考能力的培养。通过多种形式的资料呈现和多种活动的设置，引导学生在研学的路上发现问题、探究问题、解决问题，进而交流分享，激发学生的探索求知能力。

首先，在原有研学手册的基础上，结合学生的年龄特点和学科特点对研学手册进行了修订，设置更适合学生的情境与问题，带领学生们有据可依、有问可寻地去体悟地方文化，去探索自然与文化景观背后的重要发展历程与知识内涵。

"请列出苏绣在走针上的13种技法，写出最常用的阵法。""请观察三张桥梁图片，思考为何第二座桥要加一个拱券，第三座桥要加两组拉索？""请猜想，古人是如何将人和物运送过长江或黄河的？""请任选一幅绘画、一篇书法或一首诗词等，结合该例子阐述你对'意境'的理解。""请认真阅读课程说明，以小组为单位设计并动手搭建一座微观园林模型。"这一个个问题，从文学到科学，从理论到生活，从传统技艺到现代工程技术，从分析问题到阐述观点，从文本归纳到动手创造，有不同的内容和不同的设问层次，一步步引领学生深入思考，将研与学都充分展现，从而让学生真正在研学过程中有所思考，有所收获，有所提高。

其次，还设置了"行走的课堂"优秀研究成果评比活动，要求同学们分别以小组和个人为单位，围绕研学过程，选择一个感兴趣的课题进行深入研究，形成研究成果，期望能够充分展现同学们的个性，培养他们发现问题、深入研究问题的能力，同时，通过小组合作，引导学生学会与他人沟通协作，提高学生的责任意识和团队合作精神。

令人惊喜的是，同学们的原创歌曲《温婉苏州》，文学创作《姑苏梦》《姑苏山水留人醉 碟中秀色亦可餐》，研究报告《关于白鹤梁水下博物馆的研究和建议》《如何对白鹤梁进行有效的保护和宣传》《从7+2角度分析上海经济发达原因》《西北踏歌行——宁夏研学考察总结》《宁夏地区饮食文化研究》等，都向我们展示了他们多样而独特的思考角度、深入而细致的研究过程以及完整而翔实的研究成果（见图 4）。

白鹤梁

白鹤水落鱼梁现，石鱼眼出江水痕。
文人墨客皆留名，同族异祖共书文。
古往今来梁受损，博士奇才同护沉。
今朝我辈观古迹，异口同声赞伟真。

江城子·记 C18 级宁夏游学

c181216 刘芮彤

三面环沙常秋凉，高山障，长河傍。
塞上江南，美名已远扬。
万年岁月何处寻，贺兰岩，得以祥。

水洞沟崖存远迹，马蹄舞，踏沙狂。
钻木取火，考古抚地苍。
大漠悠悠沐流光，驼铃徜，去何方？

图 4　学生的研究成果

为了深化研学课程的育人价值，还在后期进行了研学的总结表彰会，从学生们的研究成果中，评选出优秀考察小组奖和优秀考察个人奖若干，让学生们感受到自己的成果被认可，也能促进学生学习他人成果，在总结与对比中提升研学的育人效果。

三、培养审美情趣，定格美丽时光

具有审美情趣的人能够理解和尊重文化艺术的多样性，具有发现、感知、欣赏、评价美的意识和基本能力，并能在生活中对美进行拓展和升华。研学过程中，同学们走出教室，行走于山川之间，实地欣赏祖国的美丽山河，了解中华民族的传统文化，这正是学生发现美、欣赏美、评价美的最佳时机。所以，研学活动积极引导学生有意识地捕捉和感受文化之美、自然之美、青春之美，在审美中思考与感悟，培养审美情趣，拓宽视野，开阔胸襟，陶冶情操，实现以美育人的目的。

首先，在各项活动中积极培养学生的审美情趣。如此前提到的绘制脸谱、油纸伞活动，以及设计园林并制作模型的活动，在绘画的构图、色彩搭配和园林的布局与景观设计方面，都展现了学生们的对美的理解和创造，学生们在相互交流展示的过程中，还学会了欣赏与品鉴美。同时，我们也鼓励学生用绘制小报的形式，表达自己对某个问题的理解和感受，展现不一样的视角下的美丽（见图5）。

图5　学生绘制的小报

其次，我们还组织了"正青春，一起拼——文化考察中的我们"摄影大赛，引导学生们发现身边的美丽，用镜头记录身边的人和事，记录每一处的风景与收获，从而提升自身的审美情趣（见图6）。苏州园林的《戏剧人生》、宁夏大漠的《足迹》、三峡山水的《钟灵毓秀》、上海之行的《豆蔻年华》……这一幅幅出色的摄影作品，将时空定格，灿烂的笑脸，互助的身影，无处不彰显着青春的美好，这一个个耐人寻味的作品名称，让我们看到了学生们关于友谊、关于青春、关于时间与人生的思考。

图6　学生的摄影作品

四、学会互助感恩，展现君子修养

研学旅行的一个重要特征，是集体旅行、集中食宿的方式。学生们离开父母，走入集体，开始一段自我管理的旅程。因此，在研学过程中不仅要让学生们体验文化、钻研课题、提升审美情趣，更重要的是要引导学生们在每天的生活中学会独立与自律，在与别人的相处中懂得互助与感恩。

研学旅行可以是一种榜样教育。在短暂的旅行过程中，生动、鲜活的榜样形象，会形成一股强大的力量，牵引学生向积极、健康的方向成长。研学过程中，要充分发挥榜样的力量，事先以展现君子风范来要求学生们，鼓励学生们成为研学旅行的形象大使，树立榜样。在这样的力量牵引下，学生们会相互提醒在火车上保持安静，会主动将行李摆在一起以不占用过多的公共空间，会自觉地利用空闲时间阅读和思考，男生们会慢慢懂得要主动帮忙搬行李，体力好的同学也会在徒步时去照顾落在后面的同学，大家也会在饥肠辘辘的时候依然自觉等到所有人到齐了才开始用餐（见图7）。

图7　研学旅途

在学生的总结中，有如下一段话很令人感动，短短几行，却能看到成长中的勇敢、互助与青春的美好。

　　下午的沙漠徒步同样难忘。我们走在沙丘的脊上，只能排成一队。正因为"沙性松浮"，很多同学都十分小心甚至害怕，有时山脊旁边都是几乎垂直的陡坡，稍不留神就会滑下去；有时山脊本身就是"一线天"，坡度很大，也不好走。我们就尽量不往两边看，踩前一个人的脚印。我们还会互相加油鼓劲："小A，还活着吗？""谢谢您，还活着。""挺不住记得叫我拉你一把！"

　　头上的太阳依旧那么毒，汗水浇灌着我们的脚印，在沙漠里留下长长的一串足迹。走到最后，腿不听使唤了，却还是硬向前狂奔而去。下肢"截瘫"了,衣服湿透了,心却是快乐的,大概是源于拼搏的喜悦与青春的活力吧。在那最后的山脊上,留下了少年们风华正茂的背影。

更令人欣慰的是,同学们不仅做到了自律,更懂得了感恩,感恩身边每一个人的劳动与付出,感恩每天每个时刻的收获与经历。同学们体谅环卫工人的辛苦,主动去捡起身边的垃圾,感谢随行工作人员的付出,自发地给列车员、辅导员等写真挚的感谢信(见图8),真正成为"行走的附中名片",彰显君子风范。

图8　学生给工作人员写感谢信

有人说:"旅行就是读书,读山山水水,读人生百态,读风土人情;读书就是心灵的旅行,在文字中旅行,在飘香的书页中游走,在先哲的思想里行吟。"研学旅行则是将读书和旅行有机结合的最有效方式,只有让学生到校外切身去体验、去感受、去探究、去交流,让他们感受到文化的丰富和美好,让见识和素养深植于他们的内心,文化育人才会发挥应有的作用。

清华附中初17、初18级学生,在活态文化体验中领略中华传统文化的魅力,在活动课题钻研中探索山水文化的奥秘,在摄影作品的拍摄中感悟身边的美丽与感动，在与老师、同学的一路同行中学会自律与感恩，也在小组合作中懂得了责任与担当。行走的课堂，凝聚文化的力量。我们一路研学，一路收获，一路成长，一路展现风采，传承着清华的精神。我们共同拼搏，青春正好，不负时光。

（伊娜，清华大学附属中学教师；白雪峰，清华大学附属中学副校长）

鲜花在前方，我们在路上
——湖北省武昌实验中学生涯教育实施路径

罗 荣

/我们的学校/

湖北省武昌实验中学，一所有着百年历史的省级示范高中。1920 年，学校诞生于武昌古城明清贡院旧址之上。校内立有"惟楚有材"牌坊，语出《左传》，为曾国藩题写；牌坊背面镌有"辟门吁俊"，寓意"得天下英才而教之"。

一百年的风雨兼程，实验中学筚路蓝缕，克难奋进。抗战时期，西迁恩施，创立湖北联中；新时期，从首批省级示范高中到新课改领航学校，连续多年重点本科升学率超过 98%，迎着新高考的潮头，实验中学又开始了生涯教育的探索。

/一句名言/

著名教育家、曾任北大校长的蔡元培先生说过："教育者，非为已往，非为现在，而专为将来。"

生涯教育便是面向将来的教育。

/一个故事/

有这样一个问题：铁路两条轨道之间的距离为 4 英尺 8.5 英寸（1.435 米），这是根据什么确定的？

这里有一个很著名的故事。

原来，早期的铁路是由制造电车的人设计的，4 英尺 8.5 英寸正是电车的轮距。而电车的轮距标准来自马车，马车的轮距标准来自古罗马战车的宽度；整个欧洲，包括英国的长途公路都是古罗马人为他们的军队所铺设的。而古罗马战车的轮距是根据牵引一辆战车的两匹马的屁股宽度确定的。

据说，这个故事还有后续：这两匹马的屁股宽度还将影响到航天飞机上的火箭推进器，因为这些推进器造好之后要用火车运送。也就是说，今天世界上最先进的运输系统的设计，是由两千年前两匹马的屁股宽度决定的。

一旦人们做了某种选择，惯性的力量会使人们不断自我强化这一选择，很难轻易走出去。这种现象被称为"路径依赖"。

学生的生涯发展也无法摆脱这种路径依赖，新高考、选科走班，就是学生在选择他们的"马屁股"，而这个选择将会影响他们一生的轨迹。

所以，生涯教育势在必行，要告诉学生们：选择在某种程度上比努力更重要，在生涯发展的道路上，重要的不是你当下所处的位置，而是你迈出下一步的方向。我们要教会学生们去选择，去与环境适配，扮演好自己的人生角色，实现自我。

/我们在路上/

一、思想先行，在未来和现实之间坚守生涯教育的初心

（1）生涯教育应立足于现实，立足于学生在高中阶段所面临的成长与升学的特殊需求，培养学生以选择能力为核心的初步的人生规划能力。老高考的填报志愿、选择大学与专业，是在高考后，大部分学生处在十八岁左右，对未来

尚且茫然；新高考，六选三，将作出抉择的时间提前到十五六岁，这个年纪的学生正处于自我意识、个性、才能、兴趣蓬勃发展而又未定型的时期，难度系数增加。当此新局势，生涯教育应指导学生完成生涯发展的初步定向，使学生的选择能帮助其增加在高考中的竞争力，实现升入理想大学的现实需求。在"选择性"教育的大背景下，生涯规划也应从圣坛走下，立足于帮助学生、家长解决升学过程中遇到的困惑。

（2）生涯教育要面向未来，在把握时代职业变化规律的基础上，培养学生的必备品格和关键能力，让学生在人生每一个阶段都能够做该阶段应该做的事情，在面对不同阶段的发展任务时，具备应有的素养，进而使学生成为自己生命的主人。这是我们教育的初心，不能因忙于决战高考而偏废。

首先，以社会主义核心价值观为引领，培养学生的家国情怀和世界眼光，传承中华民族美德。

其次，培养学生适应未来生活和职业的能力。通过知识学习和各类实践活动，帮助学生开发潜能、突破障碍，培养学生的创新精神、创新能力、个性特长和社会生存能力，让学生做最好的自己。

再次，培养学生的选择力、规划力和生涯决策力。新高考改革方案为学生提供了更多选择的机会，促使学生全面而有个性地发展，但前提是学生要了解自己。

美国长期从事生涯发展研究的学者舒伯告诉我们，一个人从出生到死亡的生命阶段，其生涯发展可以分为成长期（0—14岁）、探索期（15—24岁）、建立期（25—44岁）、维持期（45—65岁）及衰退期（65岁以后）五个阶段。根据这个理论，高中生正处于探索期，应注重自我探索，探索可以通过专业量表或生涯活动来进行。比如通过霍兰德量表探索了解自己的职业兴趣是实用型还是研究型，是艺术型还是社会型，是企业型还是事务型。现在的新高考改变了以往"高校＋专业"的录取模式，取而代之的是"专业＋高校"模式，这些生涯探索活动能帮助学生提高专业选择力和规划力。

二、课题引领，建构"一体两翼三级四力五环"的生涯实施途径

生涯规划教育既是高中教育的有机组成部分，又是一个独立的课程实践形

态。实验中学以申报武汉市重点规划课题为起始，开展生涯规划专题教育研究，建立了适合我校学生可持续发展的高中生涯教育的实施途径与操作模式，即一体、两翼、三级、四力、五环。

1. 一体

以学生的终身发展和幸福生活为主体，将生涯规划教育目标体现于学生核心素养提升和终身发展的谱系之中，真正体现学校"以生为本、奠基人生、张扬个性、创新发展"的办学理念，力争实现帮助学生"让优秀成为习惯，从母校带走一生财富"的育人追求。

2. 两翼

开设专门的生涯规划教育主体课程，建立全体教师参与的生涯发展指导制度。

第一翼：开设专门的生涯规划教育主体课程。

实验中学的全课程育人体系中，生涯教育是先行课程，对人生基石课程、个性发展课程、创新发展课程起引导、支撑作用。为此学校从2017年秋季开始着手开发校本教材，由武汉市许红明功勋班主任工作室牵头，成立校本教材编写组，拟编写三册，并突出与侧重年级差异性特点。我们有一个坚定的目标——自主开发生涯规划教材。

在充分调研、深度学习的基础上，十易其稿，学校的《缤纷生涯》校本教材第一册已付梓并在2018级新生课堂上使用。该教材12位编者齐上阵担任生涯讲师，有校长、书记、部门主任、学科教师。同时，我们坚持生涯课集体备课制，由编写者担纲中心发言人，不同学科、不同专业背景、不同岗位、不同年龄的教师开展跨界集体备课，还邀请了我校特级心理教师、武汉市首批正高级教师把关指导。每周四的"集备"成了我们思想碰撞、拓展自己原有专业的新平台，每周二的第九节课（导师组活动时间）是我们最幸福的享受。更关键的是，我们拥有了一个设计、规划生涯教育课程体系的团队，为课程下一步腾飞奠定了坚实的基础。

第二翼：建立全体教师参与的生涯发展指导制度。

生涯规划教育课程面向全体学生，生涯规划教育的第二翼则旨在面向学生个体，通过建立全体教师参与的生涯发展指导制度，对不同学生的特殊情况予以针对性的指导，实现学生生涯规划教育的个性化。

我们实验中学倡导所有的老师都来做生涯导师，源于学校有很好的"三导制"基础。"三导制"即导师制、导生制、导学制，构建师生、生生互动的"立交桥"。其中，对生涯规划教育课程起到最积极作用的是导师制。导师制已践行多年，以班级为单位，每个班级分成6～8个小组，每个老师负责一个小组，方法上采取个别谈心、小组交流相结合。在生涯规划教育的视角下，导师制活动从过去的单纯指导学习逐步发展成为抚心育心、生涯辅导，老师是学生成长的理想信念引导者、学习方法指导者、兴趣特长挖掘者、生活困难扶助者、习惯养成督导者、自尊自信鼓励者、恒心毅力培养者、耐挫抗压激励者、紧张焦虑调适者、人际交往协调者、未来发展指导者，是名副其实的成长导师。每一位任课教师都成为德育工作者和学生成长导师，建立积极平等、充分互动的师生关系，让每一个学生都能得到健康和谐的发展，进而让学生实现"让优秀成为习惯，从母校带走一生的财富"的成长目标。

3. 三级

根据学生不同学段认知规律和学习特点，将生涯规划教育目标分阶段贯彻到各年级实施标准之中，统筹生涯规划指导的年级目标，精心设计分类分层的生涯教育目标。

高一年级重在形成"自我认知与学业规划"，为高一结束后学生走班、选课做准备。高一上学期主要围绕高中适应性问题、学业的合理规划问题，引导学生了解自己的性格、能力、长处、不足、价值观和学科兴趣，着重于自我的探索和规划。高一下学期主要围绕未来职业取向、学科选择等问题，引导学生及早探索出与自己兴趣、性格相匹配的专业，作出合适的选择。

高二年级重在关注"学业发展与职业探索"，引导学生明确目标职业对专业和能力的要求，进而确定高中阶段学业路线（专业和学校），结合实际情况（经济条件、个人志愿、家庭情况等）制订学业发展计划，获得高中阶段设定的职业目标所必需的素质和能力。

高三年级重在进行"专业选择与职业规划"，主要围绕志愿填报，引导学生深入了解自己感兴趣的专业，着重于职业和专业的对接指导。最理想的状态，是在此基础上进一步进行职业定位、目标设定和通道设计。

4. 四力

实现形成及提升四种能力的生涯教育培养目标。一是自我认知能力，即了解自己的个性特征、兴趣、价值观和智能优势等。二是学业规划能力，即能够正确评估自己的学科兴趣与专长，选择适当的学习科目，合理规划学业发展，能够制订阶段性目标等。三是职业规划能力，包括关注、了解、收集职业发展相关信息的能力，能够对自身职业道路进行初步规划等。四是生涯决策能力，包括确立符合实际的个人发展目标、制订个人发展的中长期规划的能力，以及在特定情况下做出决断的能力等。总的来说，"四力"即培养学生自我认知力、专业选择力、职业规划力和生活创造力。

5. 五环

通过各种途径开设五环课程。在专业领域方面开设生涯规划教育主体课；在基础学科领域开设生涯教育渗透课；充分利用主题班会及心理健康教育课，开设生涯教育导向课；在社会实践体验活动基础上开设生涯实践体验课；利用家长学校进行家校合作，开设家校互动合育课。从课程设计整体上而言，是将生涯教育的目标与内容融入学校课程体系建设之中。五环课程融合在一起，体现了课程的综合性，提高了课程实施的整体效能。

三、部门联动，打造强有力的生涯教育支撑系统

从 2017 年下学期开始，学校成立了由汪拥军校长为组长的生涯规划教育领导小组，成立生涯规划教育指导中心，做好生涯规划教育的顶层设计工作；由许红明功勋班主任工作室牵头的生涯规划教育研究团队负责设计、开发生涯规划校本教材及课程实施方案；由特级心理教师、正高级教师耿喜玲老师牵头的学校心理咨询室负责个体生涯咨询与辅导；由学生成长指导中心、团委负责设计、组织实施生涯实践体验活动和社团活动；各班班主任及专、兼职生涯导师负责学生生涯个体指导。如此一来，形成了实验中学生涯规划教育五部门联动体系和三大支撑系统，各个层级分工明确，责任到位，合作推进生涯规划教育方案的实施。试点年级把生涯规划作为教育教学改革的一项重要内容，学校

还成立了新课程改革办公室来推进该项工作。下面着重介绍我校生涯教育的三大支撑系统。

(一) 红石讲堂生涯启迪系统

学校充分挖掘校友资源，整合家长资源，开设生涯大讲堂——红石讲堂，招募在人文、艺术、科技、商业、学术研究等领域具有卓越影响力的公众人物，作为红石讲堂的主讲人，形成红石讲堂校外生涯导师库。学生成长指导中心在学期初制订本学期的红石讲堂课程表，定期面向不同年级、不同学生群体开展讲座。如邀请了中国科学院院士讲核磁共振、"中国脑计划"，邀请清华大学杨帆教授、中国科学技术大学吴枫教授讲"人工智能的创新发展"，邀请国家一级演员、男高音歌唱家朱成志讲"歌唱的艺术，艺术地唱歌"，邀请武汉本土作家、文学评论家刘川鄂主讲"张爱玲作品赏析"，邀请武汉市化学学科带头人汪毅老师主讲"生活中的化学"，目前正在策划邀请中国人民大学国际关系研究专家金灿荣主讲"中美关系"。

每月一次的红石讲堂，丰富了学生的知识，拓宽了学生的视野，帮助他们去发现自己的兴趣所在，也给他们打开了一扇通往艺术、文学、科学，通往大学、学术，通往职业世界和未来的生涯之门。

(二) "三走进"生涯体验系统

依靠学生成长指导中心组织的生涯体验和社会实践活动，开展主体内容为"三走进"的研学活动。

1. 走进大学，认识、体验大学专业教育

每个学期中，组织学生到身边的名校武汉大学、华中科技大学研学，每年暑假组织学生到北京或华东的名校研学，到美国或欧洲的名校研学。行前要求学生结合自己的职业倾向调查相关专业，了解大学的专业设置及实力，了解湖北近三年的录取分数线及毕业生去向。在研学中走进实验室，走近大师，发现兴趣，树立目标。

2. 走进职场，认识、体验职业差异

一是组织学生采访自己感兴趣的行业的从业人士，了解这个行业所需的知

识储备、有学科优势的大学、必备的技能及工作环境、工作困难、发展前景，并组织采访后的同伴进行交流活动。二是读一两本相关行业领军人物或杰出人物的传记或新闻报道，了解杰出人物的成长历程、个性特征和行业相关特质，撰写读后感。三是开展与名校友面对面活动，体会自身素养、知识结构、专业学习与现实职场的差距，进一步提升学业水平，完善学业规划。例如走进律师事务所、模拟法庭，揭开法庭庭审的神秘面纱；参观中铁十一局地铁项目基地，触摸城市的"脉搏"，懂得功崇惟志、业广惟勤；探访《湖北日报》印务中心，感受文化产业的发展。

3. 走进社会，认识、发现自己的职业潜力

我校已经连续多年组织了农业研学活动，如从 2018 年开始到荆门地区的屈家岭·中国农谷开展研学活动。我们想让学生了解新时代的新农村、新农业、新农民，了解现代化农业的发展方向；让学生心有乡土，细嗅炊烟，"晨兴理荒秽，带月荷锄归"，促进学生去思考人与自然如何和谐相处；让那些立志投身农村建设的学生亲近泥土，寻找理想与现实之间的桥梁。走进社会，还包括走进国防教育基地，了解国防新发展，增强国防意识，培养家国情怀；走进昙华林等武汉老街区，聆听城市的历史回响，了解街区规划的新理念；乘坐武汉东西南北四个方向的城际铁路及 1、2、4、7、8 号线地铁，了解现代城市交通网络，帮助学生从中发现自己的职业兴趣。

（三）社团活动生涯练兵系统

搭建"适应高一、学养高二、拼搏高三"社团活动体系。既引导学生积极主动参与体育、文学、艺术、科技等各种活动，又在常规性、基础性活动或特长性活动中给学生提供舞台，挖掘其潜能，培养学生的兴趣爱好，发展其个性、特长，形成创新意识和创新技能。各社团实行社长责任制，学生通过管理、参与社团活动，让社团逐渐成为自我展示、自我影响、自我教育的舞台。社团就是学生未来职业的预演，学生选择怎样的社团，以后就可能选择什么样的行业；学生在社团中的职位角色，就可能对应以后在社会中的职业地位；学生在社团活动中的态度，就可能是他以后对待工作的态度。我们组建的社团搭建了以下几类"生涯练兵平台"。

语言艺术类："吟风诵雅"诗歌朗诵社、"凤凰杯"课本剧社、"凤凰杯"辩论社、"洋腔洋调"英语配音社、历史写作社。

体育类：篮球社、乒乓球社、田径社、羽毛球社、咏春拳社。

科技类：科技社、生物标本制作社、机器人制作社、航模制作社。

休闲类：魔术社、轮滑社、动漫社、桥牌社。

综合类：财经素养社、模拟联合国社、青年志愿者社、创新创意社。

这些潜能开发及生涯练兵系统紧密围绕学校生涯教育理念，促进学生发掘新的潜力。

当我们在谈论未来的时候，未来已来；当我们讨论将来的可能性时，将来已至。面对席卷而来的未来浪潮，我们每一个教育人都要有叶圣陶老先生所言的"敢探未发明的新理，敢入未开化的边疆"的气魄与胆识，守育人之本，创未来教育，让每一所学校都具有生长性和存在感。

（罗荣，湖北省武昌实验中学副校长）

研学课程开发的 24 字原则

周　晔
余　乐

　　研学旅行是在传统活动课程上进一步优化了的新的课程形态。2013 年起，国务院及相关部门针对研学旅行这一活动出台了系列文件，包括《国民旅游休闲纲要（2013—2020 年）》《关于促进旅游业改革发展的若干意见》和《关于进一步促进旅游投资和消费的若干意见》等。

　　2016 年 12 月，教育部等 11 部门印发《关于推进中小学生研学旅行的意见》，明确了建立分学段设置的研学旅行活动课程体系，并将研学旅行定位为一项"校外教育活动"，是"综合实践育人的有效途径"。

　　研学旅行是在旅行过程中开展的活动，其活动性质决定了如果有专业机构承接旅行服务工作，则可以更好地保障活动整体的安全和规范。与此同时，对于大多数学校来说，如何在空间转换频繁、流程环节众多的行动过程中实施课程，如何将各类社会资源转化成为教育内容，也是较大的挑战。

　　目前大多数承办研学旅行的机构都是传统旅行社，这些机构对教育行业陌生，在服务方式上仍沿袭传统的"导游"方式，导致研学旅行"只游不学"，流于表面，与当前国家提倡的实践育人目标相违背，也不符合教育教学中理论与实践相结合、直接经验与间接经验相统一的教育规律。

　　笔者所在的武汉学知修远教育集团（以下简称学知集团），从 2013 年起便开始对研学旅行进行研究和实践，在为全国各地 200 多所中小学校提供研学旅行专业服务的过程中，聚焦教育服务环节，投入大量成本探索研学旅行的课程建设和课程实施，形成了一些在实践中行之有效的方法。研学旅行课程建设方法，我们归纳为 24 个字：大主题，小切口；追热点，跟政策；先资源，巧转化；跟需求，造口碑。

这种以实用为导向的课程建设方法，在实际工作中能较好地指导专业机构开展课程建设和教育服务。

一、课程主题设计思路：大主题，小切口

根据各级文件精神，研学旅行应以"立德树人"为核心内容，让广大中小学生在研学旅行中感受祖国大好河山，感受中华传统美德，感受革命光荣历史，感受改革开放伟大成就，增强对坚定"四个自信"的理解与认同。由此可见，研学旅行课程的主题，无论是对自然河山的探索还是对传统美德的传承，无论是对革命历史的了解还是对改革成就的认知，都是底蕴厚重、内容庞杂的。这些宏大的主题，如何让学生接受、学习？找准"小切口"或是一个有效的方法。

学知集团开发的三个湖北省博物馆研学主题课程——青铜纹饰、礼器和食器，就是个个都找到了对应的小切口。以"食器"为例，着眼于战国时期人们的饮食习惯和使用的餐具、炊具，将那个时代做饭的家什和现代对比，通过小差异，反映饮食文化这个大主题。在这三个课程中，参观整个展馆是自选项目，重点在于完成小切口带来的"小目标"。这样，整个课程实施过程中，参观比重降低，更多的是由文物参观到知识搜索再到体验活动，由点到面，通过一个个递进式的活动，达到教学目的。

"光源聚焦一个点，照射出的光才会深而远。"研学课程建设也一样，切口小并不会弱化主题，反而能纵向深入主题，最重要的是，与学生生活相关、符合其年龄段接受程度的"小问题"更能引发学生的学习兴趣，更好地培养他们研究性学习的思维方法。

二、课程内容选取方法：追热点，跟政策

学知集团的研学课程内容紧贴社会热点和时事新闻。2019 年 10 月，武汉

课程建设与课程践行

举办第七届世界军人运动会,这也是本地关注度最高的城市新闻。从2018年开始,学知集团就开始围绕军运会主题做文章,2019年更将军运会作为春季研学的重点选题,一口气推出10个相关课程,不出所料,市场反响热烈。

紧跟时事开发课程并非"蹭热点",而是去分析、梳理整个社会关注的热点事件或政策,提取要点作为课程开发的核心内容。这样做不但能给客户留下比较深刻的印象,还能更好地满足学校的教学需求。

新出台的政策,可以理解为行业热点。虽然热度稍低,但影响深远,更重要的是,影响的都是"身边人",与日常生活的关系更为紧密。在学知集团,每名研发专员几乎天天打开文化和旅游部政府门户网、教育部政府门户网以及地方新闻网站,紧跟时事。正是因此,2018年湖北省实行"新高考",学知集团闻风而动,率先开发"中学生职业生涯规划教育系列课程",成功举办湖北省第一场"中学生招聘会",获得了校方的高度认可。

三、课程资源转化路径:先资源,巧转化

研学旅行横跨教育与旅行两大板块,让课堂从校园走向大千世界,将研学资源点变为课堂显得尤为重要。"先资源,巧转化"是学知集团研发团队开发课程的重要方法之一,是将资源点的内涵、特色等转化为课程内容,不但有助于丰富研学课程,更能整合各类社会资源,帮助课程很好地实施。

2018年的秋季,学知集团最受欢迎的课程是"园博园系列课程",这正是资源成功转化的样本。学知集团研发专员根据武汉园博园自然博物馆动物标本多、涉及地域广的特点,将环保、生物、地质等知识有机串联,开发出以动物认知、保护为主题的生态环保系列课程,深受师生欢迎。从研学资源到研学课程,学知集团的转化路径可归纳为:凸显资源特色,深挖文化内涵,开发系列课程,设计深度体验。

再比如《长江日报》报业集团印务中心,场地大,背靠雕版印刷文化等优质资源,学知集团与之合作,将雕版印刷与新闻专业结合起来,开发出整套研学课程,立即成为外地学生来汉研学的首选项目,这也是学知盘活资源的典型案例。

四、定制课程思路：跟需求，造口碑

作为一家专业的研学企业，学知集团一直将市场需求看作课程开发的发令枪。针对各学校的不同需求提供"量身定制"的研学方式，是课程开发的一项重要工作。

校本课程是以学校为本位、由学校自己确立的课程，与实践教育联系紧密。在近年课程多样化的趋势下，中小学对校本课程的需求增大，学知集团的专业度及过往的合作基础，使不少学校将学知集团视为定制校本课程的首选机构。而将研学旅行作为校本课程中的一项重要课程，已成为多家学校的校本建设思路。

对于专业教育服务机构来说，开发校本课程比开发单纯的研学方案难度更大，也更系统、更专业，需要研发人员对教育制度、学校教育内容及教育理念有更深的理解和认知。但反过来看，形成的课程的专业度与价值也更高，值得机构上下为之努力。

目前，学知集团已为武汉市50多所中小学校提供了研学旅行校本定制方案，如华中师范大学附属小学的"FORD研学旅行"校本课程，红领巾国际学校的"美雅足迹"研学课程，武汉市关山中学的"人生生涯规划"课程，等等。

2018年底，学知集团研发岗新增一个教育研究板块。这项战略调整，一方面是为深耕校本课程，满足市场需求；另一方面，也是为推进校企深入合作，为今后的经营开辟一条新路线。但专业机构需了解：市场需求是发令枪，并不是指挥棒。作为主导编制两项国家标准的专业机构，学知集团要做的是引领行业发展，而非简单的达到目标："只有持续不断的领先，才会造就不辍的赞誉。"

（周晔，武汉学知修远教育集团新课程建设中心主任，武汉光谷国家教育营地软实力事业部总经理；余乐，武汉学知修远教育集团品牌建设中心主任）

研学旅行与学科课程的有机融合
——以课程"秋叶的秘密"为例

窦丽芳

教育部、国家发改委等11部门联合发布《关于推进中小学生研学旅行的意见》(以下简称《意见》),要求各中小学将研学旅行纳入学校教育教学计划,积极促进研学旅行与学校课程有机融合。但目前学校或教育机构开展的研学旅行,有些只是打着研学旅行的旗号,添加简单的教育元素,浅层次地与学校课本知识相关联,并没有做到真正的"研""学"结合。如何将研学旅行与学校课程全面深入地有机融合,而不只是肤浅地简单拼接,是一个值得探究的课题。

一、何谓学科融合

课程的内容没有了边界,学生的学习没有了边界,教师的教学没有了边界,这是课程回归生活的原始景象。而跨越学科界限不仅能改变学生的学习方式,还能影响学生的学习习惯。学科融合是一种新的观念和思维,使各学科的知识、理论、方法等互相渗透、补充和促进,围绕一个中心或主题,将原本没有直接联系的学科有机融合在一起,是提高学生能力、促进学生发展的有效举措。[①]

要想实现学科之间的融合,必须把握以下两方面的内容。

（一）学科整合应围绕核心目标来开展

学科融合模式下的教学活动，需要围绕核心目标来开展，在目标引领下，无论是教师的教还是学生的学都应形成一条清晰的认知路线，所有探究活动都应沿着这条路线行进。由此可见，学科融合不是诸多学科简单无序或不痛不痒的粘连和介入，而是经过筛选、具有目标导向的有价值的参与。②

（二）学科融合应模糊学科之间的界限

学科是人们通过积累、消化和验证经验形成一定的知识，并将具有共性特征的知识归纳划分而成的知识体系。而学科融合则需要打破具有共性的知识体系，模糊学科之间的界限，通过归纳总结不同学科的知识，使学生在认知事物和探究问题的过程中，能够运用不同门类的学科知识去分析问题、解决问题，从而培养学科融合的思维习惯和学习品质。

二、学科课程标准下的课程目标、实施建议

课程标准是规定学科的课程性质、课程目标、内容目标和实施建议的教学指导性文件。根据 2011 版义务教育课程标准规定的各门学科的课程目标、实施建议等内容，可以看出学科融合的必要性。

（一）课程目标的同一性

课程目标是指课程本身要实现的具体目标，它规定了某一教育阶段的学生通过课程学习，在品德、智力、体质等方面期望达到的程度，它是确定课程内容、教学目标和教学方法的基础。不同学科之间的课程目标存在差异，但也存在一定的共性。比如语文课程标准中提出学生结合语文学习，观察自然、社会，能够用书面或口头的形式表达自己的观点，并尝试用语文知识和能力解决简单的问题；美术课程标准中提出学生要体验不同媒材的效果，观察欣赏自然美术作品，并能够对作品进行书面或口头表述，同时还指出要结合语文等学科，进行美术创作；品德与社会课程标准中指出学生要会从不同角度观察社会事物和现象，尝试合理地、有创意地探究和解决生活中的问题，初步掌握收

集、整理和运用信息的能力。

从以上三门学科的课程标准中可以看出,学科之间的目标存在一定的共性,如学会观察、学会探究、学会欣赏等。同时,我们也可看出,学科之间需要相互配合,单靠一门学科很难实现课程目标,需要结合其他学科内容,通过多样化、综合性的学习和探究方式激发学生的求知欲,培养学生探究问题、解决问题的能力。

(二) 课程实施的多样性

课程目标的实现基于课程内容的实施,合理有效的教学方法能够提高教学质量,更能激发学生的求知欲。纵观各学科教学形式,方式方法各有差异。各学科课程标准中提出课程实施的建议不同:在实施语文教学时,应开展综合性学习活动,拓宽学生的学习空间,增加学生实践的机会;在开展美术教学时应从单纯的技能、技巧层面提高到美术文化层面,加强美术与其他学科的联系、与生活经验的联系;在开展品德与社会教学时应创设多样化的情境,丰富和提升学生的生活经验,因地制宜地拓展教学内容,有效地组织教学活动。

通过对课程标准的分析,我们发现,在课程实施上,各学科都较为重视课程实践:语文学科要加强实践机会,美术学科要加强与生活的联系,品德与社会学科要结合社会生活,等等。通过实地参观、聆听讲解、亲身体验、主题探究等活动,学生不仅能增强对学科知识的理解,更能通过实践性的学习提升探究能力和综合能力。

三、研学旅行是开展学科融合的有效方式

中小学生研学旅行是由教育部门和学校有计划地组织安排,通过集体旅行、集中食宿方式开展的研究性学习和旅行体验相结合的校外教育活动,是学校教育和校外教育衔接的创新形式,是教育教学的重要内容,是综合实践育人的有效途径。让广大中小学生在研学旅行中感受祖国大好河山,感受中华传统美德,感受革命光荣历史,感受改革开放伟大成就,增强对坚定"四个自信"的理解与认同;同时学会动手动脑,学会生存生活,学会做人做事,促进身心健康、体魄强健、意志坚强,促进形成正确的世界观、人生观、价值观,培养

他们成为德智体美全面发展的社会主义建设者和接班人。③

研学旅行是综合实践活动课程的一种形式,是通过旅行体验开展研究性学习、开阔视野的广泛性实践学习方式,学生在参观考察、聆听讲解、体验活动中加深对知识的理解;在围绕主题和内容进行课题研究,开展个人学习、小组学习和群体学习中提升学习能力和合作能力。同时,学生还会在研学旅行提高生活自理能力和财务管理能力,了解社会规则和秩序,提升人际交往能力和应对突发事件、解决问题的能力。

著名心理学家皮亚杰认为,当一个人的直接经验与内在认知不相符合时,将通过调节内在结构适应新的刺激,并对原有认知结构进行修改和重建;而当刺激与原有认知相吻合时,将把其纳入已有的认知图式并进行整合。学生通过研学旅行这种创新型的教学形式,在实地参观、专家讲解、动手体验、小组分享和主题探究等活动中获得直接经验,内化或重组已有认识,从而形成新的认识。

四、研学课程学科融合的举例分析

(一)研学对象分析

小学三、四年级的学生具有好奇心强、求知欲旺盛、对身边事物有浓厚的探究兴趣、想象力丰富、探究活动注重游戏色彩等特点。同时这一学段的学生开始形成集体意识,兴趣广泛,不受性别限制,愿意小组活动,自我评价意识开始形成,关注别人对自己的评价,思维能力发展迅速,由形象思维向抽象逻辑思维过渡,处于独立和发散思维的关键期,书面语言水平逐步超过口头语言水平,独立意识逐渐增强。

(二)研学课程设计思路

"秋叶的秘密"课程主要针对小学三、四年级学生设计,综合语文、科学、美术、道德与法治四门学科的课程目标及实施建议,结合该学段学生的生理心理特点,围绕"秋叶"展开活动,同时对秋天的声音、秋天的天气、写秋天的古诗、秋天的趣事开展体验式学习,在活动中加深学生对秋的认知和对相关学科知识的认知。

（三）各学科知识点

语文：人教版三年级上册第二单元以"秋天"为主题，多角度描写秋天，如秋天的思念、秋天的欢乐、秋天的景色等，引导学生在读懂课文的同时，一边读一边想象，运用生活积累，体会秋天的风采，感受秋天的美好。

美术：人教版三年级上册第十一课，教学生利用各种树叶、草或其他材料，根据它们的外形、颜色等进行联想、创作，发展学生的想象能力。四年级上册第一课，要求学生能够区分色彩的冷与暖，能够说出色彩带给人的感受。

科学：人教版三年级下册第一单元"天气与植物"，让学生通过观察天气现象，记录天气变化，知道气候和天气的概念，能够描述一天中气温变化的大致规律，会用测量工具测量气温、风向、风速等。

（四）研学课程主题

秋叶的秘密。

（五）研学目的地

自然主题的公园或草原，或有落叶阔叶林和常绿阔叶林等植被且有遮阴避雨处的场所。

（六）研学课程目标

（1）走进自然主题公园，通过看、听、闻、触摸对秋天进行感知，多方面了解秋天，感知秋天的声音、秋天的温度、秋天的颜色。

（2）运用特殊材料和水进行树叶实验，发现秋叶颜色的秘密，激发探究意识；运用落叶等自然元素制作创意画，为平淡无奇的植物注入新的生机，同时培养艺术创作的能力。

（3）通过个人观察、小组合作、集体朗诵等学习形式，加深对课本知识的理解，培养综合运用知识的能力；同时培养不乱扔垃圾，不攀折树枝、花草的意识，培养对大自然的热爱、敬畏。

（七）研学课程安排

1. 课前准备

开展研学旅行之前，学生需要做充足的知识准备：阅读或温习人教版《语文》三年级上册第二单元《古诗三首》《秋天的雨》等课文；温习人教版《科学》三年级下册第一单元有关植物和天气的内容，如天气现象、观察天气和记录天气变化的方法等；阅读人教版《美术》三年级上册第十一课"巧巧手"、四年级上册第一课"色彩的冷与暖"等。

学生还要做好物品准备：身着易穿脱的外套，穿舒适的鞋子；根据天气情况携带雨伞、帽子等物品；无需背过多书籍，可携带语文、美术和科学三本课本；携带文具（中性笔、铅笔、橡皮、彩笔等）；携带少量干粮和一瓶矿泉水。

教师讲解研学注意事项及研学行程安排，分发研学手册，学生学习并填写相应内容。

2. 研学过程

遇见秋天：抵达自然主题公园，根据研学手册内容，一路看，一路听，一路寻，感受秋天最自然的美。教师沿途讲解各类植物，讲解秋季色彩；学生沿途捡拾掉落的花瓣、落叶等（为后面创意画做准备），捡拾垃圾，树立环保意识。

探究秋叶：分小组（六人左右一组），领取自然主题材料包，开展科学主题探究活动。教师组织开展"叶子颜色的秘密"微讲座，探究叶子背后的秘密。

感知秋天：利用收集的自然物品，制作一幅别致的秋天落叶创意画，留住秋天的美好，分享创作心得；集体朗诵《听听，秋天的声音》，在诗中找寻秋天的影子，感受秋天的韵味。

总结分享，布置课下作业：利用菠菜叶提取叶绿素。

3. 研学成果

秋叶创意画、研学手册。

4. 研学评价

研学旅行的评价包括知识的评价和能力的评价。知识的评价与研学任务相匹配，可通过检查研学手册、研学作文等方式来进行，以保持研学与评价的一致性；能力的评价以简易和可操作为原则，不宜过于细化而增加学生负担，如以是否做到不乱扔垃圾、认真听讲解、积极参与活动等为标准作出评价。

注释：

① 娄华英：《跨界学习：学校课程变革的新取向》，华东师范大学出版社，2018年版。

② 陆启威：《学科融合不是简单的跨学科教育》，《教学与管理》，2016年32期，第22—23页。

③ 教育部政府门户网：《教育部等11部门关于推进中小学生研学旅行的意见》，http：//www.moe.gov.cn/srcsite/A06/s3325/201612/t20161219_292354.html。

（窦丽芳，华中师范大学研学旅行教育研究中心研发专员）

"四微"教育模块在研学实践教育中的价值与意义

李晓丽

武汉学知修远教育集团在研学实践教育课程建设中,创新性地提出了"四微"教育模块研究课题,并在研学实践探索中积极地运用"四微"教育模块,经过不断探索和提炼,取得了一些成绩,现将相关的思考和探索整理出来,求教于方家。

一、"四微"教育模块的释义

1. 微课程

研学实践教育的基本特征是组织中小学生走出校园,以集体旅行的方式,寻求优秀的社会资源并将其转化为课程内容,助力中小学生健康成长。以此为特征的课程形式是完全不同于学校其他任何课程的。所谓的微课程(这里专指研学微课程),也是在这一背景条件下的创新性探索。

研学实践教育的微课程的本质是在研学实践过程中,针对某一个或几个教育点或知识点而设计的研学实践教育课程模块。因其相对一般的研学实践教育课程而言目标更集中,用时更短,所以称其为微课程。研学微课程是研学实践教育专业化探索的产物,设置研学微课程的目的,在于使研学实践教育课程内容更集中、更突出、更深入、更专业。研学实践教育微课程是完善研学实践教育课程构建与实施的新尝试，是研学课程整体设计的新形式。它是植入研学实践教育课程之中并有利于课程践行的一个有效环节，既可以有独立的课程目标，又与研学课程的整体目标相统一、相衔接，能辅助完成研学课程的整体目标，且用时短，内容专一，形式活泼，便于操作。

例如，旅行文明是一个人素质、修养与品德的体现。中国公民近几年出国旅游，有些不文明行为被批评。在国内，中小学生集体旅行活动过程中，也常出现令人啼笑皆非的不文明行为。因此，在中小学生开展研学旅行实践活动的过程中，学知集团研发团队以"旅行文明与环保"作为微课程的主题，设计课程教学目标，收集相关素材作为课程内容，通过短短的20分钟的讲解与互动，让学生更直观、更深刻地理解和懂得"你所站立的那个地方，正是你的中国。你怎么样，中国便怎么样。你是什么，中国便是什么。你有光明，中国便不黑暗"的教育内涵。

微课程典型特征与标准：短小简洁，一节课的时间一般在30分钟内；聚焦教育点或知识点，针对某个或某几个教育点或知识点讲深、讲透、讲出特色；运用多种教育手段和素材生动地阐明所讲内容，可以听，可以看，可以体验，便于学生理解和认知。

2. 微讲座

微讲座与微课程类似，也是聚焦教育点或知识点，为研学实践教育设计的用时较短的专题性讲座课程。顾名思义，微讲座的显著特征在于它是一个"以讲助学"的教育活动过程，课程讲座时间短可几分钟，长可几十分钟，一般控制在半个小时左右为好。

微讲座讲师可由学术大家、名家担任，亦可请专业工作者、教育工作者担任，还可以请企业家、劳模、乡贤、能工巧匠等担任，只要所讲内容有益于中小学学生身心成长，只要演讲者有教育情怀、爱孩子，都可以讲。尤其是承接研学旅行的旅行社导游，完全可以由此入手，将原来的导游词转化为讲授内容，这样就可以让自己快速成长为研学实践教育的研学导师，而不是只停留在简单说教或讲解的导游的层面。

3. 微教材

微教材是对一般教材概念的借用，是针对研学实践教育单一课程设计的，辅助完成课程实施的文字材料。其中既有知识内容和方法内容，也有对课程中知识内容和教育内容的补充与延伸，同时包括课程实施的辅助材料等。其本质等同于学生在学校使用的教材，但容量只相当于教材的某一章或某一节。

所谓研学实践教育的微教材，是供研学实践教育课程使用的，以实践教育与研究性学习内容为灵魂的教学辅助材料。同时，它又是与微课程配套的对其有优化完善作用的辅助材料。很多微课程若能有辅助编写的微教材，定能锦上添花，使教育效果更显著。例如，黄山市徽文化专业机构与学知集团在2019年联合开发了"徽州饮食文化"微课程，将具有徽州地方特色和文化内涵的各类小吃、菜肴汇集起来，形成"徽州小吃宴"，并编写了一册短小简洁、图文并茂的微教材，学生可通过微教材增进对徽文化的丰富内涵的了解和认识，更多地了解徽州乡土风情。

微教材也可以有多种类型、多元风格，在研学实践教育实施过程中，通常以单页、折页、研学任务书或研学手册等不同形式呈现，便于携带，随时可用。

4. 微营地

微营地，是指符合开展研学实践教育的各种条件而规模较小、专业方向明确的研学实践教育营地。研学实践教育的微营地，是研学实践教育课程空间的重要组成部分，尤其是具有特殊教育意义的微营地，能给研学实践教育提供专业化程度较高的教育资源。

就目前的研学实践教育微营地而言，乡村微营地尤其具有代表性。从教育的现状看，研学实践教育是国家教育改革的重要举措，是"践行育人"的有效支撑。乡土乡情教育也是研学实践教育中最重要的内容，是素质教育关键的一环。任何一种乡情教育都不能抛开乡村，因此乡村营地就显得极为重要。但按照教育部对研学营地规模的统一要求，要在乡村找到合乎标准的教育营地非常困难。因此，那些具备常规营地条件而规模较小的乡村微营地，就成了乡情教育的重要课程空间，也为研学实践教育课程的实施提供了宝贵资源。

因此本文重点讲的乡村教育微营地，特指以乡村资源为依托的教育微营地，其重点并不在于营地规模，强调的是营地就在乡村之中，充分整合、盘活、融合乡村资源来构建教育营地的生活保障体系、课程体系和师资体系等，形成相对完整的营地教育系统。

关于微营地，我们目前还存在不同认识，这也是一个正在探索的过程。

（1）"四微"是学知集团在探索研学实践教育过程中的整体性思考，尽管微营地还停留在构思阶段，仍期待引起同行和各界有识之士更多关注，若能引发大家的共同思考，是具有现实意义的。

（2）微营地概念与内涵具有完整性，具备可实操性。

（3）微营地价值与意义重大，是研学实践教育发展的趋势。中国是农业大国，乡村是中国立国之根本，没有乡村的振兴就没有中华民族的振兴，振兴乡村应从教育入手，先让孩子充分了解乡村。当今中国孩子在教育上有很多种缺失，但最大的缺失莫过于对乡村的认知、农业知识的缺失。研学实践教育创造了让孩子走进乡村、认识乡村的可能性，积极探索乡村微教育营地建设，具有巨大的政治意义和教育意义。

二、"四微"教育模块的应用价值与意义

我们在研学实践教育的探索中发现，研学微课程、微讲座、微教材，以文字或多媒体的形式参与研学实践教育课程，常常能够弥补研学课程很多方面的不足，解决研学课程的诸多难题。研学微营地提供的具有专业特色的优质研学服务和课程资源，同样是研学实践教育不可或缺的重要组成部分。

可以说，研学实践教育中的"四微"模块，是深入探索研学实践教育课程的产物，对于研学实践教育课程的建设与实施具有重要价值。

1. 在研学实践教育课程建设中的探索与创新价值

研学实践教育是中国基础教育改革的必然趋势，是中国社会深化发展的必然产物，也是中小学生健康成长的重要途径。但研学实践教育是一项全新的工作，没有现成的工作基础和工作经验，这就需要去探索和创新。

研学实践教育是将中小学生组织起来走出校园，到大社会、大自然及大世界寻找具有教育价值的各类社会资源，整合各种助力学生成长的教育力量，并且有效地形成研学实践教育新课程方案，运用新教育方法，融合新课程师资，追求更好的教育效果的新的教育方式。由此看来，研学实践教育课程是与以往的校内传统课程完全不同的。因此，不拘旧的课程模式，创建新的教育方式，既是在所难免的，又是势在必行的。在研学实践教育课程探索与践行的过程中，课题组发现微课程、微讲座、微教材可以提升研学课程的专业度，使研学课程从内容深度方面、师资的专业化水平方面、课程的延展性方面都得到大幅度提升，利用"四微"模块完成的研学课程也常会收到更好的教育效果。

可见，"四微"教育模块的探索为研学课程建设与践行开辟了一片新天地，而且这一新路径具有实用、易于把握等特点，还可以提升研学实践教育课程的教育效果。"四微"教育模块，其实质就是对研学实践教育课程建设的创新性探索，这种探索为研学实践教育课程建设提供了新思路、新方法，起到很好的示范作用。这种探索和创新也是其更大的价值和意义所在。

2. 在研学实践教育课程建设与课程践行方面的应用价值

研学实践教育课程建设是一项极为重要、极为复杂、带有挑战性的工作。"四微"教育模块具有由浅入深、化繁为简的特点，为研学实践教育课程建设提供了创新性路径。

微即小，小课程比大课程更容易把握，微课程、微讲座及微教材都是聚焦某一教育点或知识点，这种思维逻辑确实比较容易把握，学校或专业机构的教师，只要稍加培训，即能较快掌握要领，还便于大量制作和复制。更重要的是，这些微讲座、微课程具有很强的应用性，它们可以根据需要，植入到各项教育服务产品之中，以提升教育服务效果，优化教育服务内涵。可见，研学"四微"教育模块能灵活植入不同研学实践教育课程的特点，使它具有了更广阔的应用空间，也使得研学实践教育课程的设计与制作更简便，为研学课程建设提供了新思路。

3. 在专业机构转型过程中的推动价值

由研学旅行课程构建推动的研学实践教育，实质上催生了一个繁茂蓬勃的新教育生态，进而促进了新教育模式的不断发展壮大，新教育师资队伍的快速形成、成长并不断成熟，以及新教育空间的构建和专业化成长。

面对在研学旅行引领下逐渐发展并快速转化的教育服务市场，不少专业机构，尤其是旅行社这种专业机构，都希望能快速融入教育市场中，并形成属于自己的教育特色和专业特色，进而转型成长为一个新的专业教育机构。但具有特殊要求的专业教育机构绝对不是靠几句广告语、一点包装就能转型成功的。"四微"教育模块思路为相关机构专业化转型提供了一种路径，让专业机构能够较容易地把握研学实践教育课程化建设的方向，由浅入深，化繁为简；帮助专业机构快速入门，完成研学课程建设、师资建设和课程空间建设；也能让他们快速找到自信，从而调动专业机构的内驱力，跟上研学实践教育发展的脚步，逐渐由量变到质变地去完成专业化转型，并不断积累、优化和提升。

4. 在研学实践教育课程践行过程中的育人价值

研学实践教育的根本任务是"立德树人，践行育人"，这种树人、育人是需要通过有效的课程践行去实现的。微课程、微讲座及微教材聚焦教育点和知识点，以此为重心和内涵，使教育点更具生动性、直观性和体验性，因此，中小学生更易于接受，教育效果更突出。对此，学知集团在承接武汉市教育局组织的中小学生夏令营活动中感触颇深。在未开设"旅行文明与环保"微课程之前，学生在夏令营过程中，不文明行为时有发生。但在开展"旅行文明与环保"微课程之后，学生通过对比，了解到不文明行为的诸多不当之处，不文明行为得到纠正，收到了立竿见影的良好效果。

聚焦知识点同样效果明显。研学实践教育将学生带进大社会、大自然、大世界，学生的视野得到无限拓宽，面对的知识是无限扩大的，这时，通过微课程、微讲座和微教材的课程模式进行学习，教育效果可能完全不同。我们都知道餐饮也是一种文化，也蕴含很多知识，徽文化专业机构以微课程的方式用"徽州小吃宴"揭示餐饮中的徽文化知识，为来徽州研学的中小学生提供了一堂别致的研学课，让他们有了别开生面的知识和文化体验。

5. 乡村教育微营地的特殊价值

中国乡村需要更多人去关注，尤其需要当今中国孩子去关注，让他们置身乡村之中，去观察、体验、感受、感悟。乡村之中不仅有农村、农民、农事，更有乡俗、乡文、乡规、乡物等，这种乡土文化是中国传统文化之根，传统文化只有植根在孩子心中，才有可能很好地被传承和光大。

乡村微营地一定会在研学实践教育中绽放异彩，一定会在研学实践教育发展的过程中被更好地认知，这就需要被更多人理解，被更多社会力量去开发。认识到微营地的特殊教育价值并推动这一教育项目的健康发展，一定有益于中国青少年，更有益于中国的教育事业。

研学实践教育的"四微"教育模块所开发的独特教育形式、教育内涵，是研学实践教育的重要内容，对研学实践教育课程建设与践行有着重要的方向性指导意义。"四微"教育模块突出了研学实践教育课程的教育性、社会性、体验性、持续性和开放性，推动了研学实践教育的发展与完善。

（李晓丽，华中师范大学研学旅行教育研究中心研发专员）

定向运动在红色研学旅行课程中的实践运用

查文静

一、政策背景

教育部等 11 部门于 2016 年 12 月印发《关于推进中小学生研学旅行的意见》，工作目标中明确提出："让广大中小学生在研学旅行中感受祖国大好河山，感受中华传统美德，感受革命光荣历史，感受改革开放伟大成就，增强对坚定'四个自信'的理解与认同。"

《中小学综合实践活动课程指导纲要》由教育部于 2017 年 9 月发布，学段目标中指出：小学阶段"通过亲历、参与少先队活动、场馆活动和主题教育活动，参观爱国主义教育基地等，获得有积极意义的价值体验"，初中阶段"积极参加班团队活动、场馆体验、红色之旅等，亲历社会实践，加深有积极意义的价值体验"。

红色文化是中国特色文化的重要组成部分，也是中小学生研学旅行活动开展的重要主题，并由教育部多次发文推行，得到学校、红色文化博物馆、红色主题景区、党建及团建工作者以及研学旅行相关机构的重视，如何将"布道式"说教、缺乏生动性和感染力的传统红色文化课程打造成学生们喜闻乐见的红色研学旅行课程，是重要的探索方向。

二、研究方法

1. 资料搜集法

通过互联网检索、CNKI数据库查询、图书期刊查询等方式查找与研学旅行、红色研学课程、定向运动相关的文献资料，为研究提供理论支撑。

2. 专家访谈法

利用互联网、电话或访谈等多种方式咨询相关专家、学者，获取该研究领域的权威信息。

3. 经验总结法

通过对红色定向主题实践活动中的具体情况进行归纳与分析，使之系统化、理论化，上升为可资借鉴的经验。

三、研究内容

（一）概念的界定

1. 研学旅行

研学旅行是由学校根据区域特色、学生年龄特点和各学科教学内容需要，组织学生通过集体旅行、集中食宿的方式走出校园，在与平常不同的生活中拓宽视野、丰富知识，加深对自然和文化的亲近感，增加对集体生活方式和社会公共道德体验的教学活动。

研学旅行作为国家新的教育制度设计和新的课程设计，不仅仅是对现有教育制度的完善，也不仅仅是对现有课程的补充与完善，其最具价值的地方在于它催生了一种新教育生态的构建——这种教育生态与传统教育生态相比较而言，可有效地促使教育生态更有活力、更富动能、更为多元、更具开放性和拓展性。①

2. 定向运动

定向运动起源于瑞典，最初只是一项军事体育活动。"定向"这个词在1886年首次被使用，意思是在地图和指北针的帮助下，越过不被人所知的地带。

定向运动是一项智力型体育运动，参与者利用地图和指北针依次到达地图上标示的各个地点，以用最短时间到达目的地者为胜。定向运动通常在森林、郊区或城市公园里进行，也可以在大学校园里进行。

(二)"红色趣定向"课程概述

武汉市江岸区具有光荣的革命传统，这里曾多次成为武汉甚至全国革命的中心。江岸区的红色基因刻在一栋栋老建筑里，刻在一条条街道里，刻在一段段故事里，也刻在武汉人的血脉里。"红色趣定向"课程将有趣的城市定向运动与红色教育相结合，在追寻先辈英烈足迹的同时，将枯燥的历史知识转化成生动的团队活动内容，在寓教于乐中树立未成年人对革命光荣历史的崇敬，激发学生们的文化自信和爱国热情。

1. "红色趣定向"课程设计

此课程采用先进的科学技术，创造性地运用了无线感应技术和移动互联网技术，将汉口中共中央宣传部旧址暨瞿秋白旧居陈列馆、詹天佑故居博物馆、八七会议会址、宋庆龄汉口旧居纪念馆、武汉中共中央机关旧址纪念馆、汉口中华全国总工会旧址共六处场馆进行研究分析，并设计知识学习内容、团队体验内容、合作展示内容，依托基于地理位置信息的智能感应交互系统搭建活动平台。活动时，参与学生使用智能手机就可以和部署在不同地点的点标产生自动感应和信息交互，推送课程相关指令任务和签到计时，大大提高了"红色趣定向"课程的竞技性和趣味性，操作便捷，同时降低了组织者的运作成本。

2. "红色趣定向"课程组织实施

红色研学课程的组织实施是实现红色教育结果的重要手段，同时可检验红色研学课程设计内容落实的程度。下面依据研学课程实施经验将课程实施分为实施人员、实施准备、实施过程三方面进行阐述。

（1）课程实施人员。

由于空间范围和实施形式的特殊性，定向活动的开展在实施环节和流程上对课程实施人员提出了新的要求。以"红色趣定向"课程为例，人员方面需安排：专业研学导师，负责研学活动的带领、引导和分享；学校带队老师，协助研学导师指导课前准备相关内容，在活动中解答相关研学问题；随团人员，负责团队后勤工作并协调其他出现的问题；定向专业老师，负责定向知识的讲解、定向活动的组织指导以及定点工作人员的培训等。

（2）课程实施准备。

课程实施准备包含参与者的准备与课程执行者的准备两个方面。第一，提供给参与学生的行前课程，在行前课程中要求参与学生查阅资料，掌握江岸区红色建筑代表的历史事件及相应的历史人物事迹（至少3个），了解定向运动的知识技能，掌握按地图行进的基本方法。在条件允许的情况下可由专业教师进校开展行前一课，教授相关知识，引发学生参与兴趣，为课程实施做铺垫。第二，课程执行者需要做课程分组、课程教具、课程配套以及后勤保障配套等一系列准备工作，在此不赘述。

（3）课程实施过程。

每5名学生组成一支红色研学队伍，在起点处集合，完成以下五个环节：环节一，抵达活动起点，签到分组，小组团建；环节二，了解活动细则，研学小组检录，调试手机设备，领取红色历史卡片；环节三，队伍依次出发，根据地图提示抵达红色建筑，参观了解红色历史事件和人物，完成规定任务，了解红色历史卡片上的相关信息；环节四，抵达终点，分享红色历史卡片故事，讨论补充"革命英雄榜"信息；环节五，制作江岸区红色足迹地图，小组分享，研学导师总结。

3. "红色趣定向"课程成果与分享

学生的研学成果可直接反映研学课程的参与度，以及课程实施的效果。在"红色趣定向"课程的成果设计中还包含了研学手册、完赛证、"革命英雄榜"、红色足迹地图等显性研学成果的展示。

以"革命英雄榜"为例，课程研发人员根据定向运动的特点，对汉口中共中央宣传部旧址暨瞿秋白旧居陈列馆、詹天佑故居博物馆、八七会议会址、宋庆龄汉口旧居纪念馆、武汉中共中央机关旧址纪念馆、汉口中华全国总工会旧址等六处场馆中的相关红色历史人物和事迹进行梳理，把分散的红色历史文化知识串联起来，制作红色历史卡片。在保障安全的前提下，规划定向线路，让学生通过定向运动的方式，寻找并走进各个场馆探索学习，了解相关红色历史人物及其事迹，在抵达终点后完成"革命英雄榜"任务，总结红色研学课程。

（三）定向运动在红色研学课程实践运用中的一些经验

"红色趣定向"课程打破传统红色研学"布道式"说教、缺乏生动性和感染力的课程模式，使得学生参与热情较高，收获较多，在了解红色文化历史知识的同时培养了团队协作精神。定向运动与红色研学课程融合的新课程形式，受到老师和同学们的喜爱，同学们通过共同努力一起在城市中穿行，寻找红色历史足迹，这将成为他们生命中独特的记忆。我们总结的经验如下。

1. 专业的红色研学旅行课程内容设计

红色文化政治性强，不容半点差错，研发人员需认真严谨地设计课程内容，咨询相关专家、学者，了解历史细节，有效避免知识性错误，将红色历史知识准确无误地传授给学生。

2. 细致的红色研学旅行课程人员安排

"红色趣定向"课程是既定的，课程执行者对课程本身的理解和运用决定着课程实施的效果。开展定向课程的单个课程空间是相对分散的，各个环节的人员的沟通、配合、协作至关重要。

3. 严谨的红色研学旅行课程空间和定向线路设计

开展定向形式课程需要充分调动学生的自主性，场馆的选择决定了课程开展的空间，也决定了红色研学旅行课程的主题方向和内容设置，同时影响着定向线路的规划。如何选择课程空间和规划定向线路，需要反复推敲和现场考察。

4. 保障红色研学旅行课程的安全是课程实施的前提

"红色趣定向"课程是以学生自主规划路线、独自行进的形式开展的，安全成为课程设计的重中之重。如何有效规避风险，让学生在相对自主的条件下安全行进是探讨得最多的问题，也是需要投入最多精力关注的问题。除基本的安全保障配备外，此课程实施时，首先将定向运动由单人行进调整为3～5人的小组行动，并选出小组长，规避单人行动带来的风险；其次，通过系统后台检测各支队伍的行进情况，随时掌握各队位置信息；再次，在线路设计时规避有安全隐患的线路，或在道路关键点安排安全员，确保学生活动安全。

四、结语

定向运动是一项极具延展性和包容性的活动，结合现代信息技术和高科技设备，将文字、图片、视频等形式的红色历史文化知识生动地贯穿于研学课程中。定向运动在红色研学旅行课程中的实践运用目前还在起步阶段，如何将传统红色文化更多地转化成学生乐于参与的研学课程，还需更多专业人士的积极探索、实践。

注释：

① 祝胜华，何永生：《研学旅行课程体系探索与践行》，华中科技大学出版社，2018年版。

（查文静，湖北新民教育研究院研发专员）

博物馆研学：大主题、小切口

赵 垒
牛毅凡

随着研学旅行的推进深化，博物馆类课程的比例在逐步加大。在三四年前，武汉学知修远教育集团（以下简称武汉学知）所开发的课程中，这类课程占比非常小，到2018年，这个占比已经达到30%～40%。

对于博物馆类课程的开发，武汉学知新教育研究及课程建设中心已形成了一套相对成熟的模式。

第一，行后思考更重要。通常，武汉学知会把一次研学活动分成三部分：行前，提前告知学生此次研学涉及哪些内容、需要做哪些准备，包括知识储备、身体准备和物资准备等；行中，有研学导师安排丰富的活动；行后，还会给学生留思考题。希望通过一次研学活动，激发学生对某一门类学科的兴趣，或是引发学生对某个现实问题的思考，促进学生主动学习。

实践中，家长和学校大多对前两部分比较重视，常常忽略行后思考环节。其实行后思考环节更能体现研学旅行的效果，是学生自我反思和主动学习的过程。

第二，不断寻找"小切口"。在起步之初，武汉学知博物馆类课程开发经历过几次试错。博物馆是一个非常好的研学目的地，但在课程设计初期，研发思路依然局限在"大而全"的角度。比如到湖北省博物馆（以下简称省博）参观，还是会带领学生们去看四大"镇馆之宝"。但后来发现，研学主题越是

"大而全"，研学效果反而越差。

于是，武汉学知开始寻找'小切口'。比如2018年的省博研学课程，武汉学知推出了三个主题：青铜纹饰、礼器和食器。青铜纹饰这个主题，就只讲青铜器上面的花纹，从花纹展开，讲述青铜器背后的历史故事。

食器主题则着眼于战国时期人们的饮食习惯和使用的餐具、炊具，将那个年代做饭的家什和现代相比，通过小差异反映饮食文化这个大主题。

也许有人会问："到省博怎么能不看'镇馆之宝'？"其实，"必须看"恰恰是一个误区。这就好像我们希望学生了解唐诗，于是拿来一本《唐诗三百首》。我们倾向于让学生把它们全部背下来，但在这个过程中，势必会有一些学生因为抗拒背书这件事，而对唐诗失去兴趣。不如挑选一首诗，把它讲清楚、讲透彻，然后举一反三，让学生对唐诗产生兴趣，主动阅读《唐诗三百首》。同样，现在武汉学知在开发博物馆类研学课程时，只把参观整个展馆作为自选项目，而把更多的精力放在某一个具体的研学目标上。

比如，湖北省博物馆有一个展厅展出的是曾侯乙墓文物，根据学生们的兴趣，我们将这个展厅里的文物划分为不同的主题，研发不同的课程。

有一个课程叫"曾侯乙的餐桌"，关注的就是食器，即餐具。行前，先要求学生们观察生活中的食器，收集相关资料。在研学过程中，研学导师会要求学生站到这些文物面前，请他们对比一下，古人使用的是什么样的餐具，我们使用的又是什么样的餐具；然后请学生从甲骨文中找到一个跟食器有关的字，并且要说明这个字代表的餐具是做什么用的；最后，请学生代入角色，假设自己是一名国宴设计师，正在设计一张战国时期的国宴菜单，拟好后，用超轻黏土做出一张真正的"战国菜单"。要完成这一系列任务，学生们就要主动地学习，研学旅行的目的也就达到了。

第三，受众不同，主题不同。"曾侯乙的餐桌"面向的是小学三、四年级的学生，"曾侯乙的神秘纹饰"面向小学五、六年级的学生，"国之重器话礼仪"更适合七、八年级（初中一、二年级）的学生。此外，武汉学知还有针对高中生的"国宝守护人"课程。

研学主题本身是有年龄预设的，有时候学校会为学生选择非推荐年龄的课程，这时，武汉学知会在同一主题下，针对学生的实际年龄对课程进行调整，活动的难度、探究问题的深度也会有所调整。

从2018年起，武汉学知把课程研发方向确定为"大主题、小切口"。课程研发中心的名称几经更改,从某种程度上也反映了武汉学知研发设计团队的心路历程。由最开始的"研发中心",到后来的"研究研发中心",直至现在的"新教育研究及课程建设中心",实现了从最单纯的产品研发,到学习研究户外教育理论方法,再到更注重教育内涵的转变。从产品到课程,应该是武汉学知转型最明显的标志。

(赵垒,中国旅游报记者;牛毅凡,湖北新民教育研究院课程研发专员)

第四章

师资培育与评估评价

研学导师队伍建设研究
——以宜昌市研学旅行为中心的分析

张耀武
曹金平
谢　兵

引言

研学旅行是学校根据教育教学需要，组织学生通过校外集体旅行和食宿，开展研究性学习和体验式教育的一种综合实践教育活动。研学旅行的主体包括但不限于中小学生。但由于中小学生群体数量庞大，是研学旅行最重要的主体对象，因此研学旅行通常也被用来专指中小学生的研学旅行。原国家旅游局编制的《研学旅行服务规范》就指出："研学旅行是以中小学生为主体对象，以集体旅行生活为载体，以提升学生素质为教学目的，依托旅游吸引物等社会资源，进行体验式教育和研究性学习的一种教育旅游活动。"本文所说的研学旅行，专指中小学生研学旅行。

目前，对组织实施研学旅行的教师有不同称呼，使用较多的是研学导师、研学旅行导师、研学旅行指导师。研学导师是指"在研学旅行过程中，具体制定或实施研学旅行教育方案，指导学生开展各类体验活动的专业人员"（《研学旅行服务规范》）。研学旅行导师可以认为是研学导师的全称。研学旅行指导师"是指策划、制定或实施研学旅行课程方案，在研学旅行过程中组织和指导中小学学生开展各类研究学习和体验活动的专业人员"（《研学旅行指导师（中小学）专业标准》）。尽管名称尚未统一，但其内涵和外延并无本质不同。本文采用研学导师这一概念指代研学旅行的教师。

研学旅行是面向广大中小学生开展的校外综合实践教育活动，具有鲜明的主题性、活动性、体验性和生活性等实践教育特征。作为一种全新的校外实践教育形式，研学导师的水平是实施研学课程、评价研学质量的关键。拥有一支素质过硬的研学导师队伍，是研学旅行实践育人目标达成的重要保证。

一、现状分析

（一）政策背景

1. 国家政策

国务院有关研学旅行的政策法规是研学导师诞生的宏观政策依据。2013年2月，国务院办公厅印发了《国民旅游休闲纲要（2013—2020年）》（国办发〔2013〕10号），提出要"逐步推行中小学生研学旅行"。2014年8月，国务院发布《关于促进旅游业改革发展的若干意见》（国发〔2014〕31号），要求"积极开展研学旅行"。2015年8月，国务院办公厅《关于进一步促进旅游投资和消费的若干意见》（国办发〔2015〕62号），在培育新的消费热点中提出"支持研学旅行发展"。2017年1月，国务院印发《国家教育事业发展"十三五"规划》（国发〔2017〕4号），提出"制定中小学生综合实践活动指导纲要，注重增强学生实践体验，鼓励有条件的地区开展中小学生研学旅行和各种形式的夏令营、冬令营活动"。

2. 教育部等部门发布的有关文件

2014年7月，教育部发布《中小学学生赴境外研学旅行活动指南（试行）》。2016年12月，教育部等11部门印发《关于推进中小学生研学旅行的意见》（教基一〔2016〕8号），对中小学生研学旅行工作的推进提出明确要求，推动研学旅行健康快速发展。2017年8月，教育部发布《中小学德育工作指南》（教基〔2017〕8号），将组织研学旅行作为实践育人的重要方式，"把研学旅行纳入学校教育教学计划"；9月，教育部印发《中小学综合实践活动课程指导纲要》（教材〔2017〕4号），进一步明确研学旅行的具体实施细则。2017年12月、2018年10月，教育部办公厅先后公布两批全国中小学生研学实践教育基地、营地名单（教基厅函〔2017〕50号、〔2018〕84号）。2016年12月，原国家旅游局发布《研学旅行服务规范》（LB/T 054—2016），对研学导师的概念进行了明确界定，并要求"应至少为每个研学旅行团队配置一名研学导师，研学导师负责制定研学旅行教育工作计划，在带队老师、导游员等工作人员的配合下提供研学旅行教育服务"。

3. 地方规定

2017年9月，湖北省教育厅等14部门印发《湖北省中小学生研学旅行试点实施意见》（鄂教基〔2017〕10号）、《湖北省中小学生研学旅行试点管理办法》（鄂教基〔2017〕11号）。2018年1月，湖北省教育厅印发《湖北省中小学生研学旅行课程指南（试行）》（鄂教基〔2018〕5号），明确研学旅行课程的开发、实施要有专门的"指导老师"；湖北省教育厅等3部门印发《湖北省中小学生研学旅行服务单位基本条件》（鄂教基〔2018〕1号），采用了"研学导师"这一概念，将"有一支为研学旅行服务的队伍"作为教育部门选择提供研学旅行服务的教育实践基地的基本条件，即"具备符合研学旅行需要的领队、研学导师、安全员和讲解员等相关专业人员，服务能力和服务态度都能满足研学旅行活动开展的需要"。

2017年9月，宜昌市教育局等11部门印发《宜昌市中小学生研学旅行试点工作实施方案》（宜教办发〔2017〕82号），要求建设研学旅行基地，"要培育一批针对学生不同年龄和不同研学课程的专业的导学员队伍"；学校"每班配备3人左右的随行教师"；旅行社应成立专门的研学旅行部门，"培育和建立针对学生不同年龄和不同研学主题的专业的导游队伍"。2018年5月，宜昌市教育局印发《宜昌市中小学生研学旅行工作指南（试行）》，要求中小学校"安排随行教师"，基（营）地"配齐配足研学导师"，旅行社"配足专职导游"。2019年3月，三峡旅游职业技术学院按照宜昌市教育局要求，相继举办两期研学导师资格培训班，对象为旅行社、基（营）地及中小学从事研学的专业人员。至此，研学导师在宜昌得以"正名"。

(二) 市场分析

1. 市场预测

随着我国国民收入不断提高，休闲消费需求日渐高涨，加之人口政策与素质教育政策驱动，以及旅游产业跨界融合的浪潮，研学旅行市场大门被迅速打开。《湖北省中小学生研学旅行试点管理办法》规定："原则上每学年累计时间小学4至6年级4—5天，初中1至2年级5—6天，高中1至2年级5—7天，学校可根据教育教学计划、学生活动实际情况灵活安排。"执惠研究院的一项调研结果显示，"目前研学旅行和营地教育企业收客对象中，超过80%属于3—16岁人群。未来几年，不断增长的适龄青少年人口将为研学旅行和营地教育发展带来巨大市场需求，预计2019年之后，我国3—16岁人群规模持续增长，整体规模将保持在2.3亿人以上。"(重磅！执惠〈2018中国研学旅行与营地教育行业发展报告〉发布，http://www.tripvivid.com/articles/17159)

2. 现实状况

中国旅游研究院编写的《中国研学旅行发展报告（2017）》（旅游教育出版社，2018年6月），系统梳理并介绍了研学旅行行业发展现状、消费需求、市场前景、发展导向及典型案例。其核心观点包括：研学旅行的市场热度持续上升，研学旅行消费需求后劲可期，研学旅行行业规模和市场空间广阔，应合理引导研学旅行发展并予以政策保障。随着研学旅行被纳入教学计划，研学旅行成为刚需，研学导师需求逐渐上涨。目前，我国幼儿园至高中阶段人口1.8亿，2018年国内研学旅行人数达到了400万人次，市场规模达到了125亿元，人均消费每次达到3117元。2018年我国研学旅行机构数量达12000家，行业发展逐渐由政府转向由企业主导。

3. 人才需求

研学旅行作为一种新型的校外素质教育形式，发展态势良好，导致研学旅行专业人才供不应求。研学导师主要由学校老师、旅行社导游、基（营）地研学人员、研学研究人员等担任，但由于受个人研学理论水平、文化素养、实操能力等因素制约，研学导师的水平参差不齐，一些研学课程的效果差强人意。

宜昌现有市级及以上教育行政部门认定的研学基地 58 家，研学旅行推荐旅行社 25 家，培养一批有较高理论水平、较厚文化底蕴和较强实操能力的专业性研学导师成为当务之急。为缓解矛盾，确保研学旅行质量、安全和效果，各地应努力整合高校、旅游行业企业等单位的研学人力资源，积极探索研学旅行人才培养路径。

（三）存在的问题

1. 数量较少

研学旅行是教育、旅游等业态的跨界融合，是一种新的业态形式，因而对研学导师的综合素质要求较高。为解研学人才严重短缺的燃眉之急，导游、退休教师以及少数在校教师首先担负起了研学导师的角色，但根本无法满足庞大的市场需求。以学校为例，为开展研学旅行，要组织学科教师开展基地考察、资源分析、主题选取、学习内容设计、列任务清单等课程开发设计，组织讲解、点拨引导、答疑解惑、展示汇报、效果评价等研学活动实施与评价，一些创新性、落地性的工作都离不开教师，但大多数学校的研学导师是由学科教师兼任，其组织实施研学的积极性、主动性很难做到持续不减。

2. 素质不高

研学旅行的服务对象是中小学生，载体是旅行，目标是教育，重在研学，是整合融通式的教育活动，旨在帮助广大青少年拓宽视野、丰富知识、陶冶情操、亲近自然、体验文化、融入集体生活、提高社会公德。要围绕教育主题和教学目标，开展课程设计、教学组织、活动体验、分享交流和价值引领等工作，研学导师既要有旅游专业技能又要有教育专业素养。但在现实中，往往存在以行程取代课程的"游而不学"、以形式取代内容的"学而不研"等偏离研学正轨的现象。一些导游试图通过补充教育教学知识来实现向研学导师的转变，也有一些学校老师尝试去掌握旅游的组织方法。总体来说，研学旅行行业整体师资素质并不高，难以承担促进研学旅行快速发展的重任。

3. 缺乏资质标准

相比发达国家而言，我国研学市场起步较晚，但市场需求旺盛，发展迅猛，加之政策红利的释放，传统旅行社、教育机构、资本企业等蜂拥而入，在专业度、规范性方面良莠不齐，研学导师的质量更是缺乏衡量标准。全面提高研学导师的服务水平势在必行，研学导师持证上岗是发展的必然。目前，由于教育行政部门没有明文规定研学导师必须拿到某个部门颁发的证书，市场上出现了培训质量不高、证书发放不严、研学导师管理失范的局面，表面的繁荣折射出内在的逐利取向。标准化建设是规范研学导师市场的有效措施，持证上岗应是对研学导师资质的考量。

二、研学导师的专业标准

（一）标准的定义与分类

1. 定义

"标准"一词古已有之，常指衡量人或事物的依据、准则，"器范自然，标准无假"（《文选·袁宏〈三国名臣序赞〉》），"示我百篇文，诗家一标准"（杜甫《赠郑十八贲》）中的"标准"也有榜样、规范之义。现代标准化工作中的"标准"有其特定的含义。国际标准化组织（ISO）的国家标准化管理委员会（STACO）界定："标准是由一个公认的机构制定和批准的文件。它对活动或活动的结果规定了规则、导则或特殊值，供共同和反复使用，以实现在预定领域内最佳秩序的效果。"我国《标准化工作指南 第1部分：标准化和相关活动的通用词汇》（GB/T 20000.1—2002）规定，标准是"为了在一定的范围内获得最佳秩序，经协商一致制定并由公认机构批准，共同使用的和重复使用的一种规范性文件"。标准化是"为了在一定范围内获得最佳秩序，对现实问题或潜在问题制定共同使用和重复使用的条款的活动"。标准以科学、技术和经验的综合成果为基础，以促进最佳的社会效益为目的。标准化的主要活动包括编制、发布及实施标准的过程，主要作用在于改进产品、过程和服务的适用性。本文采用《标准化工作指南》对标准的界定。

2. 分类

从技术角度来看，标准可分为国际标准、区域标准、国家标准、行业标准、地方标准、团体标准、企业标准等。国家标准分为强制性标准、推荐性标准，行业标准、地方标准是推荐性标准。强制性标准必须执行，推荐性标准的技术要求不得低于强制性标准。标准可公开获得，必要时可修订、修正，以保持与技术发展同步。研学导师专业标准是对合格研学导师专业素质的基本要求，是指导开展研学活动的基本规范，是引领研学导师专业发展的基本准则，是研学导师培养、培训、准入、考核等工作的基本依据。研学导师作为新兴职业，目前还没有国家标准，仅有行业、地方、团体等推荐性标准。

（二）地方标准与团体标准

1. 地方标准

2018年10月，武汉市出台"武汉市中小学生研学旅行系列标准"，在全国率先对研学旅行的服务机构、基地、研学导师等方面列出标准。其中《武汉市中小学生研学旅行 第3部分：导师评定与服务规范（试行）》，由武汉市旅游发展委员会和武汉市教育局提出并归口，起草单位是中南财经政法大学、武汉商学院、武汉市教育科学研究院。该标准规定了研学导师资质、职业规范、专业素养、服务内容、评价与激励机制、评定与复核方式等要求。这一地方标准适用于武汉市组织开展研学旅行活动的中小学校、服务机构和研学旅行基（营）地，对于规范当地研学旅行市场，引导研学导师走上专业化、可持续发展道路有着积极意义。

2. 团体标准

2019年2月，中国旅行社协会发布团体标准《研学旅行指导师（中小学）专业标准》（T/ CATS 001—2019）。该标准由中国旅行社协会提出并归口管理，起草单位是中国旅行社协会、高校毕业生就业协会、中国旅行社协会研学旅行分会、浙江旅游职业学院，旨在规范和引导研学旅行指导师队伍的健康发展。在制定过程中，分析了国内外研学旅行服务与管理的理论和实践，借鉴了国内外有关资料和技术规程，并直接引用了相关国家标准或标准条文。该标准规定了研学旅行指导师的名称、定义、专业思想、专业知识、专业能力等，适用于在我国境内中小学生研学旅行服务中担当指导师职责的人员。

(三) 研学导师专业标准基本指标

借鉴中小学《教师专业标准》《研学旅行指导师（中小学）专业标准》以及《武汉市中小学生研学旅行 第 3 部分：导师评定与服务规范（试行）》等文件的标准，本文试拟定研学导师专业标准的基本指标。

1. 必备条件

基本要求：遵纪守法，遵守职业道德，爱岗敬业；尊重、关爱学生，面向全体，公平公正，与学生相处融洽；身心健康，使用普通话，仪态仪表得体，符合教育职业要求和研学要求。

专业资质：持有导游证，与旅行社签订正式派遣合同；持有普通话二级乙等及以上证书；接待学生团体 20 次以上并受到好评；接受研学导师培训 24 课时以上，取得研学导师培训合格证书。

课程实施能力：能设计较好的研学旅行路线方案；能撰写针对不同学段学生特点的课程教学方案或解说词；能详细记录课程实施过程及课程评价。

安全应急处理能力：树立安全第一的理念；掌握基本急救常识；能及时讲解、关注安全方面的注意事项；能积极化解、处理突发事件。

2. 框架维度

（1）专业态度。

专业认识：重视研学旅行的意义，认同研学导师的专业性和独特性，热爱研学事业，具有职业理想和敬业精神；重视学生身心健康，将学生安全放在首位，促进学生全面发展；以人格和学识魅力教育感染学生，做学生健康成长的指导者和引路人。

专业准则：无违背党的路线、方针、政策的言行，不编造、散布虚假及不健康言论、信息，无损害国家利益、社会利益及违背社会公序良俗的行为；尊重个体差异，不讽刺、嘲笑、歧视学生，平等待人，维护学生合法权益；遵守教师和导游的职业规范，品行端正，举止得体，为人师表；制订和实施课程方案，实现研学目标，让学生拥有快乐、有意义的研学旅行生活。

（2）专业知识。

研学旅行知识：熟悉研学旅行政策法规、目的地及基（营）地情况；掌握研学旅行组织和服务、文明旅行常识；掌握研学旅行安全风险管理、安全防护救护与灾害应急知识；掌握研学旅行课程方案设计、组织实施等知识。

教育教学知识：了解中小学教育教学理论，熟悉学生认知规律和教育心理学的基本原则和方法；了解课程改革方向，掌握新教学观和学生观；了解中小学课程结构和类型，熟悉综合实践活动课程内容；熟悉课程资源开发、管理与利用的方法。

通识性知识：了解青少年保护方面的法律法规，熟悉中小学教育的基本情况；了解非物质文化遗产和民族风俗，掌握乡情、县情、市情、省情和国情；了解相应的自然、人文、社科知识，掌握与研学旅行课程方案直接相关的学科内容；熟悉现代信息技术知识。

（3）专业能力。

课程方案设计：合理设计研学旅行课程方案，目标正确、主题鲜明、内容丰富；从学情与乡情、县情、市情、省情、国情出发，根据学校要求和基（营）地资源，设计适合不同学段学生的课程方案；将知识、能力和情感价值观三维目标设计在课程方案中，融入各学段；遵循教育性、实践性、安全性、公益性原则，引导学生完成研学计划；有效利用资源，开发自然、历史、地理、科技、人文等类型的活动课程，体现自主性、探究性、体验性、互动性、趣味性等特点。

课程组织实施：具备良好的组织管理能力、沟通协调能力、教育教学能力和安全保障能力，将研学旅行的教育目标落实到具体课程计划，确保研学旅行安全有序实施；做好行前准备、行中组织实施、行后总结评价等工作，客观公正反馈研学成绩，促进学生全面发展和健康成长。

激励与评价：发现和鼓励每个学生的进步，引导积极的自我评价；采用多元化评价，对学生的研学态度、研学能力和方法、研学效果等进行综合评价；采用激励性语言评价研学过程，用描述性语言评价研学效果；尊重学生个性特点，注重以鼓励为主的发展性评价。

（4）专业发展。

反思提升：收集、分析、反馈相关信息，总结、反思、改进研学工作；进行知识的重组融合，提高研学课程再开发能力；掌握现代新技术，运用新技能、新方法，提高研学实效；学习旅游和教育领域的最新知识，探索研学旅行新模式与途径；注重专业发展，自觉坚持终身学习。

素质考核：学历证、普通话等级证、导游证（或教练证、教师资格证）是获取研学导师证书的前提；入职前专业培训、严格考核，合格者才能取得研学导师资格证书；定期开展继续教育，完成一定学时的培训。

研学导师主要分布于中小学校、研学服务机构、研学基（营）地之中，这三大领域的研学导师各有所长，可在上述基本标准之上再细分类别要求。随着研学旅行的广泛深入开展，在完善研学导师行业准入标准后，可继续构建初级、中级、高级三个专业级别，并制定相应的专业标准，据此进行考核评审，构建研学导师的进阶晋升制度。

三、研学导师的培训与教育

（一）专业培训

1. 培训类别

研学导师要制订和实施研学旅行教育方案，指导学生开展体验活动，这就要求研学导师具有设计师的创新、导游的应变、培训师的控场等能力，还要像教师一样关爱学生。对研学导师予以高质量培训，是促进研学服务质量提升的重要保障。为增强培训的针对性，可将培训对象按旅行社、基（营）地、中小学校三类人员予以划分，集中开展资格培训，以解研学旅行市场导师数量严重不足、素质偏低的燃眉之急。此后，再分初、中、高三级予以进阶培训和考核，使其取得相应等级的合格证书，实现持证上岗。还可根据实际需要，组织区域内的研学导师开展课程实施、安全管理等针对性强的专题培训；而通过利用现代信息技术、同行互助等自主学习方式开展岗位研修，则是研学导师持续提高自身素质的根本方法。

2. 培训模式

集中培训一般具有主题鲜明、专业性强、信息量大、师资水平高、标准统一、规模效应强等突出特点，适用于研学导师持证上岗阶段。这一阶段各地开展的研学导师培训的重点多以研学旅行师资应具有的基础能力为主要内容，主讲教师分板块进行理论讲解、政策解读、案例剖析、实践分享，理论与实践相结合、互动交流，强化考勤、独立考试，保证培训质量，提升研学导师的专业知识和实操能力。

为提高宜昌市研学导师的职业素养和岗位能力，满足中小学研学旅行的迫切需求，三峡旅游职业技术学院充分发挥高校服务地方社会需求的职能，于2019年3月，在宜昌市教育局的指导下，成功举办两期研学导师资格培训班，来自宜昌及周边地区的研学基（营）地和旅行社的312名学员通过了培训和考核，取得了"宜昌市研学导师培训证书"，正式持证上岗。

3. 课程设置

科学设置和严格实施课程是培训质量的保证。宜昌市研学导师资格培训班邀请了市教育局、市教科院、三峡大学、三峡旅游职业技术学院、国家级研学基（营）地等单位的研学专家授课，通过专题讲座、案例分析、现场教学、小组研讨、自主研修、经验分享等形式，全方位提升学员作为研学导师的素质。培训课程紧贴实际需要，通过研学旅行政策解读、研学基（营）地运行与管理、研学旅行安全管理与风险防控、研学旅行课程设计、研学旅行课程实施、研学旅行课程评价、研学旅行教育功能、研学旅行产品创意设计、研学旅行心理沟通、研学导师专业标准等内容，全面剖析研学旅行的实战落地环境，一站式快速解决研学旅行的诸多疑问。通过培训，培养了一批研学旅行急需的研学导师，有利于研学基（营）地更好地制订、实施研学旅行教育方案，指导学生开展研学体验活动。

（二）专业教育

研学导师对个体的综合素质要求较高，理论的内化和实践经验的积累需要长期积淀。开展普通学历教育培养，是保证人才不断得到补充的源泉。三峡旅游职业技术学院主动适应社会对高素质技能型人才的迫切需求，在研学导师培养方面进行了探索。

1. 依托专业

一是旅游类专业。培养目标是在旅行社、研学基（营）地及研学机构从事研学相关工作的专业人员，主要是旅游类专业的毕业生，以导游专业学生居多。学院开设了旅游管理、导游、旅行社经营管理、景区开发与管理、旅游英语等旅游类专业，以及园林技术、茶艺与茶叶营销、烹调工艺与营养等旅游相关专业。每年毕业的旅游类专业学生有600余人，主要进入本地及周边旅游行业、企业，成为研学旅行市场的重要师资来源。

二是教育类专业。在研学旅行兴起之初，学院充分利用传统的师范教育优势和现有旅游资源办学特色，积极探索培养研学导师的有效路径，开启专业建设之旅，致力打造专业的研学导师队伍。2018年6月，学院率先在五年一贯制学前教育专业开设研学导师方向，从2015级500多名学生中，遴选55名有兴趣、有潜力的学生从第4学年开始学习研学导师相关知识；2019年6月，又从2016级五年一贯制学前教育专业的学生中选出56名学生就读该方向。这些学生经过了三年学前教育专业的教育，又将在后两年学习旅游专业的知识和技能，得到学院与研学机构的共同培养，成为既具有教师的职业技能与素养，又具有旅游教学理论与实践技能的复合型人才。目前，该专业方向的在校学生已被研学机构"预订一空"。

三是研学旅行类专业。强大的市场需要新的专业来培养人才，学院顺应研学旅行市场发展趋势，在学前教育专业研学导师方向的培养中，组建了专业教师团队，建立了校外实习实训基地，并且按照现代学徒制试点专业要求，修订人才培养方案，打造区域研学导师培养基地，认真培养了一批研学导师，也为开设研学类专业打下了坚实基础。2020年，全国高职专业目录正式增设"研学旅行管理与服务"专业（属旅游管理大类），学院及时申报，并成为湖北省唯一一所（全国共33所）获准在2020年秋季面向全国正式公开招收"研学旅行管理与服务"专业三年制普通专科学生的院校。这样，研学导师就名正言顺归口到"研学旅行管理与服务"专业中予以专门培养。

2. 培养路径

一是课程渗透。主要是对现有旅游类专业、教育类专业的拓展，通过将研学旅行有关课程适度融入原有专业的人才培养方案，在不改变原有专业人才培养目标的前提下，拓宽人才知识与能力的口径。

二是通识课程。在校开展《研学旅行概论》《研学导师》等选修课程，让有兴趣的学生了解研学旅行，为其专业视野与能力的发展提供一个新的平台。

三是系统教育。在旅游类专业、教育类专业开设研学导师方向，前者体现"旅游＋教育"，后者则是"教育＋旅游"，优势不言自明。在条件成熟之时，据此申报高职专业目录外专业,摆脱对其他专业的依赖,使研学导师专业人才培养走上规范化、专业化的可持续发展道路。

四、研学导师的发展平台

(一)培训基地

1. 机构组建

研学导师是研学旅行中最具规模性和专业性的岗位,是研学旅行活动有效与持续开展的关键。研学导师素质能力的提升,需要专门的培训基地来提供专业服务。可以依托高校培训机构来进行,如师范院校在教师教育方面的职能使其拥有研学导师培训的教育优势,旅游院校、旅游培训机构等也是研学导师培训的重要载体。当然,也可以独立设置专门的研学导师培训机构,包括民间资本介入成立民办培训机构。但需要指出的是,研学导师是实现研学旅行教育职能的主体,要为其提供必要的公益性培训机会,单一的市场化培训很可能会弱化研学导师的社会教育责任担当。

三峡旅游职业技术学院的前身是宜昌教育学院,有较浓厚的师范教育文化;2018年组建为旅游职院后,在彰显旅游办学特色的同时,继承了教师教育的传统优势,旅游教育和教师教育交融,使其成为研学导师培训的理想基地。事实也是如此。宜昌市研学导师培训中心就是挂靠该学院继续教育中心来开展工作,主要承担宜昌及周边地区研学导师的培训任务,同时承接国家级、省级的研学导师培训项目。

2. 培训方式

培训基地开展研学导师培训的方式主要有:集中培训、"送教上门"、网络学习、研讨会、论坛等。集中培训一般安排在研学旅行和旅游接待的淡季,各机构的研学导师到基地集中学习,听讲座,开展研讨和经验分享;也可以"送教上门",对研学基(营)地、旅行社及中小学的研学导师进行岗位指导;在调研数据的基础上,每年制定研学导师网络学习计划,实行自主在线学习;定期组织研学导师论坛,特邀研学领域的专家、学者和成功的实践者展开思想碰撞，产生创造性动能。为便于组织和提高实效，研讨会、论坛可以与集中培训结合进行。由于研学旅行还处于探索期，教育行政部门主导的研讨会、论坛具有重要的政策解读和方向引领作用，影响较大。

2019年6月29日至30日，由教育部教育发展研究中心主办、宜昌市青少年综合实践学校承办的全国研学实践教育营地管理经验研讨会暨国家级研学实践教育营地共同体成立大会在宜昌举行，来自教育部和全国23个省市的领导、专家和代表共百余人出席了会议，其间一个分论坛的主题就是"研学旅行师资队伍建设"。

（二）研究基地

1. 机构组建

为进一步解决研学旅行领域中的问题，加强研究，推动研学旅行领域的标准化建设，专门的研学旅行研究机构应运而生。一是由教育行政部门所属单位成立的机构，其中最具影响力的是教育部教育发展研究中心研学旅行研究所；二是由教育协会或旅游协会发起成立的机构，如湖北省中小学校长协会校外教育管理专业委员会、青岛市旅游协会研学旅行分会；三是依托师范或旅游院校成立的机构，如华中师范大学研学旅行教育研究中心；四是由院校和协会联合成立的机构，如青岛酒店管理职业技术学院联合青岛市旅游协会研学旅行分会成立的山东省研学旅行研究院。

宜昌市从自身实际出发，在市教育局的指导下，依托三峡旅游职业技术学院科研处成立宜昌市研学旅行研究中心，通过教育行政部门引导、高校运营、行业支持、企业参与，搭建一个研学旅行相关方协同研发、提供咨询、指导发展的产学研一体化创新平台。研究中心将立足三峡区域研学旅行需求，充分调动各方力量，共同推进研学旅行的持续发展。

2. 职责履行

宜昌市研学旅行研究中心是致力于研学旅行研究的专业性学术机构，以各方研学旅行专家、学者作为智囊团成员。

宜昌市研学旅行研究中心拟设5个研究室：研学旅行政策法规研究室、研学导师标准研究室、研学基（营）地发展研究室、研学产品设计研究室、研学课程开发研究室。研究人员将广泛吸纳高校、科研院所、中小学、旅行社、基（营）地等机构的专业人士，从不同领域开展协同研究。研究成果为教育、文化旅游主管部门提供智力支持，推动研学旅行健康有序发展。三峡旅游职业技术学院主办的《三峡旅游学刊》，每期将开设"研学旅行"专栏，为广大研学导师提供学术研究和经验交流的平台；举办的三峡旅游讲坛，也为研学旅行的专家、学者及研学导师展示才华和风采提供了舞台。

此外，为加强研学导师管理，还应开发研学导师数据管理系统，录入区域内研学导师的姓名、性别、研学导师证号（或教师资格证号）、导游证号、课程资源、课程实施水平、违法违规记录等基本信息，对研学导师进行统一管理，并提供线上服务，如研学即时信息查询、业务档案查询、中介服务、在线学习、网上年审、信用记录查询等，建立一个健全的研学导师评价制度。

结语

近几年来，我国研学旅行相关政策不断出台，形成了研学旅行发展的极大推动力量，研学旅行成为教育和旅游行业的热点。作为落实素质教育的一种新的教育生态，研学旅行有着广阔的发展空间。随着研学旅行的发展，目前的研学专业人才队伍远远不能满足研学旅行市场的需求，尤其是具有旅游专业和教育专业双重背景的研学导师十分稀缺。从总体上看，研学导师的专业素质、能力和数量制约着研学旅行的深度开展和质量提升，成为研学旅行进一步发展的瓶颈。

目前，研学导师市场还有待政府相关部门发布规范性的文件予以政策引导，并通过研学旅行专业标准化建设，推动整个研学体系的规模化、专业化、规范化发展。研学导师要由专业机构来培养，并构建产、学、研一体化发展平台，才能承担起方案制订、课程开发、活动实施、组织协调、安全防范等各项任务。

研学导师队伍建设是一个庞大的系统工程（如图1），我们必须紧跟时代步伐，对研学导师发展现状、专业标准、专业教育和发展平台等展开全面而深入的研究，才能更好地推进研学旅行教育活动持续健康发展。

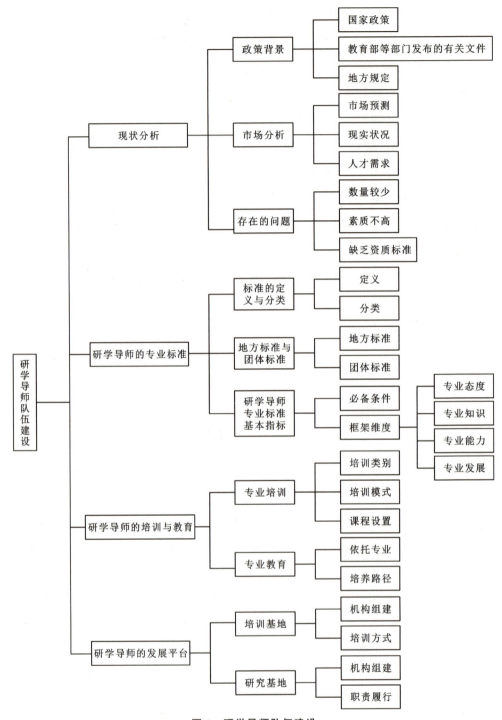

图1 研学导师队伍建设

（张耀武，三峡旅游职业技术学院教授，宜昌市三峡旅游研究所所长；曹金平，三峡旅游职业技术学院讲师，宜昌市屈原学会秘书长；谢兵，三峡旅游职业技术学院继续教育中心主任）

研学师资队伍培育与培养

谷　音
陈雪岚

2016年教育部等11部门印发《关于推进中小学生研学旅行的意见》，特别是2017年教育部印发《中小学综合实践活动课程指导纲要》后，研学旅行已经成为中小学基础教育课程体系中综合实践活动课程的重要组成部分，同时受到了教育界与旅游界的高度关注。研学导师作为研学旅行践行的关键引领者，就成为决定研学旅行课程践行水平和践行效果的关键人物，因此，培养专业的研学导师队伍，随之成为研学旅行组织者首先要解决的问题，也成为每一个从事研学旅行的专业机构必须重点关注的课题。

实践证明，当几百甚至上千名中小学生集体出行时，仅靠在课程实施中主导落地的研学导师，是无法真正保证研学旅行顺利实施，教育活动达到效果的。越来越多的学校和专业服务机构已经充分认识到，研学旅行不仅包含了行前、行中和行后的全过程教育活动，而且包含对安全防控、教育引导、旅行生活保障、研究研发等各环节的全程把控，这都是需要专业团队共同协作才能顺利完成的。因此，研学旅行的专业保障服务，不是一个单一岗位——研学导师就能完成的，研学导师的培养，也不仅仅只是从导游转型或教师转型就能简单做到的。基于此，本文在研学导师概念的基础上提出研学师资队伍概念，这是一个更系统的概念，希望能将我们的思考和经验与大家分享。

研学旅行是以旅行为载体的学校教育和校外教育衔接的创新教育形式，它的本质是"教育",是融社会调查、参观访问、亲身体验、资料搜集、专家课程学习、集体活动、同伴互助、文字总结、旅行文明素养培育等为一体的综合性社会实践活动,是基础教育课程体系中的一门综合实践活动课程。

那么与之配套的研学师资队伍,就应该是一支复合型的师资队伍,也需在研学旅行全环节中设置不同岗位,使其在研学旅行过程中各司其职、各尽其责,共同确保研学旅行顺利开展。

因此,研学师资队伍培育和培养过程中,多元化的人员结构和专业化的岗位设置就尤为重要了。

一、研学师资队伍应有多元化的人员结构

研学旅行是一项面向中小学生开展的校外实践教育,是综合实践活动课程的重要组成部分。广阔的社会空间和丰富的社会资源都是研学旅行的重要课程内容,研学旅行课程也同时具备了综合性、多样性和专业性的特征,这就决定了仅靠专业服务机构培养的研学导师很难满足研学旅行课程众多方面的要求,如开展专家课程、非遗讲座等。因此,研学旅行课程的组织者需要拓宽眼界,去聘请、吸纳社会上一切愿意助力中小学生健康成长的,具有专业素质和教育情怀的专家、专业人士或人才加入,构建一支具有专业素质的多元化的研学师资队伍,真正做到让参与研学旅行的中小学生在专业化的引领中去观察、认识、感悟、成长。我们从实践探索中发现,以下几类人员是研学师资队伍的重要组成人员。

1. 旅行社的专业导游

旅行社作为最有资格承办研学旅行的专业机构,具有整合丰富社会资源和组织旅行活动的经验,具有"旅行社责任险"法定资格,而且旅行社的专业导游拥有丰富的从业经验,在引领出行方面具有很高的专业素质,随着旅行社的跨界转型,专业导游也在自我学习和成长中成为研学师资团队的核心。

但需要特别强调的是,导游不会自然而然地成为研学导师。导游提供的是一种旅游休闲服务,这就要求导游具有较好的服务理念和休闲服务的技能,核心工作是以"服务"为主。而研学旅行的本质是"教育",课程实施的对象是

中小学生，它不仅需要工作人员具有服务理念与服务技能，更需要具备良好的教育理念和专业的教育技能——这包括对课程概念和课程内涵的理解和认识、对中小学生心理特点的认知、对课程实施的把握等。

所以，专业导游要转型为研学导师，还需经历专业培训，获得专业资格认证，才可以成为研学导师，成为研学旅行师资队伍中的一员。

2. 各类专家

社会各行各业都有相关的专家，这些专家具有精深的专业知识和较高的专业素养，如大学教师、科研机构研究人员、非物质文化遗产的传承人等，这些人士都可成为研学导师。因为研学旅行课程会涉及丰富的文化资源和广泛的社会资源，这其中自然也会包括很多帮助中小学生增长知识、开阔见识、提升素养的专业性较强的知识内容和教育内容，所以整合更多专家加入研学师资队伍，更有利于确保研学旅行课程的教育效果。

3. 在校大学生

在校大学生思维活跃，创造性和想象力异常丰富，与中小学生生理年龄与心理距离都接近，容易与中小学生拉近距离，在学业上也有着突出的示范性。我们在工作实践中也发现，大学生更容易亲近中小学生群体。因此，选择合适的大学生参与研学旅行教育活动，更容易帮助中小学生掌握课程目标，参与课程学习，达到课程的理想效果。所以，对合适的大学生进行专业的培训、指导，必将有利于充实研学师资队伍，有利于研学旅行课程的实施。

4. 中小学在职或退休教师

研学旅行的组织方是学校，要使中小学生研学旅行活动真正开展起来，教师务必先行。学校教师是研学旅行的设计者、组织者和评价者，更是学生研学旅行的主导者。研学旅行的课程需要在教师的参与、讲解、指导下完成，同时教师也可作为学校、家长、学生以及研学导师之间的桥梁，在研学旅行活动之前做好沟通工作，跟学生耐心交流解释，让学生做好研学活动前的心理准备、了解研学活动的细节；为学生制订丰富有趣的活动课程；告诉学生研学旅行的目的，让学生在旅行过程中带着目标去学习，做到知行合一。有学校教师的参与和引导，研学旅行必将收到更好的成效。

5. 各类专业人员

研学旅行经常到各类博物馆、体验馆、教育营地等场馆开展考察、体验活动，各类场馆讲解员、志愿者、乡贤、营地教官等，从某种意义上讲，也是研学师资队伍的组成人员。国务院 2014 年 31 号文件《关于促进旅游业改革发展的若干意见》提出，"支持各地依托自然和文化遗产资源、大型公共设施、知名院校、工矿企业、科研机构，建设一批研学旅行基地，逐步完善接待体系。"也就是说，与这些资源有关的专业人员都可以转化为研学师资。例如研学旅行中的乡情教育，从培养学生对家乡的感情开始，地点由近至远，时间由短至长，随着学生认知水平的提高，研学内容也由乡情、市情延伸到省情、国情，内容、范围逐渐扩大，从而循序渐进地激发学生热爱家乡、热爱祖国的思想情怀。乡土乡情是中小学生了解家乡、热爱国家的基石，这些内容仅通过课本、网络、博物馆很难做到真正理解，这时候就可以且应该充分依托当地乡贤——本地乡土文化的"活字典"，通过他们发掘乡土文化内容，更容易让学生真正明白何为乡土乡情。

研学旅行要有一套完整的课程方案，研学导师应对课程方案有较深入的了解和认识，应对参与研学旅行的学生的身心特点有较深入的了解，应具备组织能力、协调能力、授课能力和分享能力等，也应具备一定的教育理念、教育情怀。所以说，研学旅行对师资的多元要求，决定了师资队伍的人员结构多元化的特点，结构多元化的师资队伍同时还需要具备专业化素质。从本质上讲，研学师资队伍结构的多元化体现了研学旅行师资的专业化要求。

二、研学师资的专业素质培养

前文就多元化谈了研学旅行师资队伍建设，侧重于从研学导师来源的社会化和兼职化角度来谈研学旅行师资队伍的构建，但对研学旅行而言，专职师资队伍才是研学旅行践行的基本保障。这些专职的研学导师一般都由旅行社的导游转型而来，他们既需要保证实践教育过程顺利实施，又需要直接对教育效果负责，他们的专业素养是研学课程教育效果的保障。研学旅行作为一门融合实践体验、研究性学习、旅行体验等内容的特殊课程，每一种课程又包含着各种各样的专业性很强的内容。比如实践体验课程中，就分别包含着不同学科的实践体验课程和综合性的实践体验课程，而每一种体验课程都需要具有专业素质的研学导师引领、指导完成，因此培养具有专业素质的研学导师就显得尤为重要。

要培养具有专业素质的研学导师，首先要理清研学导师应该具备哪些专业素养。研学旅行与普通的课程教学完全不同，对导师的专业素养要求自然也与普通课程不同，针对研学旅行课程的特殊性，研学导师应具备以下专业素养。

研学导师本质上是教育者，需要从课程的设计之初就参与进来，在研学旅行结束后还需要与学生总结、分享，是从课程设计开始到课程教育目标完成全过程的参与者和主导者。研学导师的专业素养，体现在教育活动的实施上，还具体体现在四个方面的工作上：旅行服务保障、教育引导与教育实施、安全防控、课程的研究研发。以下就这四个方面进行简要介绍。

（一）旅行服务保障

研学旅行是以旅行为载体的教育活动，必须结合食、住、行等旅行要素来实施教育过程。作为研学旅行的重要实施者，研学导师必须全过程安排团队的旅行生活，保障旅行过程中的交通、住宿、餐饮和参观、学习体验等过程安全、顺利进行。

1. 出发前的相关准备

熟悉研学产品、学生年龄段特征、课程目标、师资人员安排、活动内容、学具教具等，领队组织所有人员召开行前说明会，制订安全防控预案等。

2. 研学旅行活动过程中的服务细节的落实

研学旅行过程中，研学导师是团队的直接负责人，安排餐饮、落实住宿、沟通车辆和联系资源点等都是研学导师需要负责的工作。

3. 活动结束后的相关反馈

研学导师需要兼具质检员的职责，不仅需要将过程中出现问题的环节及时反馈给有关部门，也需要考察、记录教学点的接待情况、配合程度等，及时反馈。

（二）教育引导与教育实施

研学旅行活动是学校教育和家庭教育的有效补充，根本目的是让学生收获知识，达到知行合一。研学导师长期直接和学生接触，应该时刻不忘身上肩负的教育职责。

1. 言传身教

研学导师的言谈举止会影响学生的行为。所以，研学导师应该规范自己的行为，给学生做正面示范。同时，还应该通过适时的引导和提醒，于点滴间规范学生的行为，帮助他们培养良好的行为习惯。

2. 知识教育

研学导师须会备课、能上课，熟悉教材、学具，备课环节齐全，有科学的教学计划；还要做到布课方法灵活，重难点突出，教学环节完备，教法恰当，课程内容与课程目的关联紧密，与资源契合度高，能够引领学生进行深度学习。

3. 分享与评价

研学旅行活动的意义不仅仅在于活动本身，更重要的是让学生亲历知识产生与形成的过程，使学生"游中学，学中游"，达到知行合一。研学导师应全程观察学生状态，通过学生的实践参与、交流表达、作品等与学生沟通，让学生学会综合运用知识，真正建构知识体系，与实际生活建立联系，合作、沟通、表达能力得到锻炼，情感得到激发。

（1）行前：在制订教学计划时，结合课程目标设计分享环节及具体的引导分享的要点。

（2）行中：在活动实施过程中，对学生的体验状态、参与程度、是否提出有价值的问题、任务的完成程度等进行评价。

（3）行后：在研学旅行活动结束后，带领学生通过对作品、交流表达的表现、参与程度等进行回顾、梳理和反思，引导学生有意识地去思考，完成课程目标。

（三）安全防控

安全是中小学生研学旅行的第一要务，是重中之重。研学导师是安全教育把关第一责任人，必须时时谨慎、处处小心，全力保障中小学生的安全。

（1）明确研学旅行安全防控流程规范及工作要求，确保实践活动中安全工作全程受控。

（2）熟悉每次实践活动的线路，梳理安全线路防控要点，掌握各重点环节安全防控工作要点。

（四）课程的研究研发

研学导师是研学旅行的核心和灵魂，不仅需要全环节地参与到教育活动中（包括课程的开发设计、落地实施、效果反馈等），还需具备研究研发课程或教具、学具的能力。

（1）了解课程设计背景，参与前期线路规划和课程方案设计，是研学导师顺利开展工作的前提条件，也是研学导师必备的专业素养。

（2）方案实操的过程中留心观察，细致分析，考量方案的实操性和可行性以及学生们的参与度，根据反馈意见修改方案，分享汇报。

（3）结合教学需要，自主研发可落地实施的"三微"（微课程、微讲座、微教材）方案，或创新教学方法、教学活动等，以达到更好的教学效果。

三、明确研学导师的专业化分工

概括地讲，明确研学导师的专业化分工，是以设置明确的研学导师岗位来实现的，所以，研学导师的专业化岗位设置是对其进行专业化培养的重要举措。

研学旅行是中小学生以集体旅行、集中食宿的方式开展的，涉及研学线路、课程设计、组织方案、实施过程、实施效果评价等诸多环节。几百甚至上千人的研学旅行顺利开展，从前期工作部署到实施过程中的分工协作，包括贯穿始终的安全防控、分线考察等，都需要一个分工细致、职责明晰的研学导师团队共同协作。所以，不仅是导师来源需多元化，研学过程中更需要通过不同研学导师的岗位设置和岗位职能的专业化来提升研学导师的素养。

(一) 研学导师的专业岗位

1. 领队

在研学师资队伍中,领队是研学团队的第一责任人,是在团队中整体把控现场秩序、统筹协调人员分工和应急处理各项事务的总负责人,是团队的总指挥官和灵魂人物。

2. 组长

组长是联系领队和带车研学导师的重要纽带,也是领队的辅助人员,负责落实领队发布的各项工作安排并督促组员按时完成,监督完成情况。

3. 研学导师

此处的研学导师是狭义的概念,指的是在研学旅行教育课程实施过程中,直接面对中小学生,具体制订或实施教育方案,指导学生开展各类体验活动、完成课程目标的专业人员。

4. 安全员

安全员是研学旅行实施过程中全程跟随团队,负责规范团队操作流程,排除安全隐患,有效预防和处理研学过程中的突发事件,保障中小学生人身和财产安全的人员。

5. 教育活动人员

教育活动人员在课程实施过程中负责示范并指导一系列教育体验活动,如诵读、拓印、释菜礼等,通过专业翔实的规则说明和操作示范引导中小学生,加深中小学生的体验感。

(二) 各专业岗位人员的适岗要求

1. 领队

(1) 从事研学旅行教育或相关行业 3 年以上,有丰富的一线教育工作经验。

（2）有良好的组织协调及统筹管理能力，能够基于课程方案与各方有效沟通，调配团队成员分工，提高团队效能。

（3）应变能力强，遇事沉着冷静，能快速作出反应并合理解决问题。

（4）宽严相济，对待组员原则问题不放纵，工作疏漏要纠正，能够营造团结和睦的工作氛围。

2. 组长

（1）有1年以上一线教育工作经验。

（2）学习能力强，熟知各类教育主题活动的流程与实施。

（3）有较强的统筹管理能力和执行能力，课程实施过程中能及时准确接收机构或领队的任务分配，并实时发布给组员。

（4）有一定的组织协调能力和沟通能力。

3. 研学导师

（1）具有良好的教育情怀和理念，喜欢孩子，愿意尽己之力帮助孩子，能言传身教影响和引导孩子。

（2）普通话标准，思路清晰，口头表达能力强。

（3）具备良好的专业知识和技能，取得相关职业资质，如教师资格证、体验教育证、全国导游证等。

（4）具备强烈的安全防控意识，具备一定的急救技能，有较强的安全防控能力。

4. 安全员

（1）体格强健，身体素质好。

（2）能吃苦耐劳，适应高强度工作，有较强的抗压能力，擅长情绪疏导，心理素质过硬。

（3）有强烈的安全防控意识，把安全作为一切工作的前提和根本。

（4）遇事沉着冷静，不急躁，具备专业高效的应急处理能力和反应能力。

（5）沟通和领导能力强，能准确把握团队安全状态，及时规避一切安全风险。

5. 教育活动人员

（1）熟悉各类教育模块和教育活动，可独立完成教育活动，具有良好的组织和管理能力，能掌控现场秩序。

（2）具有较强的亲和力，擅长用中小学生适应的语言习惯和表达方式表述活动内容，能激发学生的兴趣。

（3）具备较好的引导及分享技巧（体验式）。

当然，组建优质的研学师资队伍，既需要从多元化和专业化的角度来考虑，又需从培训体系、晋升通道、评价与管理体系等维度来考量。只有多维度地打造研学师资队伍，才能真正打造出一支专业的研学旅行师资团队。

总之，研学师资队伍是研学旅行的"灵魂"，如果能够将社会上各类乐于参与研学旅行、有助于开展研学旅行教育课程的人力资源进行整合，让他们共同参与、推动对研学旅行课程的指导、实施和优化，必将有助于研学旅行课程建设的深入探索和研学旅行活动的有效开展。

研学旅行课程既具有综合性特点又具有专业性特点，研学导师也需要由具有专业能力的专业人士担任。研学导师队伍结构的多元化，也是实现其专业化的基础。组建专业化的专职与兼职研学旅行导师队伍，形成全社会优秀人才共同助力研学实践教育的良好局面，必将催生良性循环的教育新生态。

（谷音，全国导游名师，武汉学知修远教育集团新师资建设中心主任；陈雪岚，全国导游名师，武汉学知修远教育集团总经理）

中小学生综合素质评价的方法
——以研学评价为例

戴正清

戴 吉

习近平总书记在 2018 年全国教育大会上指出，我国教育的根本任务是培养社会主义建设者和接班人，"立德树人"是贯穿整个教育体系和实践环节的核心目标；给孩子讲好"人生第一课"是家长和教师义不容辞的责任。党的十九大报告指出"办好人民满意的教育"，其中谈到要让人民"上好学"，这也就表明，对学生进行言行品德、行为习惯、性格爱好的引导教育，并以此培养高素质复合型人才，是教育的重要目标。

自 2014 年 9 月 3 日国务院印发的《关于深化考试招生制度改革的实施意见》（国发〔2014〕35 号）明确了综合素质评价与考试招生制度实行"硬挂钩"以来，综合素质教育在学生成长发展中的重要性不断提升。但是，综合素质教育的成果到底好不好，如何评价和诊断目标群体的综合素质水平，如何通过评价结果设计高质量的综合素质培养方案，是每一个教育工作者都需要认真思考的课题。

一、中小学生综合素质评价的必要性与价值

（一）评价的必要性

中小学阶段是个体快速成长发展的时期，也是综合素质提升的关键期，积

极正向的引导不仅有利于形成良好的学习习惯、个人品格，还有利于爱好的培育与潜能的开发。因此，开展长期的综合素质教育教学，对中小学生的成长、成人有着现实的价值和意义。但是纵观近几年中小学生综合素质教育实施效果及评价项目的发展，仍存在一些不足。所以，综合素质教育教学任重道远：第一，从现实层面看，由于巨大的升学考学压力，很多家长和学校都更关注学生的成绩而不是综合素质的提升，即使一开始有对综合素质的关注，也会随着学生年级的提升而将重点重新放在学习成绩上；第二，从理论层面看，目前立项的综合素质教育相关课题级别都不高，深度有限，综合素质教育理论体系还有待完善[①]；第三，从实践层面看，很多地区的家长或者老师只重视综合素质教育的开展，但缺乏行之有效的评价手段，导致教育开展之后效果无法评价，或者是没有设计较为完整的评价闭环，导致评价出现偏差。

（二）评价的价值

苏联著名心理学家维果茨基提出的"最近发展区"理论表明：学生的发展有两种水平，一种是现有水平，一种是通过学习可以达到的水平，在两个水平之间的区域，就是最近发展区。通过教育设计，充分调动学生的主观能动性，发挥他们的潜能，让他们最终跨越最近发展区，不断自我超越、自我实现，就是实施综合素质教育的目标。通过对综合素质的评价，了解学生当前所处的水平，同时基于教学目标或发展目标，为学生设计针对性的培养方案，调动学生积极性，发挥学生潜能，不断跨越当下的"最近发展区"，提升个体的综合素质。

因此，注重中小学生综合素质评价，设计符合该群体身心发展特点的动态评价闭环，与开展高质量的综合素质教育有同等重要的地位，只有建立高效准确的评价体系和方法，才能在最大程度上保证综合素质教育的效果。让评价做到"以始为终"，为学生的发展负责，这才是综合素质教育开展的真谛所在。

二、中小学生综合素质评价方法探索

（一）基本内容

教育部在 2013 年颁布的《教育部关于推进中小学教育质量综合评价改革

的意见》（以下简称《改革意见》）中明确指出"教育质量评价具有重要的导向作用，是教育综合改革的关键环节"，并以学生的"品德发展水平、学业发展水平、身心发展水平、兴趣特长养成、学业负担状况"等为主要内容构建中小学教育质量综合评价指标体系，细化成20个指标。具体内容如表1所示。

表1 中小学教育质量综合评价指标体系

评价内容	关键指标				
品德发展水平	行为习惯	公民素养	人格品质	理想信念	
学业发展水平	知识技能	学科思想方法	实践能力	创新意识	
身心发展水平	身体形态机能	健康生活方式	审美修养	情绪行为调控	人际沟通
兴趣特长养成	好奇心求知欲	爱好特长	潜能发展		
学业负担状况	学习时间	课业质量	课业难度	学习压力	

（二）评价原则

1. 个体评价和群体评价结合

社会性是人的本质属性，对学生综合素质发展的评价也是如此，不仅要考虑到学生个体的差别，还要将每一个学生放在群体里去考量评价。通过对不同年级、地区的学生进行评价，可以了解整个群体的综合素质发展水平，基于群体特点制定常模标准，可以评价某个学生在综合素质发展过程中所处的水平。

2. 过程性评价和结果性评价结合

中小学生群体的发展，特点是呈螺旋形上升、具有不稳定性，所有的评价既是一个阶段的结果又是下一个阶段的开始。以往很多学校更注重学期中、学期末的"结果性评价"，其实所有的结果都是每一个环节不断发展累积的效果，学生成长的过程比最终的结果展示更有意义，因为成长是动态的，这也就说明了过程性评价的重要性。评价者可以时间线为坐标，绘制学生综合素质的成长曲线，便于教育者知晓每个学生的特点，因材施教，促进学生潜能的充分发展，这才是评价的要义所在。

3. 多维性评价和专家评价结合

多维性评价指的是评价主体的多样，包括学生自身、同学、家长、教师以不同的视角去评价学生综合素质的发展情况。专家评价是指由专门的教育学家、发展心理学家等组成的团队来考评某个学生或者某个群体的学生发展的情况，确保评价结果的专业性、准确性、全面性。

（三）基本方法

设计科学、行之有效的评价方法，是中小学生综合素质评价的核心环节，也是后续评价诊断、预测指导的前提。国内外的高校和学者也积极探索评价方法，提出诸如学生档案袋评价法、表现性评价法、测试评价法等方案。[②]笔者认为，6—15岁是人生发展的"百花齐放"期，这一阶段人的认知思维能力、情绪情感表达力、适应社会的能力都在快速但不稳定地发展，单一的评价方法不能测评出测试对象综合素质发展的全貌，必须用动态的视角设计评价方案，以量化和质性相结合的标准对其综合素质进行评价。

1. 量化测评

量化研究的价值是对事物进行测量和基于测量数据的分析，以验证研究者的假设或探究事物发展的趋势，从中找出客观可循的规律。

（1）问卷测评法。

以测评目标为前提，通过编制高信度和高效度的测量问卷，以抽样的形式获取样本，进行资料收集，并通过统计检验的方法，测评被试指标的一致性、差异性等内容，并进一步对测评数据进行科学合理的分析、解释。

2013年教育部印发的《改革意见》明确指出的中小学生素质测评的5大方面和20个指标，可以作为问卷编制的依据。纵观一年级到九年级学生身心发展的不同特点，可以设置不同的测评题目和权重，动态评价每个年级学生在不同指标维度上的综合素质发展水平。对测评结果进行统计学分析，评价被测试对象当下的发展水平，为后续制定个性化的综合素质培养策略提供依据。

（2）实验法。

实验法是在控制条件下通过操纵某种变量来考察该变量对其他变量的影响的研究方法，一般包括实验室实验法和自然实验法。不同的测评机构可以根据实际情况进行设计。考虑到额外变量的控制问题，我们可以尝试用自然实验法评价中小学生的综合素质水平。

以人际沟通指标为例，将该变量作为考核指标，随机抽样两组群体作为实验组和对照组，实验组进行一系列人际沟通主题干预，对照组不进行任何干预，以一定的周期（如半年）为实验时间对两组群体进行考评，通过自评或者他评等形式来评价该方法的有效性和价值。

实验法的难点在于变量的选取和控制，优点在于可以探究因果关系，可以被重复检验，但是若不能严格控制无关变量，实验结果可能会有偏差，所以需要在测评前设计好每一个环节。

2. 质性研究

（1）访谈法。

访谈法即以访谈的形式与被调查者进行面对面的沟通交流，研究者可以事先准备好访谈提纲，确保资料收集的客观性。访谈法包括个人访谈和群体访谈两种形式，教师、家长可以通过一对一访谈的形式，与学生交流互动，获得反馈，教师也可以小组谈话的形式（学习小组、兴趣小组等）或班会的形式与学生群体进行沟通，获得反馈资料。

（2）观察法。

观察法是成本最低的一种评价方法。观察者可以在自然的教学环境下，通过观察被测试者的表情、动作、言语和行为等，做好记录，进行分析，寻找其成长的变化规律和特点。家长、教师可以通过文字、图像、音频、视频等形式记录，有目的、有计划地观察被测试者，通过绘制成长曲线、标识有意义事件等方法，评价中小学生群体综合素质的水平。

（3）资料分析法。

资料分析法的重点在于收集足够全面的资料。对于综合素质评价而言，可以根据《改革意见》中提出的5个维度有针对性地收集学生资料，诸如学生成绩数据、日记、作文、家长评语等素材。一般来说，资料分析法是一种辅助方法，需要与其他评价方法结合起来使用。

（4）个案法。

个案法一般是筛选典型目标进行深入而详尽的观察研究，通过观察目标对象的言行特点，来发掘其背后的原因和规律。在教育评价中，教师或者评价机构可以有针对性地选择代表性个体进行观察，结合多种研究方式，包括持续性的访谈、自然观察、阶段性的测评等，获取观测目标的成长轨迹。其优势在于独特性和深入性，不足之处是难以将结论推广应用到其他个体。

（四）评价形式

教育是一个多方互动的过程。对中小学生综合素质的评价，需要教育的受益者、参与者、实施者从多维度进行，具体的对象包括学生、家长、教师、教育机构、第三方测评机构等，以自评、他评和第三方评价的形式进行。

1. 自评

自评是指在综合素质教育过程中当事人对教育过程进行的评价，目的在于对自我综合素质水平进行自省和反馈。中小学生群体是自评的主体，可以通过测评问卷、阶段性总结来进行，低年级的学生可以通过他评或者第三方评价的形式获得评价结果。

2. 他评

他评主要是指在综合素质教育的过程中，除学生本人之外的其他主要参与者（诸如教师、学生家长、同伴等）对学生的评价。作为自评的有效补充，他评可以从多维度反映中小学生综合素质的发展情况，主要方法包括问卷法、实验法、日记法、访谈法等。

3. 第三方评价

第三方评价可以更加中立、客观地评价学生综合素质水平及学校的教学水平，通过提供专业的测评报告和建议，对现有的综合素质教育提出改进建议。一般而言，第三方评价可以由市场上专业的测评机构进行，也可以由测评机构和被测评组织共同组建专家组，合作进行。

（五）评价过程

评价过程基于评价对象、评价方法、评价内容的不同会有区别，一般而言主要包括三个阶段。

1. 评价前准备

评价前准备主要包括：确认评价目的，确认评价对象，选择评价方法，设计评价材料和流程等。

2. 评价中执行

确认评价者和被评价者之后，在评价实施时需要及时跟进评价过程，确保评价的流畅性。如果是用问卷测评的方式，则需要注意测评问卷回收的完整性和数据的真实性；如果是用访谈的形式，则需要根据被测试者的特点及时调整、优化访谈提纲，产出高质量的访谈记录。

3. 评价后调节反馈

不论运用何种评价方法，最终都要有评价结果的呈现。评价结果的展示、解读和后续使用是评价的重要目的。评价结果可以根据需要反馈给教师、家长、教育机构及当事人。评价结果后续的使用不仅包括整理成个人或群体的成长档案，还包括通过数据化的形式纳入数据库，便于进一步分析相关性和差异性，为下一个阶段的素质教育培养方案的制订提供指导。

三、研学的评价

（一）研学的内涵

研学，即研究性学习，是指在教师和学生共同组成的学习环境中，以学生为中心，让学生主动探究、主动学习的归纳式学习过程。研学旅行是研究性学习和旅行体验相结合的校外教育活动，它作为校内教育的有效补充手段，可以深化学生对课本知识的理解和运用，让学生开阔眼界，拓展思维边界，真正做到从做中学、做中思考、做中成长，在不断践行和深化社会主义核心价值观的同时成长为社会主义接班人。

2016年，教育部等11个部门在印发的《关于推进中小学生研学旅行的意见》中指出，要将研学旅行纳入中小学教育教学计划，与综合实践活动课程统筹考虑，依托自然和文化遗产资源、红色教育资源和综合实践基地，打造高质量的研学活动，并探索建立标准、机制和评价体系。③

研学的特点就是从做中学，学生不仅仅停留在表面的参观、感受层，而是要真正动手，参与到整个活动环节中，不断发现问题、分析和归纳问题、解决问题，做到让知识入眼、入脑、入心。特别是在中小学发展阶段，大量的社会实践与体验教育，能够从小就培养儿童的思维、情操，为其学业发展甚至是未来的职业发展提供有力的支持。

（二）评价的意义

以往对研学关注最多的是研学课程的设计与开发、研学教师的挑选、研学基地的确认等，对研学教育评价的研究或落地的方案都比较有限。研学评价也是整个研学活动闭环中的重要组成部分，研学的评价内容、评价指标、评价过程、评价方法，都直接影响到整个研学设计的结果和后续的提升优化。如何设计科学的评价闭环，让学生的研学成果在其成长中发挥持续性的积极作用，是研学组织者、实施者、研究者需要着力考虑的问题。

（三）研学评价的内容、原则和方法

1. 评价内容

研学作为素质教育的重要组成部分，具有形式的多样性和执行的实践性特点。目前研学开发的主题包括文学、历史、生物、地理、天文、体育、影视、动漫、探秘等，不同的主题，参与的群体、研学目标和课程设计都有所不同。比如周银峰在探讨地理实践力的研学主题时，对学生的评价主要包括两个层面：一是能力层面的提升，即改变学习方式，提高地理问题探究能力、表达和交流能力；二是意识层面的升华，促进文化传承，升华情感、态度，提高社会责任感。④刘世斌在探讨博物馆研学课程时指出，博物馆研学的重点是通过对展品内涵的深度挖掘和引申，理解人与自然、文化的关系，学生如何将兴趣与历史文化结合，在参观的各个环节中有参与，有体验，是研学的重要目标。⑤

除此之外，评价的内容还需要从时效性维度进行设计，即能从当下的价值以及该研学项目的持续性、推广扩展性维度进行评价。

2. 评价原则

（1）全面性原则。

研学的综合性要求在评价时需要结合学生、指导教师、研学同伴、研学机构等多个视角进行全面的评价，要结合自评、他评、第三方评价等多种形式，了解学生在研学体验过程中，对研学主题的理解掌握程度、参与度、交流程度等。

（2）动态性原则。

中小学时期，学生的发展具有快速性和多样性，这就要求评价时需要用动态持续的视角进行评价。具体来说就是不做"一锤定音"的评价，而是结合研学环节，设计层层推进的评价，充分考虑到学生在该阶段的身心特点和认知、社会性等的发展水平，给出客观的评价。

3. 评价方法

不同群体、不同目标、不同主题的研学课程的评价，需要有不同的评价方法做支撑，其中评价指标的设计、评价方法的灵活运用以及评价环节的跟进为重中之重。

（1）评价指标。

评价指标的设计，需要结合项目本身和参与者进行协同设计，要从全局、可持续性的视角出发，包括对项目的评价、对学生能力的评价、对研学教师的评价，以及对整个研学课程设计的评价。笔者对评价维度简要归纳如下。

在评价指标的具体实施落地中，需要将每一个指标进行细化，包括：第一，指标定义及内涵；第二，子指标，即一级指标的细分，比如学习力评价，可以拆出"学习动机"指标，又可以进一步拆解为动机指向、动机强度、动机种类等；第三，最末级的指标，可以用问答或者选择的形式收集答案；第四，指标权重，每一个指标都需要以不同年龄阶段学生发展的特点及研学方案的目标为基础，依托专家评价的方法，结合统计测量对指标权重赋值，保障评价指标的科学性和严谨性。

（2）具体方法。

一般而言，长程的研学课程，需要将理论和实际结合，因而评价的方法更多样化。比如传统文化的传承学习，除了通过观察参与者在每个环节中的动手动脑能力外,还可以通过定制的测评问卷、个体或群体的访谈、活动作业等形式进行评价。对于短期的研学课程,不用强调方法的多样,而是要考虑到不同评价方法的针对性和准确性,选择一到两种方法即可。评价的方法可以根据现实情况不断调整(见表2)。

表2 研学课程评价指标细化表

指标维度	具体指标					
项目评价	背景评价	投入评价	影响评价	效果评价	持续性评价	推广性评价
学生评价	思维力评价	情绪情感评价	学习力评价	社会性评价	个性发展评价	品德发展评价
教师评价	支持性评价	时效性评价	跟进评价			
课程评价	目标性评价	合理性评价	实用性评价			

(四)评价成果呈现

评价成果的呈现,不仅有利于参与者和潜在参与者进行沟通交流,也便于后续设计方案的迭代升级。评价成果的展示,不局限于黑板报、主题班会、知识竞赛、演讲等形式,而是要保证研学活动不流于形式,能真正落地,同时能将研学活动的价值和意义传递给更多学生、教育工作者,也为后续开展研学活动获得更多的社会关注与支持。

(五)评价结果反馈调节

评价结果的价值不仅在于对之前活动设计的效果确认,更在于向学生、家长、教师、教育机构提供反馈、调节和指导建议,为后续研学方案的迭代、推进和推广提供支持。具体来说,一是评估结果中积极、有价值的正向反馈,可以被借鉴、参考、复制;二是评估结果呈现不足的地方,可以进一步分析背后的影响变量,后续设计方案时提前规避;三是有价值的个案或者某一些亮点突出的指标,可以深入研究,挖掘背后的规律,指导下一阶段设计有针对性的研学方案。

四、综合素质评价的未来趋势

中小学生群体的综合素质教育,特别是游学和研学的开展,能够让学生真正做到从做中学,实现理论和实践相结合,将所见、所感、所为与自身的成长和学习经历相联系,继而培养健康积极的兴趣爱好和良好的品德习惯,切实做到书本知识和实践知识有机结合,真正让素质教育落地,成果遍地开花。未来综合素质教育工作的发展,总体而言需要在理论和实践层面不断深化。

(一) 理论体系不断拓展纵深

中小学生综合素质发展一直是教育界研究的热点问题,如何评价综合素质的发展是整个素质教育闭环的重要组成部分。设计科学的评价指标、构建评价模型、深化对中小学生群体的素质的理论层面的研究更是需要不断拓展的课题。当今的中小学生群体多是"05后""10后",每个时代儿童的成长因为社会环境、教育环境和家庭环境的不同有其独特的时代特点。只有对该群体及综合素质发展这一理念进行深入研究,发现、总结其中规律,设计与时俱进的评价指标和评价模式,才能更好地因材施教,真正做到激发学生潜能。

(二) 实践层面不断落地转化

1. 研发综合素质评价工具

评价方法的多样性和多维化需要有一套完整、科学的综合素质评价工具作为支撑。以不同测评对象的身心发展状况为依据,不断细化综合素质评价的维度和指标,研发一套动态评价追踪系统,可以供学生、家长、教师等多个角色使用,可以做长线追踪评价,确保每一个阶段的评价结果都有据可依。

不断完善评价工具的数据库,通过大数据对已有测评模型进行不断训练,不断提升测评的精准度,便于在不同年级、地区推广和反复使用。

2. 综合素质评价结果展示的数据化、可视化

测评结果解读的准确性直接影响对综合素质干预方法的评价和下一个阶段新方案的设计。实现测评结果的数据化和可视化,有利于对评价结果的扩展性使用(见图1)。

因此,对中小学生个体或者群体测评结果的数据化、可视化展示,一方面便于对结果的快速理解和反应,另一方面通过对数据在横纵两个维度的深度分

析，找出规律，便于后续调整优化综合素质教育的设计方案，进而推动素质教育的稳步实施。

图 1 通过词云图的形式展示综合素质测评指标的结果

注释：

① 魏金宝，黄秦安，张勇：《中小学生综合素质评价研究综述》，《考试研究》，2016 年 3 期，第 73—79 页。

② 王永利：《中小学生综合素质评价方法及其改进》，《教学研究》，2017 年 5 月，第 112—116 页。

③ 教育部政府门户网站：《关于推进中小学生研学旅行的意见》，http://www.moe.gov.cn/srcsite/A06/s3325/201612/t20161219_292354.html。

④ 周银峰：《地理实践力视域下研学旅行学生行为表现评价体系研究》，《中学地理教学参考》，2019 年 5 期，第 46—50 页。

⑤ 刘世斌：《开发博物馆课程，让学生在研学旅行中开展深度学习》，《中小学教师培训》，2018 年 7 期，第 36—38 页。

⑥ 周维国、段玉山、郭锋涛、袁书琪：《研学旅行课程标准（四）——课程实施、课程评价》，《地理教学》，2019 年 8 期，第 4—7 页。

（戴正清，武汉大学发展与教育心理研究所主任、教授；戴吉，武汉大学心理咨询职业培训中心咨询师）

第五章

安全教育与风险防控

中小学研学旅行安全问题及应对

郭春家

一、对中小学研学旅行安全问题的调查

当前，研学旅行已成为全国基础教育界的热门话题，各类机构、旅行社都在以研学旅行的名义为全国中小学校开展多种多样的研学旅行活动。可以说研学旅行的开展是新时代我国深化素质教育、创新人才培养方式的一项重要举措，它对促进我国学生德、智、体、美、劳全面发展具有重要意义。

为了研究中小学生研学旅行的现状、存在的问题，并根据问题提出相应的解决措施，我们对部分中小学校进行了问卷调查，通过样本调查，了解中小学校学生开展研学旅行的基本现状，并对部分开展较好的学校进行了个案访谈。我们通过深入了解研学旅行中可能遇到的问题，从而对国内研学旅行的安全问题进行系统分析，同时提出相应的解决办法。

（一）调查概述

本次研究以在国内开展研学教育情况较好的北京和广州的学校为对象，在北京海淀区、广州越秀区两地的学校展开调查。在为期 6 个月的调查过程中，我们遵循随机抽样的一般原则，进入研学团队，通过电子问卷方式发放和回收

问卷，抽取不同年级和不同学校的学生作为样本。本次调查共发放问卷 100 份，其中北京 60 份，回收有效问卷 54 份，回收率为 90%；广州 40 份，回收有效问卷 36 份，回收率为 90%。在深度访谈阶段，课题组成员在两地学校中选取了 10 名有过不同地区研学经历的学生进行访谈，并及时整理访谈内容，全部形成访谈记录。

（二）问卷统计及分析

1. 研学旅行的参与意愿

在本次调查中，通过统计分析回收的调查问卷，我们发现约有 70% 的学生每三年才能参加一次研学旅行，这表明当前在一线城市有相当多的学生希望参与研学旅行，但因为学业繁重，只能在中学阶段参加 1～2 次研学旅行。在对出行意愿的调查中，我们发现不同年龄、不同学校、不同性别的学生对研学旅行的参与意愿无显著差别，重点学校和私立学校的男女学生在出行态度和观念上都表现出一定程度的积极性。

2. 出行前需要考虑的因素

目前，我国中小学生群体由于学业繁重，课外活动时间较少，因此多数学生选择在假期参与研学，尤其是在广州，85% 的学生都是在假期参与研学旅行。目前，多数研学旅行都是由旅行社为学生设计课程，学校直接参与的课程设计占比很少。在对出行目的地的选择方面，81% 的学校表示会考虑天气因素，70% 的学校会考虑住宿餐饮条件，63.5% 的学校会考虑旅行途中的交通安排，75% 的学校会考虑费用的多少，19% 的学校会考虑其他的因素（该项选择题为多项选择题）。由此可见，研学旅行出行前，每个学校都会根据学校教学特色和优势学科提前做好规划，并全方位考虑可能出现的各种问题，但是仍有将近 33% 的学校对研学旅行考虑不全面，没有做好全面的规划，为研学旅行埋下了安全隐患。

比较以前的学生春秋游，研学旅行虽然在课程设计和交通出行方面都有了较大的改善，但在规范和安全方面还有很大的提升空间。

3. 研学旅行的费用

通过访谈我们发现，北京的研学旅行费用人均在3000～8000元，各个年级略有差别，初一学生基本以三到四天的省内或周边省份研学为主，基本费用在4000～6000元，北京学生研学旅行费用开支总体要比广州学生高1000元左右。而广州研学旅行"走马观花"现象比北京明显。

（1）酒店住宿方面：北京80%的学校考虑安全问题，会选择星级酒店；广州普通公立学校会以安全、便宜为上，而重点学校和私立学校会追求更安全和舒适的环境，70%的学校会选择星级酒店。

（2）通过典型个案访谈得知，以北京某重点中学学生为例，去一趟贵州研学，时间为5天，预算为7200元左右，其中用于交通的费用在2000元左右，占总预算的27.8%；餐饮费用为1200元，占总预算的16.7%；住宿费用为1400元左右，占总预算的19.5%；研学课程花费1800元，占总预算的25%，最后剩余800元左右。

（3）通过访谈我们发现，与普通旅游不同的是，研学旅行中，交通、研学课程、住宿及餐饮的花费所占比例较大，与传统的旅游消费结构有很大不同。通过分析数据，我们可看出，在普通旅游中，购物、门票在旅游消费中的占比较大，用于学习体验的费用较少。但是研学旅行与普通旅游的主要差别在于，学生研学主要是为了学习和体验，购物消费很少，尤其是在旅游景区内游玩的消费支出较少，而学习体验的消费较多。

4. 意外的发生情况

通过调查得知，学生在研学过程中，会遇到各种意外情况，其表现形式多种多样。

（1）数据显示，28%的学生遭遇过财产丢失；15%的学生出现过证件丢失；8.5%的学生出现过意外受伤或突然生病；5.9%的人遇到过骚扰、恶意搭讪。

（2）在就餐方面，有12%的学生出现过水土不服、饭菜不合胃口、过敏等意外情况；3.8%的学生因为饭菜原因，患过肠胃疾病。

（3）在住宿方面，有8.9%的学生认为酒店卫生条件差；4.8%的学生碰到过半夜有陌生人在住地周围转圈、敲门；3.1%的学生遇到了车票丢失等状况。

通过访谈我们得知，学生因为保管不善而丢失财产和证件，是研学旅行中最常遇到的情况；其他如骚扰抢劫、被商家欺骗等意外情况不太多见。总体来看，研学旅行中学生在证件、车票、钱财的保管上存在较大问题。

5. 预防和解决意外情况的方式和途径

探讨如何解决学生在研学旅行中出现的意外情况，减少学生研学旅行中的各种问题和隐患的发生，是我们进行调查和研究的最终目的。

（1）研学途中遭遇意外情况时，60％的学生会根据发生的意外情况的级别，求助带队老师和机构领队，在老师和领队的协助下，向有关部门反映，从而获得一个好的解决方案；16.2％的学生会在行前会上，在带队老师和领队的指导下学会一些简单的安全防护知识和急救方法，同时带上一些急救药品；98％的机构会为学生提前购买意外保险；另有7％的学生会采取其他的解决办法（该项为多项选择题）。

（2）当商家、景区侵犯学生权益时，76％的学生会在老师和领队的协助下，与商家进行协商，维护自身利益；30％的学生会查阅旅游相关法律法规，保留证据，进行投诉；11％的学生会息事宁人，不做过多纠缠；2％的学生会采取其他的解决方式。从现有的调查数据可以看出，高中学生具有很强的应对突发事件的能力，相对而言，初中学生主要依靠老师和领队。但在处理问题的过程中，学生的社会经验依然缺乏，很多时候，他们不知如何向相关部门反映情况，当商家和景区互相推卸责任时，许多学生不知如何应对，于是一些学生选择放弃追究责任。

二、研学旅行中可能会出现的安全隐患

1. 餐饮和住宿安全保障不到位

多数广州学校选择在旅游旺季出行，市场服务资源紧张，因此饮食、住宿和交通安全无法保障。调查数据显示，52％的普通公立学校学生无力承担高档酒店的消费，只能选择条件一般的经济型酒店或营地；6.6％的北京名校学生家庭经济条件较好，会因暴饮暴食引发疾病，或出现其他意外状况。调查显示，有11.1％的学生因为菜品不合胃口，在房间内吃方便面或其他食品，导致

烫伤或因食物不洁引发疾病。

2. 作息与饮食影响学生身体状况

由于研学旅行的作息时间不太固定，研学地的饮食习惯与学生的饮食习惯差异较大，导致学生的身体状况出现一些问题。

三、如何应对研学旅行中的安全问题

1. 做好安全预案，提高安全意识

老师和领队需做好行前预案，利用课堂教育和视频，让学生学习、了解旅游安全知识，学习一些急救和应对意外事故的方法，建立多种安全预案，增强自我安全意识和处理突发事件的能力。同时老师和领队还要教育学生，在研学过程中要保持警觉，不要轻易与陌生人交谈，遇到一些突发事件，要及时与带队老师、领队、警方取得联系。

出发之前，要做好行程准备，除了正常的踩线，还需要对所去地区的酒店、餐厅有全面的了解，并多向餐厅和酒店咨询，了解相关信息，为学生的出行做好保障。

2. 做好心理辅导，建立快速应急反应机制

出行前，除了对学生进行出行安全的教育，还要就出行环节可能出现的安全问题对学生进行心理辅导并强化学生的安全意识，增强其自我保护能力。同时，加强对学生的生命教育，教育学生热爱生命、尊重生命；与当地公安、医院等部门建立全方位的沟通和应急机制，严格控制学生单独出行，带队老师要密切关注外出学生的行踪，定时与其沟通。

3. 按规范操作，不留下任何安全隐患

在研学期间，每次转换场地，领队和带队老师都需要清点人数，核实无误后，方可进行下一个环节。

领队与带队老师随时沟通，掌握学生各方面情况。负责安全的老师要监督就餐地卫生，检查用餐菜肴，保证饮食安全，对于少数民族学生，要根据他们

的民族习俗，专门提供餐食。同时注意饮食饮水卫生，切忌暴饮暴食，不吃三无产品及过期、霉变食物。

带队老师和领队每天在就寝前查房，确认学生都在自己的房间内。严禁学生携带易燃易爆物进入室内，室内活动在符合安全标准的环境进行。

做好防范工作。如发现隐患及时排除，当危险发生时，紧急疏散学生，同时拨打110报警电话。

上、下车之前提示学生对照检查随身物品是否整理好。携带财物丢失后，带队老师、领队协助学生调查，必要时请公安部门介入。

活动车辆限速行驶，避免发生交通事故。如有发生，及时拨打120急救电话，救治受伤人员，并报告学校，同时向保险公司通报情况。

（郭春家，原北京市育英学校副校长，育英学校校友教育促进发展基金会理事长）

中小学研学实践安全防控案例解析 丁 勇

一、中小学生安全教育的重要性

2007年3月26日,教育部发布了《2006年全国中小学安全形势分析报告》,报告中统计了2006年全国中小学安全事故发生的主要形式和年龄段,以及事故发生的原因,这些对于当下的研学旅行安全防控同样具有警示和教育意义。

2006年,全国各地上报的各类中小学校园安全事故中,61.61%发生在校外,主要以溺水和交通事故为主,两类事故发生数量占全年各类事故总数的50.89%,造成的学生死亡人数超过了全年事故死亡总人数的60%。其中,交通事故导致受伤人数最多,占全年受伤总人数的45.74%。溺水事故发生的主要原因是中小学生安全意识淡薄,暑期和节假日到非游泳区域游泳。交通事故发生的主要原因是驾驶员违规驾驶。

从事故发生的区域、学段、时间、地点、日期、责任等方面分析,2006年中小学校园安全事故主要表现出以下几方面特征。

一是低年级学生更容易发生安全事故。2006年全国各地上报的各类中小学校园安全事故中,43.75%发生在小学,34.82%发生在初中,9.82%发生在高中。2006年小学、初中、高中事故发生数比为4.5∶3.6∶1,死亡人数比为6.6∶4.8∶1,受伤人数比为7.4∶4.7∶1。相对于高年级学生,低年级学生的生活经验和安全知识都比较欠缺,安全意识相对淡薄,自我防护能力也比较差,这是导致低年级学生安全事故多发的主要原因。

二是学生安全意识淡薄是多数事故发生的重要原因。2006年全国各地上报的各类安全事故中,10%是因自然灾害等客观原因导致的事故,造成的学生死亡人数占全年学生死亡总数的10.84%;90%属其他各类安全责任事故,造成的学生死亡人数占全年学生死亡总数的89.16%,其中,45%的事故因学生安全意识淡薄而发生,18%的事故因学校管理问题而发生,27%的事故由于社会交通、治安等原因发生。

该报告的安全事故分析对当下依然有警示作用,与当下产生事故的许多原因依然有相似之处,这就说明,在中小学生成长过程中,需要不断地对他们进行安全主题教育。当下研学实践活动在全国广泛展开,如何在研学实践课程践行过程中杜绝安全事故,做好安全防控,是摆在学校、专业服务机构和学生面前的重要问题。

二、值得警醒的中小学生安全事故案例

1. 案例一:8岁女孩参加研学旅行骨折

(1)案例详情。

南昌外国语高新学校小学部(以下简称高新小学)二年级学生小丽的家长邓先生一纸诉状,将学校告上法庭,要求高新小学赔付孩子在研学旅行中骨折的相关医药及赔偿费用3.2万余元。

"活动是我们组织的,孩子也的确是在活动中受到了伤害;学校愿意承担应负责任。"高新小学相关负责人对此态度坦然:既然双方无法协商调解,那么只有服从法院判决。

2018年5月中旬,高新小学二年级各班家长在微信群里收到校方通知:学校拟在暑假期间组织各班学生进行集体研学旅行活动,家长可以自愿报名参加。活动时间是7月4日至8日,为期5天,目的地为吉安井冈山,费用为1980元每人。

邓先生说，据孩子和带队老师描述，小丽是在 7 月 5 日下午 4 时左右与同学们玩耍奔跑时跌倒，左脚严重受伤；事故发生后的第一时间，带队老师没有意识到小丽伤情严重，只是做了简单的按摩和冰敷处理，直到小丽左脚肿胀伴有体温升高，才送至井冈山当地医院诊治……最后，经儿童医院诊断，确诊小丽为"左胫骨远端骨折"，需手术复原。

可是，家长邓先生的索赔并没有获得高新小学认同。邓先生说，学校只是多次声称孩子的医疗费用可以由保险承担，"一次性解决"；一直不肯签署"承诺书"，保证孩子未来治疗费用。邓先生说，校方迟迟不肯为孩子做伤情鉴定，到最后相关责任人均互相推诿甚至无法取得联系，他怀疑校方是打算以拖延方式推脱责任。

据校方出示的《南昌市国内旅游组团合同》显示，小丽等 46 名学生参与的井冈山研学合同是集体合同，甲乙双方分别是高新小学、江西教之旅国际旅行社有限公司。该合同约定："研学旅行活动中，甲方学生的安全责任由乙方全部负责承担。"

"旅行社是正规旅行社，孩子们的研学旅行也有保险；我们不明白家长为什么还要起诉学校？"校方解释说，江西教之旅国际旅行社有限公司系南昌市教育局推荐的旅行社，因此家长邓先生质疑的旅行社"无资质"、研学活动"不正规"等问题均不存在；事故发生后，学校、旅行社均表示可以"走保险"方式积极赔偿，多次协商表示可以支付赔偿款，但家长邓先生提出的希望校方在伤情鉴定前就"书面承诺"承担孩子今后治疗费用等要求，学校无法答应。

校方表示，目前高新小学已收到了邓先生的诉状，也参与了法院第一次调解；由于邓先生起诉书上内容没有有关小丽今后治疗、康复费用等的问题，导致调解失败。"对于孩子受伤问题学校也不愿意发生，如果家长一定坚持要走法律诉讼程序，那学校一切听从法院判决。"校方说。（2018 年 8 月 23 日《江南都市报》，全媒体记者李巧报道）

（2）案例解析。

在这个案例中，有几点值得关注的信息：南昌市小学二年级学生，暑假期间组织研学活动，活动地点在井冈山，学生受伤后是带队老师处理的。

教育部和江西省教育厅下发的关于研学旅行的文件中明确提出了"各中小学校要根据教育教学计划灵活安排研学旅行时间，一般安排在小学四到六年级、初中一到二年级、高中一到二年级。学校每学年安排 1 至 2 次，一般每次小学1至2天、初中2至3天、高中3至4天。研学旅行时间尽量避开旅游高峰期",关于课程方面提出了"各地教育行政部门和中小学校要根据学段特点和地域特色,逐步建立小学阶段以乡土乡情为主、初中阶段以县情市情为主、高中阶段以省情国情为主的研学旅行活动课程体系"。文件中也明确要求了"学校自行开展研学旅行,要根据需要配备一定比例的学校领导、教师和安全员,也可吸收少数家长作为志愿者,负责学生活动管理和安全保障,与家长签订协议书,明确学校、家长、学生的责任权利"。

对比政策文件要求,可以发现学校安排小学二年级学生远赴南昌市之外的井冈山地区进行研学,且在研学的过程中没有安排专职安全员,这些其实反映的是学校方面思想重视不够、安全防控意识不足、安全防控针对性不强、安全防控措施不到位等不足之处。

2. 案例二:韩国"岁月号"沉船事件

(1) 案例详情。

综合已公开的权威媒体报道:2014年4月16日上午,一艘载有476人的客轮"岁月号"在韩国全罗南道珍岛郡屏风岛以北20千米的海上发生进水事故,并在2小时20分钟后沉没。事故客轮载有前往济州岛修学旅行的京畿道安山市檀园高中的375名学生、14名教师。事故造成295人遇难,9人下落不明。

事故发生后韩国政府进行调查,根据已公开的调查报告和韩国媒体对沉船事件的报道,关于沉船的原因,有两点是各方都认可的。

一是"岁月号"船本身存在结构弱点。"岁月号"是一艘滚装船,1994年由日本造船厂建造。滚装船是利用运货车辆来运载货物的专用船舶,省去了许多装卸、起重设备,简化了装卸程序,甚至可以使集装箱船在一般码头停靠,不需要对港口码头进行大规模改造。这种船的下部货舱一般装载客/货车,上层甲板舱用于运载乘客,一般层数较多。但这种船由于下层要给车辆预留较大活动空间,因此没有横舱壁等设计,舱内支柱少,结构强度较弱,抗沉性差。另外,由于下部货舱空间大,导致了整船的重心高,削弱了船舶的稳定性,同时降低了各甲板的强度。从目前的资料来看,"岁月号"的这种结构设计可能是导致其倾覆的重要原因。另外,"岁月号"内部结构较复杂。为了保证乘客的乘坐舒适性,"岁月号"内部结构划分复杂,功能区域众多,降低了风险来临时人们的逃生速度，加重了本次海难的人员伤亡。

二是因为当天天气原因，船长变更了航行线路，走了一条陌生的航线。"岁月号"从仁川出发，目的地是济州岛，船上所载客人多数为学生。据当地媒体报道，当天雾锁大海，很多船只选择留在港湾，"岁月号"则选择了更换航行路线前往目的地。从"岁月号"出事地点周边地图可以看出，"岁月号"出事的地方虽然距离陆地较近，但是周边岛屿众多，航线状况较为复杂。

（2）案例解析。

在韩国"岁月号"沉船事件发生后，社会关注点大多集中在韩国政府救援不及时、措施不到位等问题上，对于京畿道安山市檀园高中的过失则很少提及。从学校组织修学旅行的角度来看，有几点是可以明确的：大批量学生集体出行选择了乘船的交通方式；所乘坐的船是经过改装的人货混装船；因为大雾临时改变了航线，走了陌生航线。

从学校组织学生研学旅行的角度来说，交通方式和交通工具的选择是安全防控工作的核心，一定要选择风险系数最低的交通方式和交通工具；在研学行程中要随时关注交通和天气变化情况，并以安全为第一要务及时作出调整或其他决定。

在航空界有一个非常著名的关于安全飞行的法则，叫海恩法则。海恩法则指出：每一起严重事故的背后，必然有 29 次轻微事故和 300 起未遂先兆以及 1000 处事故隐患。通过上面的两个安全事故案例能够看出，如果对活动过程有足够细致的分析，就安全风险因素做好合适的预防举措，可以避免安全事故的发生。

三、值得借鉴的安全防控案例：2018年"跟着课本游中国"南京、常州夏令营

1. "跟着课本游中国"南京、常州夏令营基本情况

时间：2018 年 7 月 2 日至 5 日。

主题：寻吴探越"双城记"——人文风情探寻南京、常州夏令营。

对象：武汉市某小学四、五年级学生 300 人。

行程：7月2日第一天上午从武汉乘坐动车至南京南站，下午在雨花台吊唁革命烈士，然后去江南贡院，晚上抵达常州，晚饭后举行开营仪式；第二天上午乘画舫游古运河，走进大运河记忆馆，了解常州运河文化和工业发展历史，去常州三杰纪念馆感悟革命先烈的精神和智慧，下午走进环球动漫嬉戏谷乐园，了解动漫知识；第三天走进中华恐龙园，了解地球演化史和史前世界，晚上举行闭营仪式；第四天上午走进春秋淹城遗址文化区，感受诸子百家的智慧和风采，下午乘动车返回武汉。

2. 安全防控工作概况

（1）夏令营出发前的安全防控工作。

① 根据线路和教学活动需要选择车队、酒店等保障和服务单位。

保障和服务单位包括常州当地的车队、酒店、餐厅，以及当地旅行社和学生需要去的场馆或景区。选择的基本原则是这些保障和服务机构必须是依法合规设立的专业机构，国家要求必须持证上岗的岗位的服务人员必须具备执业资格或持有资质证书，相关设施设备经过安检等国家相关职能部门检验合格，住宿、活动等场所空间经过消防部门检查验收合格。具体的细化要求如下。

车队和车辆的要求：选择的是常州公路运输集团有限公司车队；车辆前车玻璃右侧内张贴明显的夏令营统一标识和车辆序号，检查并确保车内座位的安全带可正常使用，最前一排靠门和最后一排中间的座位设为专座，分别是带队辅导员和安全员的座位，安全员座位座套调整为黄色。

住宿酒店的要求：住宿酒店选择的是名都紫薇花园酒店；酒店房间内的非固定易碎玻璃器皿要撤换掉，尖角处进行软包，电烧水壶撤掉，由楼层服务员统一提供开水服务，窗子加装安全螺栓，确保窗户最大只能打开15厘米左右的缝隙，洗浴间进行防滑处理并张贴醒目的提醒标语。

餐厅的要求：早餐和晚餐是由住宿酒店提供，中午在锦海假日酒店用餐；餐厅卫生条件要经当地食药监部门检查合格，所有菜品留样48小时，餐厅上菜时间和空调开放时间听从现场领队安排，餐厅不能向学生售卖酒精饮料或冰镇饮料。

场馆和景区：主要包括江南贡院、雨花台革命烈士陵园、大运河记忆馆、常州三杰纪念馆、环球动漫嬉戏谷乐园、中华恐龙园、春秋淹城遗址等。在楼梯和扶梯口安排专人值守，在贵重和易破损展品或藏品处安排专人值守，在陡坡或临水区域拉设安全绳，提醒学生不要拥挤或靠近，设置学生集散区域，明确集散时间。

② 对车队、酒店、餐厅和景区人员进行安全预防工作培训，明确各个环节的安全工作要求；对参与夏令营接待的辅导员进行专题培训。

③ 教育主管部门和学校组织教师提前对夏令营整体行程和安排进行检查，并对准备工作提出具体的完善细化要求，整改完善后再组织专业老师进行检查验收，确保准备工作妥善完备。

④ 为参与学生开设行前一课，提前告诉学生夏令营的行程安排和过程中的具体要求；准备夏令营物品，包括营服、帽子、夏令营读本、随身携带的任务书等。

(2) 夏令营过程中的安全防控工作。

① 学生分组、确定乘坐车辆的序号，工作人员和老师分组分车，所有人员按照要求穿戴配发的服装。

② 出发时检查行李物品，带上夏令营读本、任务书、笔、晕车药和水杯，进出站时跟紧队伍，车上开水处和门口安排值守人员；大巴车上安排安全员坐在最后一排中间座，下车时辅导员第一个下车，安全员最后一个下车，其他老师和工作人员跟随学生下车。

③ 第二天游船上船时，安排专人值守，提醒学生注意脚下，并提醒学生船上不能嬉戏打闹。

④ 第三天进入景区时，现场明确当天集散地点和集散时间，协调游客中心安排专门区域供学生休息，安排老师在景区巡回检查，提醒学生遵守游玩的秩序，晚上安排学生提前收拾行李物品。

⑤ 第四天在景区游玩时参照第三天的要求。下午乘坐高铁返程，进入火车站候车室定好的专门集合区域，按照车厢分组，有序安检和进站候车，根据高铁上下车时间有限的客观情况，与车站提前协调，在车站专业人员的指导和配合下，组织学生规范有序地提前在车厢标注区域排队，先上车再找座位，确保在规定时间内全员登车完毕。

3. 安全防控工作分析

通过夏令营的基本防控工作可以看出，夏令营安全防控是一个体系化的工作，是一个专业化的工作，是一个贯穿全过程的工作。按照这样的方式做好细节工作，是能够最大限度降低学生安全风险、最大限度保护学生安全的。

"跟着课本游中国"夏令营安全防控工作不是单纯地为了安全而安全，而是从整体角度进行的思考和布置。在具体的工作中，首先是明确工作的原则和目标——预防；其次是清晰方法和路径——整体考虑，抠住细节；再次是关注原则和客观情况——根据当时当地情况微调；最后强调考核和监督——对全过程进行监督和考核。

"跟着课本游中国"夏令营活动与研学旅行课程有着高度的相似性，从教育角度来看，也是实践教育的重要形式，所以"跟着课本游中国"夏令营的安全防控工作对于研学旅行的安全防控工作的开展有着非常好的借鉴价值。

四、如何做好研学实践安全防控工作

除了海恩法则，安全领域还有一个非常知名的墨菲定律，强调的就是预防对安全工作的重要性，强调对细节的全方位分析和预防。如果对研学实践课程的实施过程有着足够细致的分析，对环境、硬件、保障条件和群体特点有着清晰而系统的分析，对安全风险有足够的安全意识和有针对性的预防举措以及安全防控预案，把安全防控工作做到惊人的细致，可以避免安全责任事故的发生。

做好安全防控工作一定要注意以下几点。

1. 坚决杜绝侥幸心理

在研学实践课程的实施过程中，作为组织主体的学校、参与承办服务的专业机构、具体参与的老师和学生、参与保障的服务人员一定要从思想上杜绝侥幸心理，不能够"想当然"或"我以为"。思想上的重视是安全防控的根本，是做好细节工作的基础。

2. 坚决摒弃经验主义

每一次的研学实践活动，参与的对象，面对的环境、场地，课程内容、形式是一定存在差异的，所以每一次的研学实践活动都是全新的，相信经验或过于依赖经验，就会从思想上产生麻痹意识，而一旦产生麻痹意识，就会埋下安全隐患。

3. 全方位、全过程地关注细节

"千里之堤，溃于蚁穴"，中国古人的智慧对于当下做好中小学生安全防控工作依然具有相当重要的价值。中小学生研学实践的安全防控是动态的过程，由一个个的细节构成，每一个细节都是必须要关注的，是需要认真对待的。唯有如此，才可以做到墨菲定律所强调的有效预防。

4. 系统地分析和熟悉课程实施的对象、环境、场所、内容、保障和可能发生的意外

每一次的研学实践课程都需要充分做好行前的调研和准备，对课程实施过程有着透彻的了解，在实施的过程中能够依据当时当下的实际情况作出针对性的调整。"知己知彼，百战不殆"，同样适用于研学实践的安全防控工作。

5. 构建岗位明确、责任清晰、监督有力、反应及时的安全防控工作团队

安全防控工作团队涵盖参与研学实践活动的所有工作人员，不仅仅是在现场的工作人员才有安全防控职责，安全工作是全员的责任。明确岗位和职责，就是要避免过于依赖某个人或某几个人的工作态度和能力的情况发生。中小学生的安全防控工作的特性决定了做好这个工作绝对不能依赖一时的激情和热情，而是需要在持续的过程中以高度的工作责任心和韧性做好自己岗位的工作。

6. 加强安全意识教育和技能教育

学校、专业服务机构以及研学实践的保障和服务单位都需要在日常加强对学校师生和服务人员安全意识和技能的教育，做到警钟长鸣，让安全意识的红

线贯穿日常工作的全过程。

安全是底线,安全是红线。唯有做好中小学生的安全防控工作,才能真正地贯彻和落实"立德树人,践行育人"的教育目标,才能推动教育改革的发展,使广大中小学生享受教育改革发展带来的好处。

(丁勇,湖北新民教育研究院副院长)

第六章

研学践行与区域发展

中小学生研学旅行成为素质教育新引擎
——合肥市中小学生研学旅行现状与思考

张少华

自 2013 年以来,国务院三次发文分别提出"逐步推行""积极开展""支持"研学旅行发展,教育部明确提出把研学旅行纳入学校教育教学计划并写入工作要点。各地教育主管部门及中小学纷纷响应,切实把握研学旅行之"热",中小学生研学旅行活动迅速发展起来。

习近平总书记多次指出,"要全面贯彻党的教育方针,落实立德树人根本任务""要把立德树人的成效作为检验学校一切工作的根本标准""要把立德树人融入思想道德教育、文化知识教育、社会实践教育各环节"。研学旅行作为学校教育和校外教育衔接的创新形式、教育教学的重要内容、综合实践育人的有效途径,可以说是活动立德、实践树人的重要平台和全新引擎。其价值是综合的、多样的、长效的,也是课堂教学无法取代的,更是教育回归本质的需要。

合肥市顺势应时,多年来坚持积极开展中小学生研学旅行活动,让广大中小学生"走出去",放飞思想,亲近自然,拓宽视野,体验成长。如今,该活动已成为引领全市中小学深入实施素质教育的重要平台和新引擎。然而,诸如研学旅行的教育价值如何外化、实践课程的实施途径及未来发展方向等问题也成为研学旅行的发展新问题。为更好地了解合肥市中小学研学旅行工作现状和成效,发现存在的问题与困境,探寻有效的破解途径与策略方法,现将合肥市中小学生研学旅行工作调研情况总结如下。

一、合肥市中小学生研学旅行现状概述

1. 参与广泛

据统计,自 2008 年"万名学生工业游"活动以来,合肥市已有 200 多万人次、逾 2000 所中小学参与研学旅行;足迹遍布中国 21 个省份及海外 17 个国家和地区,逐步实现时间(全年)、区域(全市)、学生(全员)、学段(全段)、学校(全类)全覆盖;目前,合肥市高中学校研学旅行参与率 100%,城区初中及小学高年级参与率约 80%,所辖县(市)中小学参与率 60%(见表 1)。2017 年我市中小学生约 88 万人,参与研学旅行的人数逾 40 万。2018 年实际参与人数已达 50 万。2019 年,截至 7 月 15 日已达 399069 人。

表 1　2008—2018 年合肥市中小学生研学旅行参与概况

参与人数	参与学校	研学区域	活动时间	覆盖学段	覆盖学校类型	参与率
220 万	2674 所	中国 21 个省及海外 17 个国家和地区	全年	全段	全类	高中 100%,城区初中及小学高年级 80%,所辖县(市)中小学 60%

2. 发展迅速

据了解,自 2006 年起,合肥市部分市属学校勇于破冰,尝试开展研学旅行,2008 年的合肥市"万名学生工业游"活动成为关键突破口。2013 年合肥市作为全国首批研学旅行试点市,研学旅行工作正式起步,并率先出台指导意见等规范性文件,研学旅行活动迅猛发展。2015 年研学旅行"合肥模式"被肯定和推广。2016 年合肥市被确立为研学旅行全国试验区。2017 年合肥市建立了研学旅行专家库,并率先启动市级研学旅行基地认定。合肥市研学旅行活动一步步发展起来(见表 2)。

表 2　合肥市研学旅行活动发展概况

时间	2006 年	2008 年	2013 年	2015 年	2016 年	2017 年	2018 年及以后
阶段	破冰	突破	起步	发展	成熟	创新	优化
主要工作	部分学校探索	合肥市"万名学生工业游"	成为全国首批研学旅行试点市	推出"合肥模式"	成为研学旅行全国试验区；进行课程建设	建立研学旅行专家库；进行基地建设	线路研发；导师培训；基地升级

二、合肥市中小学生研学旅行举措及成效

1. 顺势应时，"易"处着力

古语云："读万卷书不如行万里路。"但长期以来，出于对中小学生课外活动安全的考虑，很多地方的教育主管部门及学校，不太提倡组织中小学生集体出游活动，尤其是大规模的异地游。但校园教育资源、空间和方法的有限与学生"世界那么大，我想去看看"的渴望，形成强烈的内在冲突，也反映了现阶段中小学生素质教育中的纠结与期望。自 2008 年 7 月起，合肥市教育局在个别学校自发组织游学活动的基础上，解开禁锢学校的"绳索"，统一部署，组织实施更加安全、有效的游学活动。首先，从小处着眼、"易"处着力，利用合肥本土资源，启动"万名学生工业游"活动；广泛而持续的工业游活动，为后来规模更大的异地研学旅行打下良好的工作基础。此后，研学旅行也具有了更广阔的空间。同时，把研学旅行作为贯彻国家重大方针政策的重要举措、推动基础教育改革发展的重要途径和加强社会主义核心价值观教育的重要载体，引导学生主动适应社会，促进书本知识和生活经验的深度融合，更好地满足学生日益增长的实践需求。

2. 多维举措，破冰攻坚

（1）敢为人先，合肥市教育局率先出台《合肥市中小学生研学旅行试点方案》，制定了切实可行的研学旅行方案。

（2）数易其稿，率先制定《关于开展合肥市中小学生研学旅行的指导意见》，建立研学旅行长效机制。

（3）综合考评，率先细化研学旅行评价方案，对学校、学生、教育主管部门分类进行多维考核。

（4）纳入教学，率先提出研学旅行课程化设置，出台了《合肥市中小学生研学旅行课程方案》，要求课课有主题，校校有课程。

（5）基地建设，率先进行研学旅行基地认定、挂牌，为研学旅行提供主题化的目的地。经认真考察，严格评审，确定市级研学旅行基地18家，涉及红色文化、历史、自然、科技、农耕等主题。打造升级，争创国家级、省级研学旅行基地，截至目前，合肥市已争创国家级研学旅行基地5家、省级研学旅行基地8家，燕域田园还设立了安徽省首家校企合作的营地教育学院。

（6）多渠道筹措经费，率先提出以学生自支为主，学校资助为辅，企业捐助、社会救助、旅行社减免为补充的经费机制。

（7）专家引领，率先建立了研学旅行专家库，依托高校、旅游行业、中小学校、教育及旅游主管部门资源，更好地推进了合肥市中小学研学旅行工作的内涵深化和均衡发展。

3."合肥模式"，影响深远

应该说，合肥市为中小学生研学旅行创设了良好的生态空间，促进其稳步发展，通过策划"研"的内容，评价"行"的效果，真正构建了"研有所思，学有所获，旅有所感，行有所成"的合肥模式，获得了"全国研学看合肥"的赞誉。合肥市在丰富中小学生研学旅行内容的同时，也更好地发挥了研学旅行试验区的示范及辐射作用。《人民日报》曾以"安徽合肥中小学试点'把课堂搬到校外'让孩子在旅行中学习"为题，大篇幅报道了合肥市中小学开展研学旅行活动的做法和经验。湖北、江苏、广东等省多次来合肥市交流学习，合肥市也受邀参加教育部基础教育论坛、团中央校外学习交流活动。

三、合肥市中小学生研学旅行问题及对策

尽管合肥市研学旅行工作走在全省乃至全国的前列，但在实际发展的过程

中,也存在一些亟待解决的问题。

一是安全保障问题。合肥市每年有数十万人出行,虽然一直无重大安全事故,但由于参与人数多,涉及范围广,安全责任大,突发事件不可预测,所以不少学校仍然因为怕"出事"而对研学旅行的开展不主动、不积极。

二是游学分离问题。研学旅行到底姓"旅"还是姓"学"?研学旅行过程中,依然有部分学校的活动存在目标不明、深入不够、形式单一的情况,使研学流于形式,落入只游不学的窠臼。

三是评价单一问题。研学旅行中,缺少对活动过程及效果、旅行社服务及专业度、目的地与主题契合程度、学生体验及成长、家长及社会参与等方面的多元评价。

四是管理规范问题。现阶段,合肥市研学旅行工作依然存在重视不足、报批不严、管理不活、监管不力等规范问题。尤其对存在的风险(目标偏离、不当收费、不良竞争)预估和应对不足。另外,部分县区还存在称谓不一(叫什么)、理解各异(是什么)、定位不清(为什么)、组织偏差(怎么做)等浅层问题。

所以,研学旅行工作的进一步发展,还需要进行深入的理论研究、专业的课程研发、精心的活动设计、深入的内涵发展和全面的规范管控。具体做法有如下几点。

一是解决"课"的规划,进一步完善课程(分高中、初中、小学学段及人文、科技等学科)建设,并深入实施,真正把研学旅行纳入中小学教育教学计划。

二是发挥"人"的作用,利用专家库(来自教育行政主管部门、高校、中小学、旅游局、旅游行业部门)资源,对活动进行科学评价,对县、市、区的均衡发展进行指导,同时,加强研学导师培训,引领研学旅行工作向纵深发展。

三是加强"地"的建设,在原有基础上进行升级改造(合肥现有4家国家级、8家省级、18家市级研学基地),合理开发和利用社会资源。

四是研发"线"的主题,积极踩点,确立一批分学段、分主题、分区域的菜单式主题线路,解决线路目的性不明、针对性不强、体验性不足等问题。

五是解决"合"的难题,建立研学旅行校内、校外合作机制。多方参与,多维沟通,联系校外教育基地和其他文化、旅游等社会教育机构,逐步实现社会公共教育和旅游文化资源向学生团体免费(或优惠)开放,铁路、公路等公共交通设施方便和优惠学生购买团体票等。

  行是知之始,知是行之成。经过多年的探索和实践,合肥市大胆突破、积极开展的研学旅行活动,已成为推进素质教育、促进学生全面发展的教育品牌。今后,合肥市教育局将结合最新的教育理念,更加有深度地挖掘研学旅行的教育课题,丰富研学旅行主题,完善研学旅行线路,保障学生出行安全的同时,让世界真正成为学生可读可感的课本,让研学旅行工作成为全市中小学生素质教育强有力的新引擎和助推器!

  (张少华,合肥市教育局学生事务管理中心副主任)

黄山研学旅行发展的实践探索及其启示建议

章德辉

中国当代旅游业经过 40 年的发展，已进入新的历史阶段，随着居民旅游消费水平不断提升，旅游产品供给全面升级，旅游业态日趋多元，"研学旅行"概念在这个过程中应运而生。从 2013 年国务院印发《国民旅游休闲纲要（2013—2020 年）》提出"推行中小学生研学旅行"的设想，到 2016 年教育部等 11 部门联合印发《关于推进中小学生研学旅行的意见》，研学旅行在"快车道"上跑出了"加速度"，逐渐成为我国旅游新风尚和旅游业创新发展的新增长点。

一、黄山发展研学旅行的实践探索

作为中国现代旅游业的发源地，黄山积极响应国家发展研学旅行的号召，黄山市被确定为首批 10 个"中国研学旅游目的地"城市，黄山风景区被确定为"全国中小学生研学实践教育基地"，黄山抢抓这个良好机遇，先行尝试启动了研学旅行新业态产品的研发推广，致力将黄山打造成中国最佳研学旅行目的地。2018 年，黄山风景区共接待学生 43.2 万人，占总进山人数的 12.8%，占比可观。在开展研学旅行方面，主要从以下六个方面进行了探索。

1. 以丰富的研学资源为前提

黄山拥有中国最为集中且含金量极高的研学旅行资源，具有突出的地质、生物、文化、气象等多样性旅游价值，在黄山地区孕育而生的徽州文化是中华民族传统文化的精华，保留得最为完整。得天独厚的神奇大自然，忠孝传家的儒家文化精髓，活态传承的徽州地方文化，以及陶行知知行合一的学习观、教育观和实践观，是黄山开展研学旅行的资源优势。

2. 以打造研学产品、编制解说教育体系为核心

黄山挖掘提炼景区研学资源内涵，将"学"与"游"深度结合，打造符合教育规律和师生要求的研学旅行新业态、新产品，研发了两条安徽研学旅行推荐线路，推出了师生游、亲子游、体验游等研学主题产品。编写出版了《黄山研学旅行解说教育大纲》《黄山研学旅行基地服务要求》，入选国家图书馆、联合国世界旅游组织教育培训体系。同时，还准备了涵盖影片、光盘、标本、沙盘、书籍、画册、邮品等多媒介形式的科普宣传资料，构建了完整的研学解说教育体系。

3. 以举办研学旅游节为抓手

自2017年起，黄山连续三年举办了中国（黄山）国际研学旅游节，它已经成为黄山旅游固定开展的品牌活动和研学盛会。通过办研学旅游节，打造黄山研学旅行夏季嘉年华活动，提供研学旅行座谈交流平台，巩固深化与研学组织机构的合作，发布研学旅行专项政策，持续推介黄山研学旅行精品线路及产品。

4. 以与高校、研学机构的合作为载体

黄山先后与清华大学、中山大学、中国地质大学（武汉）、安徽师范大学等高校以及北京世纪明德、中少童行、人生远足、中国报业小记者联盟、安徽华景文旅集团等研学机构建立合作关系，利用高校的科研资源建立教学研究实践基地，利用研学机构的专业优势拓宽研学旅行市场渠道。

5. 以出台研学配套政策为杠杆

先后制订出台《关于鼓励发展研学旅游的相关政策》和《研学团队价格及

优惠奖励政策》，给予研学团队索道预约乘坐、房餐价格优惠、重复入园、随行导师减免、研学踩线减免等配套政策，鼓励旅游企业及研学机构积极带领研学团队赴黄山开展研学活动。

6. 以开展科普宣传活动为媒介

联合清华大学地球系统科学系举办"从黄山地貌看地质之美——黄山地质公园走进清华大学"科普进校园活动，组织高校科研机构、科普志愿者参与黄山世界地质公园科普志愿者训练营。同时，在每年"世界地球日""全国土地日""科技活动周""全国科普日""文化遗产日"等主题时间广泛开展科普宣传，增进学生对自然和社会人文历史的认识，培养他们的社会责任感，提升他们的实践能力。

二、黄山研学旅行实践探索的启示建议

黄山研学旅行起步较早，品牌响亮，有持续不减的热度，其实践探索对于推动研学旅行向更高质量发展具有较强的示范效应。研学旅行是一项自上而下的国家课程，如何不忘初心、回归本质，实现健康可持续发展，总的来说，应把握一个本质，避免两个极端，抓住三个关键。

1. 把握一个本质

研学旅行是基于旅行的研学，旅行是形式，研学才是本质，只有抓住研学这个本质才能解决当前研学市场"只旅不学""只学不旅""重旅轻学""学旅脱钩"等问题。将研学旅行课程化，从学校的教学需求、教学计划、教学目标出发，从塑造学生健康人格、拓宽学生视野格局、提升学生综合素质着手，整合旅游目的地的研学资源，科学化、规范化设置研学课程，开发多层次、系统化的研学旅行教材产品。以黄山为例，重点围绕黄山研学资源的根本——世界自然与文化双遗产资源做文章，通过市场细分、产品细化，推出研学游、科考游、访古游、科普游等不同主题的产品及线路，实现有的放矢、精准施教。

2. 避免两个极端

（1）避免书院型研学。这种类型的研学强调着古装、诵古文、穿古衣、行

古礼等形式，过于注重仪式感，往往形式大于实质。我们认为不宜过分追求外在形式，应该以中国传统文化为底蕴，以社会主义核心价值观为导向，通过现代人的生活方式、教育方式组织开展研学活动。

（2）避免旅行社型研学。这种类型的研学实际上不是研学，只是将原先的旅游项目改头换面、重新包装，贴上研学标签，摇身一变就成了研学旅行项目，造成"走马观花""假大空"等问题。各类研学机构应该针对研学市场开展深入调研，推出真正具有实质性教育内涵和价值的研学旅行项目。

3. 抓住三个关键

（1）打造专业性的研学团队。研学旅行成功的关键因素之一就是要有善于运作、有能力整合各类社会资源的灵魂人物及团队。从旅游目的地的实际情况出发，整合研学资源（当地的自然、生态、文化、历史、地理、红色、乡村、非遗等各类资源），设置研学课程（针对不同年龄层策划设置不同体系的研学课程），培养研学导师（依托地方高校、地方志研究会、书画院、中医院、非遗传承人等智力资源，建立研学旅行导师库），拓展研学渠道（与研学机构、研学基地、旅行社等各市场主体合作），成立研学旅行专业团队或机构，实现研学旅行的专业化运作、规范化运营、标准化管理。

（2）打造复合型的研学营地。对于研学旅行，可谓"得营地者得团队"。面对火热的研学需求市场，目前国内成熟的综合性研学旅行营地资源较为匮乏，成为研学旅行进一步发展的严重制约因素，应当以国家对研学营地的专属配套扶持政策为契机，盘活各类闲置资产、资源，以高起点、高规格来要求研学营地建设，打造涵盖各年龄段，集文化性、科普性、趣味性、娱乐性、科技性、体验性于一体的复合型、多业态、精品化研学营地。

（3）打造最佳的研学场景。研学的课堂在户外，在大自然中。据统计，全球80％以上的研学旅行都是借助景区实现的。景区是研学旅行的重要空间载体，我国景区大多为名山大川、名胜古迹，开展研学旅行应充分考虑这些景区的安全性、承载量、空间规模等因素，在研学线路中，因地制宜打造若干最佳研学场景，便于导师现场教学、现场解说，令学生切身感受、身临其境。

（章德辉，黄山旅游发展股份有限公司董事长）

集美：打造研学品牌，迈向研学之都

吴吉堂
张岳俊

福建省厦门市集美区（以下简称集美）所发展的研学旅行，不仅是一个单独的产业，还是一条构建了"四梁八柱"体系的全产业链，以高规格、高素质、国际化、多元文化等特色引领着行业发展的风潮；是一个具有国际视野的集美特有的旅游 IP，作为"福建省首批对台交流基地"和"大陆首个对台研学基地"，搭建了闽台研学平台，并成为海外学生来闽研学旅行必须前往的目的地。

集美在研学旅行产业里提炼出了研学旅行在集美的五大特征，即"学村情怀，历史承继""教育本质，真正成长""泛营地化，精品课程""群策群力，共同缔造"和"国际视野，品牌打造"。这些特征以文化、教育、经济、社会与国际的视角，由表及里、言简意赅而又深刻地阐释了产业发展的根基、现状与未来，这也是集美研学旅行"打造研学品牌，迈向研学之都"的"密钥"。

一、学村情怀，历史承继

研学，顾名思义，指的是在研究性学习的基础上，加入旅行体验，以班级或学校为单位进行集体活动，有确定的主题，有根据年龄段设计开发的专业线路和课程，学生们在参与课程的过程中共同体验，相互研讨。其作为一种教学模式和标准,在20世纪初被引进中国,成为素质教育的新理念、新方法和新模式。

研学旅行,与古人所追求的"读万卷书,行万里路"的人文精神存在着共通之处。两千多年前,孔子就率领众弟子游历四方、遍历河山,被视为中国最早的游学,正如《史记》所提到的:"游学博闻,盖谓其因游学所以能博闻也。"如果说孔子的游学以游说为主,那么玄奘、徐霞客等人的旅行更接近"游学"的概念。到了近代,为学习国外先进技术,国家曾派出不少学童赴美、英等国深造。在当代,游学依然是一种学习形式,儿童以夏令营、冬令营为主,青少年则多为出国留学——广义上来说这也是研学的一种。

集美区的研学旅行发展较早,可以追溯到20世纪20年代海童子军的创立,是依托陈嘉庚建立的集美学村所积淀的人文内涵、闽南文化和华侨文化,逐渐生根发芽的。100多年前,陈嘉庚就以科教兴国的远见卓识,为集美学村的发展画下了宏伟蓝图。集美学村的发展史,与牛津、剑桥等欧美教育小镇有着相似的轨迹:从立学到立镇,利用优质教育资源,完成了人口、高素质人员的重新聚集。陈嘉庚在逐步构筑集美学村的时期,还创全国之先成立了"海童子军",结合航海专业知识与海军学校的管理方法,让学员学习帆船驾驶、游泳、救生、通信信号、守望及领航等多种相关课程,并且每一项都要进行严格考核。这种教育与实践相结合的创新方式,是德育、智育、体育多方面培养的先行之举,极具划时代意义。

除了故土教育,陈嘉庚也没有忘记华侨地区的教育事业。1919年,新加坡南洋华侨中学由陈嘉庚发起建立,并以中文为教学语言。新中国成立后,我国国际地位逐步提高,侨生归乡心切,陈嘉庚便提出在集美创办归国华侨学校,集美华侨学生补习学校应运而生。集美研学旅行的根基在于设立华侨补习学校,成为文化使者,吸引港、澳、台学生,侨生和外国留学生深入集美学习,让中华文化越走越远,走出国门。在陈嘉庚多年前深耕的土地上,侨生教育的发展义不容辞,是"引进"和"走出"同步进行的研学试验。

于集美研学而言,作为历史物质文化遗产,集美嘉庚建筑群亦是一种特殊的文化教育资源。对于初到集美的人来说,红屋顶和西式房体的建筑集群具有极大的视觉冲击力,这恰是闽南红砖民居与欧式建筑两种建筑文化结合产生的艺术审美价值。明显的时代感、本土性与环境体征,能让人感受到深厚的历史文化涵养。集美不仅是风景优美的自然旅游区,更是人文风景区,以实体建筑、实物为学生们展现丰富多彩的近代史知识，对学生进行爱国主义教育。

因此，集美研学旅行的优势及特点，是从历史性来考量的，古人的"游学"理念与研学实践是有渊源的，侨乡的历史是研学的重要方向。集美研学，是新兴的教育模式，更是一种让文化交融并广泛传播的方式。集美所做的研学，不只是一个产业，而是一份发自内心的担当，一个坚持弘扬教育强国精神、坚持探索、坚持先行的大情怀。

二、教育本质，真正成长

习近平总书记强调教育要在六个方面下功夫，即坚定理想信念、厚植爱国主义情怀、加强品德修养、增长知识见识、培养奋斗精神、增强综合素质。而集美研学旅行正在这些方面下了硬功夫，关注学生人格成长的同时，也注重锻炼学生的社会生存能力，目的是"造成健全个人，授以实用智能，培养义勇精神"，即让学生既具备健全的人格和思考能力，又具备相应的生存技能和社会交往技能。

首先，研学旅行根据学生们的天性，创造了"学中玩、玩中学"的形式，这是结合了"读万卷书"与"行万里路"的优势，读书为静，实践为动，互为表里，相得益彰，使学生真正对其所学有更深刻的认识。

其次，在发展研学以来，集美一直保持回归教育的初心，不断研究"教育"与"研学"的理论关系，从教育初心到课程设置，从精神引领到创新创造，不停实践，形成了较完整的研学实践理论架构，可以概括为"1485理论"。

所谓"1"，指的是"原力"，即研学的目的和方向。好的教育就是要找出每个学生的原力，点燃他们内心的火焰，让他们做自己喜欢并擅长的事情。"4"指的是"四梁"，厘清研学旅行的"教育初心"即教育和传承，需要调动社会、学校、家庭多方参与，打造研学的"四梁"。首先必须明确教育为本，研学是一种基于自我教育、学校教育、家庭教育和社会教育所衍生出来的新型教育；其次，发展研学必须要有营地，用以解决研学过程中学生吃、住、行、用等各方面需求；再次，课程为王，研学是一种研究性学习，必须要有主题；最后，必须要有研学导师的引导和带领。"8"则是"八柱"，八个评判"一次活动究竟能不能称为研学"的流程标准，分别为：一是精神引领，即活动要体现正确的价值观,具备主题;二是拓宽视野,活动让学生出来走一趟,必须要能拓宽他们的视野;三是高投入度,即活动要让主体(即学生)在过程中主动投入;四是科学策划,这个活动本身要经过科学论证,研学不是一次"说走就走的旅行",它需要反反复复地论证设计,再让适当年龄的学生在合适的时间、地点进行学习;五是增强互动,要让学生与人、与自然进行互动;六是朋辈促进,研学是一种集体性质的活动,学生之间一定要能互相学习、互相促进;七是活动或课程本身要有自己的创新创造;八是要有总结提升,学生在这里花费了时间和精力,要让他们能真正学到一些东西。"5"指的是学生们通过研学旅行能有五种收获,分别是记忆感、愉悦感、成就感、价值感和感恩的心。

此外,在作为学生们总结自我、提升自我的载体的同时,集美研学还是一个人才培养体系。学生们通过研学,成为社会所需要的人才;而研学导师也在不断自我学习,成为一种不同于老师和导游的新角色。

国人在思考与探索适合现代社会发展与具有国际视野的教育方式的路上从未停下脚步。研学在集美是一个大体系的知识探索,也是一种创新活动,对人的成长起到至关重要的作用,至今仍不断在总结、研究、提炼、创新、进步,依旧任重而道远。

三、泛营地化,精品课程

集美研学秉承着"教育为本"的初心,为把研学教育的观念传播给更多人,在研学课程上大胆创新、先行先试,在"研学旅行泛营地化"核心目标下,采用"1+N"(1个对台研学旅行基地、N个课程基地)模式来构建集研学旅行产业园、研学旅行主题营地、研学旅行泛营地于一体的全产业链,最终将整个集美打造成"全世界最大营地"。

厦门(集美)对台研学旅行基地,是以集美研学总部大楼为业务中心、集散中心、研发中心,串联起超过14个分别位于"集美学村""环杏林湾"和"泛双龙潭"三大旅游板块的知名景区,构建了全新的"研学旅行泛营地化"集美研学模式。研学总部大楼位处灵玲国际马戏城景区内,投资5000多万人民币建造,占地面积23万平方米,建筑面积180万平方米,已于2018年启用。配备有展览馆、文艺馆、多功能教室、主题活动区域、旅游集散中心、研学产业园区、服务中心、阅读区等功能区和配套设施,集教学、研发、接待等功能于一体,可同时供近500个青少年住宿、开展课程,是国内少有的研学主题馆、青少年研学中心。研学总部既为青少年提供了闽台文化、"海上丝绸之路"文化、生命安全教育与灾难逃生、机器人教育等课程的校外体验课堂,还为他们打造了沟通交流的空间。

在1个对台研学旅行基地的基础上,集美建有研学课程基地29个,包括鳌园、园博苑、厦门老院子、诚毅科技探索中心、灵玲国际马戏城等景区,打造了"人文集美""自然集美""科技集美""艺术集美"泛营地主题课程,还有集美大学、华侨大学、中国科学院等13所高校、科研院所课程基地,为青少年提供科普、航海、文化、机械职业技能等研学课程体验。

针对不同学生,集美设计了不同的相关课程,通过对各类课程的组合,形成了培养青少年六大核心素养的体验式课程体系。课程设计里最主要的,便是在素质教育中提升社会实践的比重。环境优美的学村里,依水有赛龙舟的学习训练,依山则可开展农耕常识性体验课程与户外生存技能课程。类似的主题课程,是对青少年素质教育的一种重构。研学旅行有助于暂时脱离传统教学方式,有机会将传统教育模式中出现的问题、缺失的教育内容和学生们缺乏的能力在研学旅行课程中进行弥补和实践,并借此构建出一套适合社会发展需要的教育新模式。

为保证"1+N"模式的顺利推进,打磨出精品课程,集美也注重课程开发与研学导师的选择。在集美大学、厦门理工学院开办专业课,与政府、学校和企业签订推进研学旅行人才培养合作协议,目前集美多个研学课程基地涵盖了600多种课程,其中有传统的学习课程,也有移动课堂和分享型课程,以有理论、有体验的课程模式来展现集美强大的研发研学课程的能力。对于研学导师的甄选,集美提出了超越普通老师与导游的标准,注重教师在"价值引领""人格塑造""知识传递""能力培养"这四个方面的素质,并强调研学导师应该有"大智""大爱"与"大德",所有集美研学导师都要经过层层严选,再按照实际需求,将他们分为初级导师、中级导师和高级导师,优中选优。

四、群策群力,共同缔造

作为全产业链的研学旅行产业,集美研学深入挖掘人文、旅游、教育、市场等各方面的资源和优势，大胆创新，多措并举，全面营造"时时是研学时光，处处是研学课程，人人是研学导师"的氛围。发展研学，首先要使推动研学发展成为集美人的共识，还要促进形成合力，能够一呼百应，群起而"推"之，为集美研学旅行产业打下基础。

集美区地处厦门行政区域几何中心、厦漳泉大都市区中心地带，文教氛围浓郁。独特的嘉庚精神及华侨文化、闽南文化、学村文化（即"一精神三文化"），有利于研学学生提高文化审美、树立正确价值观、储备各类知识，为集美发展亲子研学旅行赋能并为其注入多元化基因。东西交融、传统与现代融汇的地方文化特色，各种产业群集聚，交通便利，城市精致小巧，丰富的资源条件为研学的学习场所和学习内容提供了有力的支撑。

集美除了拥有浓厚的文化气息外，还有丰富的旅游资源。启用后的研学总部大楼，是集美研学旅行产业发展的"大脑"，整合了集美各个旅游景点资源，串联起鳌园、陈嘉庚故居、大社示范街区、集美学村等人文研学路线，园博苑、双龙潭、厦门老院子、天沐温泉等自然研学路线，诚毅科技探索中心、正新（厦门）汽车国际文化中心、三圈模型科技体验基地等科技研学路线，兑山艺术区、嘉庚剧院、灵玲国际马戏城等艺术研学路线；并且与集美大学、华侨大学、厦门理工学院等高校携手打造"研学旅行泛营地化"的集美研学模式。这些资源的串联与提升，强化了集美亲子游寓教于乐、趣味互动的特质。

丰富的教育资源也是集美开展研学旅行的基础。厚积薄发的集美区，在发展之初，便充分认识到了"智库建设"对打造"研学之都"的重要性。集美文教区有十几所大中专院校、十余万高校师生，浓厚的文教氛围与丰富的教学资源是集美发展研学旅行的庞大、高端的"智库"。因此，集美研学产业才得以持续升级，海内外研学师生纷至沓来。同时，集美研学旅行还引入各地的优质师资，提升集美研学旅行课程的品质，着力发挥闽台优势，引入台湾师资，开发台湾课程，提升集美研学旅行品质，促进两岸融合发展。

集美研学旅行建立了"市场化＋政府补助"机制，在出台相关政策之时，创新运营机制，整合社会优质资源，不断丰富研学产品、导师队伍等产业元素。

一为政策保障，采取以奖代补的方式，出台了大陆首个区级扶持力度最大且操作便捷的《集美区关于鼓励对台青少年来集研学旅行奖励办法（试行）》、全国范围内首个县级的闽台研学旅行政策《关于鼓励对台青少年来集研学旅行奖励办法》，今后还将继续推行若干措施，促进引客入集、机构入驻、营地交流、师资培训、课程研发等业务活动的开展。

二为机制创新，在研学总部的运营机制上，形成由政府主导，由专业运营机构统筹研学资源、日常运营、课程开发，由被政府评为基地的景区酒店高校机构具体承接，由高校、教育机构输送并培训老师、助教、志愿者等的一体化模式，实现"旅游＋教育"的专业合璧。

三为多方联动，集美聚集高校人才资源，形成强大合力，成立与政府、企业、高校等联合组成的研学旅行研发中心，为集美研学旅行进行专业规划、资源整合、线路设计和具体指导。

五、国际视野，品牌打造

"中国永久和平学村"集美学村在陈嘉庚先生的伟业助力下美名远扬，蜚声海内外。如今，集美增添新品牌——亲子胜地、研学之都。集美研学产业以宏大的国际视角，将中华文化教育作为根基，立足大陆，对接台湾，连接东南亚和"一带一路"相关国家，面向全世界，在全国范围内创新求变，打造出"中国南方最好的研学旅行目的地"，擦亮"亲子胜地、研学之都"品牌。

（1）集美华侨学生补习学校逐步成长为华侨大学华文学院的历程，给集美研学旅行的中华文化教育找到了新方向。作为厦门重点侨乡学区，集美学村背负着闽台地缘的历史责任与教育责任，并以天然的地理、文脉、教育和血缘关系等优势，将研学旅行的中华文化教育重点面向台湾同胞。

习近平总书记多次强调要推动两岸青少年通过"多来往、多交流"，来"感悟到两岸关系和平发展的潮流"，"感悟到中华民族伟大复兴的趋势"。于是，集美区不断贯彻落实习近平总书记讲话精神，依托闽台优势，联动本土特色资源，持续深化对台研学工作。

一是在平台建设上发力。2018年创立了中国厦门（集美）对台研学旅行基地，获批福建省首批对台交流基地，这也是大陆首个对台研学基地；在灵玲国际马戏城装修建成研学总部大楼，于2018年海峡论坛期间投入使用，成为两岸青少年分享交流的乐园；在灵玲国际马戏城打造福建首家融合景区模式的台湾青年创业园"灵动青春·台湾青年创业园"，架起海峡两岸合作交流新桥梁，将台湾文创优势与大陆市场结合,创造了"文创+旅游"新模式。

二是在政策支持上推动。除了落实好中央"31条惠及台湾同胞措施"、福建省"惠台66条措施"、厦门市"惠台60条"等各项惠台政策,集美还重磅发布优惠政策《集美区关于鼓励对台青少年来集研学旅行奖励办法(试行)》,鼓励市场化运作。

三是在课程打造上创新。开发"闽南文化的保护与传承"等系列体验课程,将闽南木版年画、布袋木偶戏、木偶雕刻、剪瓷雕、南音等操作性强且参与感强的闽南地区非遗项目作为台湾学生溯源闽南文化的方式之一;以集美区台资企业为切入点,带领台湾学生参观访问集美地区学校、社区、创业园等,"了解真实的大陆",产生深入的人文交流;打造以"知行合一"为目标的研学营,对台湾学生进行独立分组,针对不同年龄段设置不同的行程和内容,营造出属于各个年龄层的体验与记忆,将技能体验与文化体验相结合,让来厦的台湾青少年在研学旅程中增强对祖国的归属感。

(2)集美研学旅行把对象拓宽到以集美文教区内港、澳、台、侨和外国留学生为基础的国内外学生,开展了形式多样、内涵丰富的研学实践活动,助力推动集美本地特色文化、闽南文化和中华文化走向世界。

2014年,集美依托华侨大学、集美大学和厦门理工学院,进行了不同的文化教育实践活动,将高校里的海外学生带出校门,参加集美"印象侨乡"系列活动,体验以雕塑、书法为载体的集美大社文化体验课程等。2015年之后的每个夏天,作为集美研学旅行的品牌活动之一,长达6~8周的集美中外学生国际文化交流季系列活动都会如期开展。参与国家众多、研学内容丰富的国际研学活动,吸引了来自全球30个国家的近百名大学生,其中不乏来自牛津、剑桥、哈佛、耶鲁等顶级名校的大学生,与来自我国各地的青少年齐聚集美互动交流,让国内学生不出国门,就有机会进行国际交流,让文化走出去,引进全球资源,为集美教育和旅游增添多元文化特色。2016年暑假,来自厦门大学、湖北工业大学、台湾中原大学、嘉义大学、印度尼西亚大学、越南国立经济大学、牛津大学、哥伦比亚大学等21个国家和地区的42所高校的111名大学生相聚在集美,参加了以"文化社区·创意营造"为主题的第六届海峡两岸高校文化与创意论坛暨2016"海丝"大学生创新创业大赛,进行文化的碰撞与交流,为陈嘉庚先生的出生地——集美大社老社区的改造提供创意和设想。世界各地的青少年们,在人文专家的引领下,游览嘉庚建筑,体验非遗技艺,参演金莲升高甲戏，真切地触碰、感受着中国传统文化和闽南地方文化。此外，他们还走进诚毅科技探索中心、三圈模型科技体验基地、正新（厦门）汽车国际文化中心和集美软件园区等，了解中国制造业，以及新技术、新经济模式在中国的发展与应用，了解复兴中的中华民族。

集美着眼于两岸青少年互相学习交流及对外文化输出的长远历史价值，在具体项目中，从内容到形式都进行调整和创新，以适应新时代的发展需求，真正实现用国际视野，行教育之事，承担起提升国家软实力的大责重任，其"研学之都"的国际品牌也将顺其自然打造出来。

（吴吉堂，厦门市集美区文体广电出版旅游局局长；张岳俊，厦门市集美区文体广电出版旅游局）

武汉市中小学生"跟着课本游中国"主题夏令营20年发展历程与经验启示

李 军

从1998年启动至今，武汉市中小学生"跟着课本游中国"主题夏令营（以下简称游中国主题夏令营）已坚持举办了20年，其时间跨度和参与规模创下了武汉市乃至全国基础教育阶段学生校外实践活动之最，并探索形成了"政府主导，专业承办；协作分工，管理有序；区校联动，自愿参与；主题鲜明，育人为本"的夏令营管理"武汉模式"，被《中国教育报》《中国旅游报》等多家主流媒体聚焦报道，产生了良好而广泛的社会影响。

一、20年的发展历程回顾

"读万卷书，行万里路"是古人给我们留下的一句朴素的至理名言。"读书"是静态的，是精神的行路，而"行路"是动态的，是身体的读书，唯有二者结合，方能知行并进、学以致用。游中国主题夏令营正是秉承我国传统游学教育理念和人文精神，回应人民群众迫切需求，顺应改革创新教育模式、探索教育途径多元化的要求而生，由1998年一个约80名中小学生参加的武夷山环保夏令营——一个在当年和现在看起来都不十分起眼的活动——正式拉开帷幕，走过极不平凡的发展历程，步入良好的发展轨道。20年的探索与实践历程，大致可分为三个阶段。第一阶段是1998年至2008年，其主要特征是举办方式由教育部门自办转变为专业机构承办，逐步确定了"跟着课本游中国"的主题，学生参加游中国主题夏令营以放飞身心为主要目的。第二阶段是2009年至2013年，其主要特征是教育元素的大量融入，游中国主题夏令营安全防控等各项标准初具雏形，夏令营管理"武汉模式"初步形成。第三阶段是2014年至2018年，游中国主题夏令营进入理论总结和升级阶段，其主要特征是安全防控、法律程序、教育活动、工作流程、财务管理"五个规范"要求的提出，和《武汉市中小学生"跟着课本游中国"主题夏令营活动管理办法》的制定，各项工作标准和夏令营管理"武汉模式"内容及内涵进一步完善。

20年来，武汉市先后有230所中小学校、25万余名中小学生参加游中国主题夏令营，通过涉及文史、科技、环保等领域的60多个教育主题的活动，领略了祖国的大好河山，开阔了视野，增长了见识，培养锻炼了团队协作精神和自我管理能力，得到了健康快乐的成长。

如何客观评价游中国主题夏令营这20年？中国青少年研究中心前副主任孙云晓在游中国主题夏令营20周年座谈会上的发言具有代表性。孙云晓认为，评价一种教育方式的成败得失，需要10到20年甚至更长的时间。"武汉模式"夏令营成功举办20年之久，值得总结，更值得全国教育界思考。迄今为止，中小学生夏令营和春秋游活动在许多地方仍被禁止，或者因安全等理由被严加控制，这是极为普遍的事实。但"武汉模式"夏令营开办20年来，参与中小学生达25万，这是武汉教育对改革开放40年的杰出贡献，是中国教育史上的奇迹！

二、20年的发展经验总结

对游中国主题夏令营进行回顾与总结，我们认为，其主要经验有以下五点。

第一，**坚持政府主导**，是游中国主题夏令营得以发展的前提。由教育部门发文组织开展夏令营，在全国其他地区或许也有，但能够坚持20年之久，唯有游中国主题夏令营一例。教育部门的主导，不仅充分体现了贯彻落实国家关于加强未成年人思想道德建设相关要求的主动作为和责任担当，同时也为游中国主题夏令营定了性、指了向、把了舵，使其教育属性更为突出、教育主题更为鲜明、教育方式更为有效，且更加具有权威性和公信力，在当下种类繁多、层次不一的各类夏令营中一枝独秀，焕发着勃勃生机。

第二，坚持安全为首，是游中国主题夏令营得以发展的基础。没有安全就没有一切！经过20年的摸索，游中国主题夏令营已初步形成了一套完备的安全防控体系。这个体系以责任心为基石，以受控管理机制和监控管理机制为支柱，涵盖质量受控管理、产品线路选择、汽车专项防控、安全队伍专设、安全教育培训、监控督导检查和保险工作制度七大方面，并辅以带队教师管理、参营人员培训、学生营地管理、食品安全管理、团队接送管理等一系列制度和规定，从而织就了一张严密的安全防控网，确保20年无一起重大安全责任事故发生。

第三，坚持育人为本，是游中国主题夏令营得以发展的根本。让学生走出课堂、融入社会、增长见识、培养能力、陶冶情操、快乐成长，是游中国主题夏令营的价值取向，它决定了其中安排的每一项活动都具有特定的教育意义。如开营仪式，旨在加强学生的纪律教育；团队组建，重在培养学生的团结协作精神；主题晚会，强调的是增强学生自信心，提高学生自我展示能力。在游中国主题夏令营所策划的教育项目中，既有家国情怀的大题目，也有衣食住行的小文章，而针对"公共场所无序进出""中国式过马路"等这些在日常生活中司空见惯的小问题来策划的项目，在对学生加强教育和引导时往往能够收到立竿见影的效果，学生家长们也正是从这些细小的变化中感受到了游中国主题夏令营的教育价值，这也正是其社会影响力日益扩大的根本所在。

第四，坚持规范操作，是游中国主题夏令营得以发展的保障。2014年《武汉市中小学生夏令营活动管理办法》（以下简称《办法》）的制定，标志着游中国主题夏令营规范化管理体系的确立。作为指导游中国主题夏令营规范开展的重要依据，《办法》界定了市、区、校三级及承办单位的责任划分，明确了带团领队、带队教师及辅导员、安全员、导游等各方管理人员的工作职责，并对安全防控、法律程序、教育活动、工作流程、财务管理等关键环节和重点工作提出了具体要求。2017年出台的《武汉市夏令营服务规范》又从人员配备、营地选择、车辆使用、讲解服务、团队接送等十个方面对这些要求做了更精、更细、更实的补充，从而进一步扎牢了规范的笼子，确保了游中国主题夏令营有序实施。

第五，坚持管理创新，是游中国主题夏令营得以发展的动力。创新是引领事业发展的不竭动力！游中国主题夏令营开展的 20 年，同时也是其管理和制度创新的 20 年：在全国首创的《武汉市中小学生夏令营活动专用合同》，既符合法律要求，又具有地域特色，针对性和实用性更强；首创的《武汉市中小学生夏令营活动委托监护协议书》，从法律上确定了学生家长与承办单位之间学生监管权的无缝对接；借鉴中考、高考巡视员制度而来的市级监管督查制度，进一步强化了监督管理力度；提前发团报批制度的建立，有效化解了学生安全风险……同时，基于游中国主题夏令营 20 年实践经验所编制的《研学旅行服务规范》和《中小学生夏（冬）令营服务规范》成为或即将成为国家或行业标准，集其大成的《最美的教育，在路上》等三部学术专著相继问世，其成果之丰硕令人赞叹不已！

三、对新时代夏令营工作的思考

当前，中国特色社会主义已进入新时代，党的教育理论进入了一个丰收期，教育事业发展也进入了一个加速期。习近平总书记关于教育的重要论述，为做好新时代教育工作提供了根本标准和行动指南。面对新的时代、新的起点，作为教育部门主导的学生校外实践活动，游中国主题夏令营应主要从以下三个方面去主动适应和满足教育事业发展的新要求。

第一，要把握正确方向，坚持高举立德树人大旗，做到目的明确。教育的根本任务是立德树人。广义上的教育泛指一切有目的的影响人的身心发展的社会实践活动，作为青少年社会实践活动重要载体的夏令营理当位列其中。教育也是一切夏令营最本质的特征，但与社会上其他夏令营不同的是，游中国主题夏令营的教育特征是与生俱来的，具有先天性和主动性，在新的历史时期应该更加突出姓"教"的特性，应该发挥好主流、主导作用，坚持高举立德树人大旗，在活动课程设计中更好地融入社会主义核心价值观教育，认真汲取中华优秀传统文化的思想精华和道德精华，着力在教育引导学生坚定理想信念上下功夫，在厚植爱国主义情怀上下功夫，在加强品德修养上下功夫，在增长知识见识上下功夫，在培养奋斗精神上下功夫，在增强综合素质上下功夫，把立德树人的成效作为检验游中国主题夏令营成果的根本标准。

第二，要发挥自身优势，坚持德、智、体、美、劳"五育"并举，做到任务明确。坚持社会主义办学方向，就是要把"培养德、智、体、美、劳全面发展的社会主义建设者和接班人"作为根本任务。目前，德、智、体、美、劳"五育"在学校教育中的现状是"长于智、疏于德、弱于体美、缺于劳"，在家庭教育中的情况也大体如此。同研学旅行一样，游中国主题夏令营是由教育部门主导的学生校外实践活动，属于学校教育的一部分，而不应简单地将其归为一般性的学生校外实践活动。这一定位决定了游中国主题夏令营的办营方向和培养任务与学校教育的一致性，也决定了其在改变上述现状方面应该有所担当和作为。同时，我们是夏令营相关国家标准的制定者，既有常州线路三年的成功经验可借鉴，也有2019年徽州线路的不足值得总结，还有雄厚的教育资源和智库作为支撑，完全能够有所作为。

第三，要充分挖掘资源，坚持全员、全程、全方位"三全"育人，做到要求明确。形成全员育人、全程育人、全方位育人的格局，是实施新时代立德树人工程的要求。落实到游中国主题夏令营中，就是要求参与组织管理工作的全体人员，都要以工作中所体现的敬业精神、职业道德和专业技能尽育人之责，努力实现"全员育人"；就是要将育人的要求贯穿于夏令营活动的全过程，深入挖掘潜在元素，在食住行游等各方面显育人之效，努力实现"全程育人"；就是要将育人的要求覆盖到中国学生发展核心素养所包括的人文底蕴、科学精神、学会学习、健康生活、责任担当、实践创新六个方面，通过组织开展适合营员年龄和特点的活动行育人之教，努力实现"全方位育人"，让游中国主题夏令营真正成为落实立德树人要求的"第二课堂"。

教育是国之大计、党之大计。随着教育改革的进一步深入，游中国主题夏令营等同类实践活动必将在基础教育课程体系中占有越来越重要的地位。只有切实做好游中国主题夏令营的安全管理和组织规范，尤其是不断深挖其教育价值和教育内涵，才能真正实现夏令营活动的社会意义，引导更多中小学生在行走中增长见识、锻炼能力、提高素养，实现全面发展。

（李军，武汉市教育局勤工俭学管理处副处长）

第七章

营地教育与研学实践

综合实践活动课程、研学旅行和营地教育要体现时代特点

王振民

一、了解教育深化改革的背景

2016年12月教育部等11部门印发了《关于推进中小学研学旅行的意见》，2017年又颁布了《中小学综合实践活动课程指导纲要》。

对于青少年教育，党和国家始终从国家和民族发展的战略高度给予充分重视。这给我们提出了明确的工作任务、工作方向，对我们站在新起点推进教育深化改革具有重要的意义，为我们开展综合实践活动课程、研学旅行和营地教育，提供了难得的机遇。站在教育看教育，也许我们的视野是有局限的，站在整个社会发展的大背景下看教育，我们的视野才能更开阔。

面对研学旅行这个新兴的、热门的教育话题，我们希望能够更多地了解国家教育综合改革的新政策，分享展示国内外研学旅行与营地教育最前沿的理念，探讨交流综合实践活动课程、研学旅行与营地教育课程最新的研发成果。

各地积极探索开展研学旅行，部分试点地区取得显著成效，在促进学生健康成长和全面发展等方面发挥了重要作用，积累了有益经验。但还有一些地区在推进研学旅行工作的过程中，存在思想认识不到位、协调机制不完善、责任机制不健全、安全保障不规范等问题，制约了研学旅行的健康发展。

最好的教育在路上，但研学旅行绝对不是简单的旅游。目前，研学旅行概念火热，但我们需要认真思考，如何在旅行的基础上实现教育功能，开发一批育人效果突出的研学旅行活动课程，建设一批具有良好示范带动作用的研学旅行基地，打造一批具有影响力的研学旅行精品线路，建立一套管理规范、责任清晰、筹资方式多元、有安全保障的研学旅行工作机制，并将其应用到工作中。

综合实践活动课程、研学旅行与营地教育属于校外教育范畴，校外教育对青少年学生的全面发展具有重要作用。它对儿童兴趣的产生具有启蒙作用，对青少年已有的兴趣具有巩固和拔高的作用，对青少年未来志向的形成与发展具有指导作用。

现代社会需要人们具有创新意识和实践能力，校外教育在培养创新意识和实践能力上有着其他类型教育无法替代的作用。青少年在校外教育过程中学会的技能、掌握的本领、获得的意识，将影响其一生的发展。

研学旅行与营地教育是以广泛的社会资源为背景，强调与社会进行多层面、多维度的接触与联系，拓展学生学习的空间，丰富学生的学习经历和生活体验，是一种深受学生欢迎的课程方式。研学旅行与营地教育重在一个"学"字，提供"教育所必须，学校所不足"。

二、把握综合实践活动课程、研学旅行和营地教育的教育本质

综合实践活动是什么样的课程？《中小学综合实践活动课程指导纲要》突出强调综合实践活动课程的以下几个基本属性。

第一，它是国家义务教育和普通高中课程方案规定的必修课程，与学科课程并列设置，从小学到高中，各年级全面实施，所有学生都要学习，都要参加。

第二，它是跨学科的实践性课程，注重引导学生在实践中学习，在探究、服务、制作、体验中学习，分析和解决现实问题。它可能涉及多门学科知识，不是某门学科知识的系统学习，也不同于某一门学科中的实践、实验环节。

第三，它是动态的开放性课程，强调从学生的真实生活和发展需要出发，选择并确定活动主题，鼓励根据学生的实际需要对活动过程进行调整和改进，以实现活动目的。课程实施不以教材为主要载体，不是按照相对固定的内容体系进行教学。在这一点上，与学科课程也有显著差别。

研学旅行是一种综合性实践活动，是体验式学习、研究性学习和综合实践活动的统一。教育部基础教育司有关负责人曾指出，"教育功能是研学旅行的第一要义"。研学旅行的形式可以多种多样，但要体现"集体旅行""集中食宿""研究性学习""旅行体验""学思结合""知行统一"等研学旅行的标志性特点。

营地教育是通过体验式学习及富有创造性的活动让青少年"有目的地玩"和"深度探索自己"。

一个好的营地，可以让学生通过体验式学习，将体验的过程逐渐内化，变成一种可迁移的能力，这种能力可以应用在生活学习的方方面面。营地教育是一种"不着痕迹"的教育，它的魅力是学校教育无法替代的。学生在营地参与各项活动，接受各种心理和体能的挑战，在其中发现自我，了解自我，激发学习兴趣，拓宽知识的边界。可以说，研学和营地教育是连接学校教育与家庭教育、社会教育最好的桥梁之一。

研学旅行与营地教育，需要有文化的支撑，需要营造一个好的教育环境。研学旅行与营地教育作为家庭教育与学校教育之外的一种新型社会教育模式，对青少年的影响是家庭教育和课堂教育所不能替代的。

我们目前的教育比较欠缺的正是与社会的结合，与生活的结合，与自然的结合。

青少年户外教育在欧美等发达国家已经非常成熟。研学旅行与营地教育在有些国家已被正式纳入常规教育体系（我国将其纳入综合实践活动课程内容）。在国内如何建立共享路径，提供更清晰、明确的思路，构建成熟的体系和模式，为综合实践活动课程、研学旅行与营地教育营造多方合力的发展环境，需要我们共同去探索实践。

三、通过实践性课程培养学生的核心素养

综合实践活动课程、研学旅行与营地教育，基础是教育部提出的六大核心素养，理念是让学生亲眼所见、亲身体会、亲自动手，目的是让学生将所学知识转化为实际运用知识的能力。

"核心素养"指学生应具备的适应终身发展和社会发展所必备的品格和关

键能力，"中国学生发展核心素养"共分为文化基础、自主发展、社会参与三个方面，综合表现为人文底蕴、科学精神、学会学习、健康生活、责任担当、实践创新六大素养。

综合实践活动是从学生的真实生活和发展需要出发，将生活情境转化为活动主题，通过探究、服务、操作、体验等方式，培养学生跨学科素养的实践性课程；是学校教育和校外教育衔接的创新形式，是教育教学的重要内容，是综合实践育人的有效途径。

组织学生以集体旅行的方式与自然和社会深度接触，让学生们在真实世界中亲身感受所学所知，有利于实现课堂内外知识的融会贯通，引导学生不断发现、思考、研究、探索。

研学旅行提供"教育所必须，学校所不足"。它是要求所有学生都参与的社会实践活动，这是其基本特点。

研学是旅行的目的，旅行是研学的载体。研学旅行的核心在于进一步提高学生的学习能力、思考能力和实践能力。

四、通过研学旅行让学生开阔眼界

古人讲"读万卷书，行万里路"，有些学生却是通过动漫和电视认识世界。我们有责任带着学生走出家门，走向户外，用脚步去丈量这个世界，用手和眼睛去感受这个真实的世界。

心灵的成长需要自由。大家都知道"鱼缸法则"：几条小鱼放在一个鱼缸里，好几年了，还是那么小，于是人们认为这种鱼就是小个头。有一天，鱼缸被打破了，因为一时找不到新的鱼缸，人们就把这些鱼养在院子的池塘里，没想到它们竟然长得很大。

鱼需要自由的成长空间，人更是如此。研学旅行是一段崭新的旅程。让学生在集体生活中开阔眼界、增长见识、探讨学习，这是一种活生生的"课堂"，是学校生活的生动延伸。

只有带着学生踏上旅途，看看大千世界，他们才会知道人生有着无穷的可能。"那时，你们以为仅仅是带孩子看了一次世界，也许你们没有想到，那一次也成就了他们未来的世界。"

千万不要以为学生年龄小，不懂事。其实路上的所见所闻已经融入了他的头脑。接触外面的世界，能让学生开阔眼界、拓宽思维，也能帮助他日后走得更远，飞得更高。

在知识来源呈现方式如此多元的信息时代，人的成长不应仅仅停留在学校教育的范畴之内。

五、学校面对的挑战和未来教育的发展趋势

随着人工智能时代、互联网时代、大数据时代的来临，移动学习终端的出现正在打破固定的教材、教师和教室这种传播知识的传统模式，传统学校的"围墙"正在被打破。未来的人工智能会让我们现有的教育优势受到巨大冲击。

从功能上讲，未来学校将呈现出教育的"去中心化"趋势。

从学校与社会的关系看，教育的实施正呈现出"去边界化"的特征，学校与社会之间的"篱笆"正在被拆除。

从教育实施的空间看，传统的校园已被超越，或者说，社会已成为实施教育教学活动的重要场所。

从教育资源的供给看，课程的供给不再是传统的学校教育的特权。

传统的学校也将转型成一种"线上＋线下"的混合式教育组织。在线教育的发展将推动传统教育组织（比如学校）出现创新和变革，未来将出现建立在网上的虚拟教育组织。

六、建立综合实践活动课程的共享教育路径

我们在一些教育媒体上看到的"共享教育"，是面向现实与未来的教育。如何建立共享教育路径，营造综合实践活动课程、研学旅行与营地教育多方合作的发展环境，需要我们共同去探索。

综合实践活动课程和研学旅行与营地教育虽已进入了国家决策层面，但尚未形成总体实施方案，各地在发展实施中存在诸多差异，我们做了很多研究和实践，但仍需要更深入的探索。

综合实践活动课程，转变以往那种单一的知识传授模式，强调多样化的实

践性学习，如探究、调查、访问、考察、操作、服务、劳动实践和技术实践等，超越教材、课堂和学校的局限，在活动时空上向自然环境、学生的生活领域和社会活动领域延伸，密切学生与自然、与社会、与生活的联系，引导学生从自身生活和社会生活中发现问题，注重知识和技能的综合运用。

综合实践活动作为国家课程，不是其他学科课程的辅助，是独立的课程，具有独特的教育功能和价值，与其他课程互补。

综合实践活动课程、研学旅行与营地教育中，教育、文化、旅游等行业的跨界融合趋势在加快。课程研发的专家提出，要将文化资源转化为教育资源，将教育资源转化为课程资源，将课程资源转化为学习成果。

依托"研学教育共同体"，我们需要深刻理解和把握政策文件的基本内涵和核心要义，需要继续在理论和实践层面进行进一步研究，我们要积极推动教育资源共享和区域合作。

国内研学旅行与营地教育尚处在初级阶段。它的火热发展背后，行业标准未明晰、课程设计不科学、安全保障不到位等诸多行业痛点和难题逐渐浮现。

我们要积极构建平台，整合各类资源。构建、梳理、加深不同机构、组织和个人之间的合作关系。"我们的学校、校外教育机构、基地、营地、旅行社、文化单位等均为独立的、各自经营与发展的个体，并没有形成团队优势"，我们呼吁"加强横向与纵向的联合，形成整体，形成合力，构建新平台"，尽最大可能共享优质教育课程资源，推动资源共享和区域合作。

开展综合实践活动课程、研学旅行与营地教育，社会教育资源和学校合作才能共赢，还要建立相对完整的架构，优选实践模式，建立课程研发、导师培训、市场运营、风险管理、督导评价体系。

七、重视课程体系设计

目前，研学旅行概念火热，如何在旅行的基础上实现教育功能，避免"游而不学"或"游而少学"，是整个行业面临的挑战。

课程要素的缺失，浅层的体验，难以实现综合实践活动课程、研学旅行与营地教育的价值。

"课程设计"是综合实践活动课程、研学旅行与营地教育的核心。

综合实践活动作为一门课程，不同于一般的学生课外活动。《中小学综合实践活动课程指导纲要》对课程目标作出明确规定，强调综合实践活动的设计与实施必须围绕课程目标进行，注重引导学生在活动中体认、践行。研究性学习是新一轮课改所倡导的一种重要学习方式，综合实践活动课程、学科课程，都要引导学生采取研究性的学习方式，强化主动探究意识，培养科学精神。《中小学综合实践活动课程指导纲要》中所强调的野外考察、社会调查、研学旅行等，都是研究性学习的具体形式，其他几种活动方式，也都体现了研究性学习的基本精神。

我们要重视课程研发，完善课程评价体系。不能只站在成人的角度，用成人的思维来设计课程，而忽视孩子们真实的需求。

研学旅行与营地教育，需要文化的支撑。

当前的研学旅行设计要么缺失课程要素，要么仅仅停留在"走一走、看一看"的浅层体验，要么仅以景点的了解为主要学习内容，难以实现研学旅行作为实践性学习方式的意义和价值。

校外教育课程体系的设计与管理要充分关注世界多元文化发展的趋势，吸收和融合优秀文化精髓。要以国际化的视野来构建具有中国文化特色的综合实践活动课程、研学旅行与营地教育的校外教育课程体系。

八、教育要体现时代性，符合规律性，富有创造性

教育一定要"时尚"。所谓"时尚"就是要体现时代特点。全世界先进的教育都换赛场了，我们不能还在旧的跑道上。

我们的校外教育、综合实践活动课程、研学旅行和营地教育要体现时代性，符合规律性，富有创造性。有社会热点的时候，要学会捕捉社会热点；在社会热点不突出的时期要学会创造热点，要走在教育改革和社会发展的前列，引领社会和教育的发展。我们在上海搞教育游戏的高峰论坛时，提出过一个观点：如果我们还用50年代、60年代、70年代、80年代的思维做活动设计，我们就真的落伍了。

基础教育改革已经走入深水区，进入了攻坚期。综合实践活动课程、研学旅行与营地教育在活动内容的安排上，要以面向未来为支点，努力拓展新领

域;在内容的设计上,要注重实践性,要更新活动的形式和方法。把综合实践活动课程、研学旅行与营地教育放在全球一体化的大趋势下,放在全国发展的大格局中,放在我国教育整体发展的战略定位上,再加以思考和谋划,这样才能站得更高,看得更远。

(王振民,中国教育学会少年儿童校外教育分会副理事长)

中国营地教育的发展方向及实施要求
——中美营地教育的比较与反思

杨春良

近几年,随着我国对青少年实践教育重视程度的提高,特别是"十二五"期间教育部、财政部利用中央专项彩票公益金建设 150 个"全国示范性综合实践基地"计划、2016 年教育部等 11 部门印发的《关于推进中小学生研学旅行的意见》等文件发布以来,"营地"和"营地教育"再次成为人们谈论的热词。全国各地青少年营地建设和营地教育正呈现快速发展势头,许多大型民营企业也将营地教育当作"朝阳产业",趋之若鹜。但是,对于究竟该建立什么样的教育营地、营地该开发什么样的活动课程以及如何开发与实施这些课程等问题,许多营地教育工作者在认识上仍然模糊,营地建设和营地运营的照抄照搬现象非常突出。本文试图根据世界营地教育的起源和发展历程,参考已有的研究成果,初步梳理出营地教育的价值定位和基本特点,同时,结合中国营地教育的特殊背景,通过中美营地教育对比,探索中国青少年营地教育的发展方向。

一、世界营地教育的起源与发展

营地教育起源于美国,已有 150 多年的历史。1861 年,华盛顿 Gunnery School 的校长 Frederick William Gunn 带领学生徒步近 70 千米到达长岛海峡,进行模拟军事训练，10天后返回学校，这是有记录的最早的营地活动。1876年，以青少年身体健康为主题的美国第一家私人营地在宾夕法尼亚州成立；1880年，新罕布什尔州Chocorua男孩营地成立，训练内容包括体育锻炼和生活技能训练；第二次世界大战后，越来越多的营地开始在美国涌现，营地训练也逐渐由生活导向型转为教育导向型，增加了更多包括艺术、手工、音乐、舞蹈、自然科学等类别的内容。目前美国有大约1.2万个营地，每年有逾1000万儿童和青少年、100万成年人参加营地活动。

如今，营地教育已遍布全球。俄罗斯被认为是全世界营地最多的国家，俄罗斯营地协会拥有55000个营地。加拿大营地协会在8个省级协会中有724个会员营地。澳大利亚只有近3000万人口，300万学生，但他们的教育营地超过900个。日本的修学旅行已有130余年历史，全国有4000多家自然学校，每年有3000多万中小学生参加营地活动。

中国香港的营地教育已相当成熟，目前，由香港政府支持管理的营地有61个，除此之外，还有公益机构自主运营的营地，总数超过了100个，包括户外教育营、历奇训练营、生态环保训练营、童军营地等。

中国内地的营地教育起步较晚，它是在不同时期国家、学校、社会对实践教育的不同的目标定位下逐渐发展起来的。不同时期实践教育的内涵、定位、要求不同，实践教育课程的内容和实施方式也不同。总体上讲，中国实践教育的目标（价值）定位经历了一个由思想改造到道德教育，再到发展学生综合素养（社会责任感、创新精神和实践能力等）的发展过程。可以说，从2001年基础教育课程改革专门设置"综合实践活动"课以后，实践教育的全部价值才首次得到深刻的揭示和准确的定位，实践教育活动才开始向规范化、科学化发展。就实践教育基地（或营地）建设来讲，20世纪90年代以后，全国先后建立了一批中小学社会实践基地（德育基地或素质教育基地）；新课改后的"十二五"期间，教育部、财政部利用中央专项彩票公益金在全国各地建设了150个示范性综合实践基地，实现了我国营地建设和营地教育的跨越式发展。

二、营地教育的内涵及特点

所谓营地，可以指军队扎营的地方，也可以指人群野营（野外搭帐篷住宿）的地方，还可以指举办集体活动的场地。综合起来看，笔者以为，营地就是指在户外供特定人群开展短期活动（如休闲、运动、教育培训等）的相对固定的场地。营地有多种类型：按照是否住宿分，有寄宿营地和非寄宿营地；按性质分，有公益性营地和经营性营地；按管理主体分，有公办营地、私立营地和公私合作营地；按营地所处位置分，有海边营地、森林营地、沙漠营地、草原营地等；按活动主题或目的分，有休闲营地、运动营地、探险营地、艺术营地、教育营地等。本文主要讨论面向青少年的教育营地。

关于营地教育的概念，1929年美国营地董事协会纽约分会给出的定义是：一种特定设计的教育形式，旨在关注青少年的身体健康、情感表达、户外生存体验、积极的社会参与、品味和鉴赏能力以及心智成长。1998年，美国营地协会（ACA）对"营地教育"重新定义，即营地教育是指一种在户外以团队生活为形式，有创造性、娱乐性，并能实现教育意义的持续体验。通过领导力培训以及自然环境的熏陶帮助每一位营员达到生理、心理、社交能力以及心灵方面的成长。营地教育区别于单纯的娱乐，它是让孩子们"有目的地玩耍"，是青少年社会教育的重要内容，是学校教育和家庭教育的必要补充。

营地教育的理论基础主要是卢梭、裴斯泰洛齐和福禄贝尔的自然主义教育理论，杜威的"经验课程"教育理论（在"做中学"）和皮亚杰的建构主义理论等。根据上述理论可以归纳出营地教育具有以下特点。一是情境性，即营地教育基于真实、开放的学习环境。二是社会性，即营地教育以团队作为学习的组织形式，同学之间、师生之间相互交往，相互影响，相互促进。三是综合性，营地教育以问题解决为导向，整合多学科知识，整合人与环境的各种要素。四是开放性与生成性，即在营地教育过程中，新的目标不断生成，新的主题不断生成，学生的认识和体验不断加深，创造性的火花不断闪现。五是自主性，营地教育尊重学生的兴趣、爱好，为学生主体性的充分发挥开辟空间，学生是活动的主体，他们自己选择学习的目标、内容、方式，自己决定活动结果的呈现形式，指导教师仅仅作为协助者给予其必要的指导。六是体验性（实践性），即营地教育是一种体验性学习，具有体验性学习的一般特点，如它是过程而不是结果，是用辩证方法不断解决冲突的过程，是个体与环境之间连续不断地交互作用的过程，是实现个人知识与社会知识之间的转换的过程等。

三、营地教育的作用与价值

1922年，时任哈佛大学校长查尔斯·艾略特表示："我相信，一个耗时几周、组织良好的夏令营，能够带给学生的教育意义要远远大于一学年的校内教育。"美国营地协会于2004年通过调研得出结论："营地是孩子成长教育中不可分割的部分。"世界营地协会（ICF）秘书长约翰说："一次特别的营地活动可能会改变孩子的一生。"具体来讲，营地教育具有以下作用与价值：一是营地教育让学生走进大自然，释放压力，通过野外生活体验和户外运动，促进学生的身心健康成长和人格完善；二是营地教育让学生动手动脑，有利于培养学生的动手能力、解决问题的能力、批判性思维和意志力；三是营地教育可以通过集体生活和团队活动培养学生的人际交往（沟通）能力、团队协作精神和领导力；四是营地教育的自然考察活动，有利于学生理解生态系统和辨别生命形态，认识生命的丰富性和保护生态平衡的重要性，让学生敬畏大自然、尊重其他生命物种，正确认识人与自然的关系，学会关爱自然；五是营地教育让学生走出教室，走出校园，走进社会，了解社会，了解他人，促进学生正确认识自己与他人、个人与社会的密切关系，使他们学会理解，学会感恩，培养他们的同理心和责任感；六是在营地教育过程中，户外美丽的风景、神奇的自然现象会激发学生的好奇心，培养其观察和探究的能力；七是营地教育尊重学生的兴趣，为每个学生提供参与和展示的机会，有利于发展学生良好的个性，培养其自信心和独立品格。

四、中美营地教育的比较及启示

（一）美国营地教育的主要内容

美国是一个十分重视实践教育的国家。受杜威实用主义哲学和经验主义教育理论的影响，美国的中小学和大学都普遍重视实践教学。在美国，实践教育是一种教学方式，更是一种教育理念，实践教学在各门学科和各种主题教育中基本实现了常态化。不仅如此，美国社会也对学校实践教育给予了积极的配合与支持,如他们的社区教育、博物馆等各类场馆教育和营地教育等都非常成熟,形成了校内实践教育和校外实践教育在内容上各有侧重、相互补充的局面。美国中小学的各学科教学都注重实践教学,除此之外,还有类似我国综合实践活动课的一些特定内容的实践教学,其实施途径如表1。

表1 美国学校实践教育的内容与实施途径

类别	内容	实施途径
自然与社会研究（科学·技术·社会）	自然探究、环境教育、社会学习等	社区活动、营地教育
设计学习（制作）	综合设计、应用设计、产品设计、活动设计等	学校教学为主
社会参与性学习	社区服务、服务学习、社会调查、考察与访问等	社区活动
野外生存教育	露营、森林探险、野外急救求生、安全辅导、野炊等	营地教育
户外运动、野外运动	远足、射箭、射击、马术、划船（独木舟）、户外拓展、高低空索道、攀岩、游泳、帆船等	营地教育
场馆学习	科技、自然、历史、艺术等主题的实践学习	博物馆、科技馆、艺术馆等

从上表可以看出,美国营地教育是美国学校实践教育的重要组成部分,营地教育的主题侧重自然与社会研究、野外生存教育、户外运动等领域的内容。

(二) 中国营地教育的主要内容

受应试教育思想的影响,我国中小学实践教育较为缺乏。为加强学校实践教育,2001年基础教育课程改革时专门设置了"综合实践活动"课,并逐步建立起专门实施"综合实践活动"课教学的综合实践活动基地（或社会实践基地),又称"青少年教育营地"。2013年,教育部发布《示范性综合实践基地实践活动指南（试行）》,指出实践基地（营地）教育的基本内容。

(1) 生存体验。主要包括生活技能训练、野外生存体验、紧急救护训练、防灾减灾演练、手工技艺体验、农业劳动实践、工业劳动实践、职业生活体验、社区服务实践等活动项目。

(2) 素质拓展。主要包括军事训练、体能拓展、竞技比赛、趣味游戏、文化娱乐等活动项目。

(3) 科学实践。主要包括科学探究、技术与设计、科学与艺术、科普教育等活动项目。

(4) 专题教育。主要包括国情省情教育、革命传统教育、传统美德教育、民主与法制教育、心理健康教育、国防教育、环境保护教育、毒品预防教育、民族民俗文化教育等活动项目。

每一方面的教育内容中又包含有若干活动项目。

（三）中美营地教育的差异与中国营地教育的发展方向

1. 当前中美营地教育的差异

首先，美国营地教育目标简单，内容清晰，且100多年基本不变；中国营地教育目标较多、内容庞杂，且经常变化。美国营地教育目标是"让孩子们获得真正的改变人生的珍贵经历"，通过营地教育培养青少年具备自主个性、公民意识、融入社会以及接受不同文化和价值观的能力，使他们真正具备21世纪所需要的核心能力，即沟通力、合作力、批判性思维、创造力、同理心等；营地教育课程主要是自然与社会研究、野外生存教育、户外运动等内容。以美国童军营地教育为例，其课程包括爱国主义和道德教育、身体发育和健康、生活和安全常识以及个人能力的培养四个方面，其中的生存教育包括12大类49种生存必修课，如工程绳结、海军生存技能、安全自救、户外探险、独立生活等。中国营地教育的目标是：通过开展各种实践活动，使学生获得积极体验，形成对自身、自然和社会的整体认识；养成积极而负责的生活态度；学会做人，学会做事，学会生存，学会探究，学会创造；实现学校教育与社会教育的有效衔接，书本知识与社会实践紧密结合，促进德、智、体、美在实践活动中相互渗透，促进学生健康成长。营地教育的内容如《示范性综合实践基地实践活动指南（试行）》所列举的四大领域，其中许多内容，如手工技艺体验、文化娱乐、技术与设计方面的各种手工制作和一些专题教育，在美国一般都是在中小学校内进行，但在中国，由于大多数中小学不够重视实践教育或缺少开展此类实践教育的条件，只好将其纳入综合实践活动课程，集中到基地开展实践学习。

其次，中美营地教育空间存在差异：美国营地课程大多在户外大自然中进行，中国营地课程大多在室内进行（如室内手工课）。

再次，美国营地建设、运营以民间组织为主导，中国营地建设、运营由政府主导，民营为辅。

最后，美国营地教育起步早，专业化程度高，而中国营地教育起步晚，尚处于探索成长阶段，专业化程度不高，主要表现在：一是严重缺乏专业的营地运营人员和专业教练，营地教育不规范、不科学；二是缺少本土化的营地教育课程体系，照抄照搬现象比较普遍；三是缺乏完善的营地建设标准和运营规范，营地建设缺乏依据，同时缺乏专业、权威的监管机构，营地教育督导不到位；四是公办教育营地缺乏明确、具体的政策支持，缺乏与营地教育特点相适应的运行管理机制，造成政府营地教育资源的巨大浪费；等等。

2. 中国营地教育的发展方向

如上所述，当前中国青少年营地教育课程，是基于应试教育背景下中小学普遍不重视实践教育或受条件限制无法开展常态化的实践教育的现实所形成的暂时过渡性课程。可以预见，随着学校和社会对实践教育重视程度的提升，随着学校实践教学条件的不断改善，当前许多在实践营地（基地）开设的活动课程，最终会从营地消失而进入中小学的常规课堂，因为这些课程（如设计和简单的手工制作课）在学校实施会更加方便，效果会更好，但在野外广阔空间开展的自然探究、野外生存教育和户外运动等传统国际营地教育课程却是一般中小学无法在校内实施的，这正是营地教育的优势所在，而这类课程恰恰是我国当前营地教育的短板。事实上，北京、上海、广州、深圳等经济发达城市的许多中小学已纷纷在校内建起了陶艺、剪纸等手工制作教室或创客教室，用来开展综合实践教育活动。所以，未来中国面向青少年的实践教育，必将进入常态化的实施状态，学校的归学校，社区的归社区，社会场馆的归社会场馆，营地的归营地。这或许是一个漫长的过程，但广大营地教育工作者有责任开发与实施真正的营地课程，有责任引领我国的实践教育向着与国际接轨的方向发展。

五、营地教育课程的开发与实施

营地课程开发应考虑课程预期目标（学生素质发展需要）、资源（空间场所、设施设备、交通条件等）、活动所涉及的技能以及活动的评价等因素，营地课程应是适应学生素质发展需要、学校教育和家庭教育无法完成而营地教育有条件实施的活动项目。营地课程设计遵循以下步骤：根据课程目标和营地资源状况精选课程内容，创设丰富多样的体验学习情境，根据体验学习四环节模式设计活动过程等。

在实施营地课程时应注意规范运用项目教学法、任务驱动教学法、案例教学法、合作学习等各种体验式教学方式与方法。活动评价采用发展性学习评价，评价的重点放在学生的发展层次和水平上，评价标准应是"自我参照"，而不是"科学参照"或"社会成员参照"，即以学生已有的发展基础为评价标准，突出学习过程的体验、情感、态度、价值观、综合能力，不过分强调结果的科学性、合理性。

营地教育的安全管理是重点。由于活动大多发生在户外自然环境中，这些环境无法做到所有细节受控，有时会有参与者无法控制的危险存在。这些危险可能包括危险的社会环境、繁忙的交通、不佳的天气、野生动物的袭击、蚊虫叮咬、不洁的饮用水、崎岖的道路或潮湿的环境等，因此，教师和学生必须理解在自然环境中可能存在的危险，必须提前适应并学会作出正确的判断，以使危害最小化。错误的判断、糟糕的计划、缺乏专业技能和急救技能，都会使户外教育活动充满安全隐患。

营地教育中师资是关键，对营地教师综合素质的要求要比一般学校学科教师的综合素质更高。营地教师的素质结构包括野外生活技能和能力，安全类技能和能力，环境类技能和能力，组织类技能和能力，教学类技能和能力，指导、促进学生学习的技能和能力，领导的技能和能力，环境伦理学、生态学、动物学、植物学、星象学、天文学、气象学和地质学方面的知识。

中国的营地教育虽然起步晚，但营地建设的起点较高，且发展迅速。只要我们把握好营地教育的发展方向，深刻理解营地教育的价值与特点，打造与基础教育目标相适应的高品质的营地教育课程，规范开展营地教育活动，相信优质的营地教育必将引领中国实践教育提升到一个新的水平，也必将推动中小学素质教育更进一步落到实处。

（杨春良，教育部教育发展研究中心研学旅行研究所特聘研究员，中国陶行知研究会实践教育分会副理事长，广东省中小学校外教育协会常务副会长兼秘书长）

第八章

机构风采与资源展示

厦门集美研学运营管理模式简析
——厦门集美闽台研学总部/万千极美研学营地简介

厦门万千极美营地科技教育有限公司（简称万千极美营地）位于厦门市集美区闽台研学总部大楼，采用集美区"政府主导＋市场助力"运营管理新模式，由厦门建发国际旅行社集团有限公司与厦门市集美区国有资产投资有限公司于2018年合资成立，负责厦门市集美区研学旅行的日常运营、课程开发、导师培养及研学线路设计。厦门集美闽台研学总部/万千极美营地于2018年12月3日正式启用，并于2019年1月正式开营。

一、营地研学设施

厦门集美闽台研学总部/万千极美营地，总建筑面积2万多平方米（见图1），包括研学产业园区、研学旅行集散中心、研学旅行宿舍、多功能教室、主题活动区域等多个功能分区，是集美区闽台研学旅行的"大本营"。营地共有五层楼，一层为接待展示大厅，主要用于开展开、闭营仪式及相关研学活动；二楼是主题教学区，拥有20个研学活动空间，能同时容纳700多人开展研学活动（见图2）；三、四楼为七彩童梦住宿区，拥有27个套房，可同时为500多名青少年提供研学住宿服务（见图3）。

机构风采与资源展示

图1　营地环境、一楼接待展示大厅

图2　部分研学活动空间

图3　"海洋蓝""嘉庚红""国际黄"主题宿舍

集美闽台研学总部/万千极美营地坚持"万千世界皆可研读、万千空间皆是课堂、万千大众皆可为师"的研学理念，目前已先后获评福建省对台交流基地、港澳青少年游学基地、厦门市中小学生社会实践基地，也是大陆唯一对台研学旅行基地（见图4）。

图4　企业荣誉

二、研学课程体系

研学旅行，以学校学生为主体，重点在"研"。厦门集美闽台研学总部/万千极美营地注重研学课程研发，与学校共同研发课程、编写教材、研究出品兼具"研""游"的专业研学手册,同时依托"1+N"研学模式,联合集美区其他资源,目前就 29 个研学单元定向研发了人文类、自然类、科技类、艺术类 122 个特色课程,其中营地特色课程有 56 个(见图5)。

图 5　研学旅行特色课程体验

另外,厦门集美闽台研学总部/万千集美营地以"立德树人"为核心,依托建发国旅集团优势资源,自主研发特色课程及研学产品,如"十大专家工作室""主题夏令营/冬令营""特色周末课程"等,并通过自由组合课程模式,打造能提升青少年综合素质的精品研学旅行线路。部分研学课程见表1。

表 1　厦门集美闽台研学总部/万千集美营地研学旅行课程设计

课程类型	主题	活动内容
人文类课程	嘉庚精神	寻访历史足迹,追寻嘉庚精神
		闽南建筑文化标本——嘉庚建筑
		传承嘉庚文化,诵读嘉庚语录
		嘉庚办学,"薪火相传"
		福船课程
	华侨文化	走入陈氏宗祠,侨乡寻根祭祖
		嘉庚邮局忆侨情
		廿四节令鼓
		龙舟课程
	闽南文化	闽南文化传习课程
		元宵习俗——大社刈香

续表

课程类型	主题	活动内容
人文类课程	闽南文化	闽南戏曲之掌中布袋木偶戏
		闽南童玩
		传唱闽南童谣，弘扬闽南文化
		闽南农俗文化
自然类课程	自然生态	园林景观设计课程
		生态认知之一年四季
		生态保护课程
		温泉知识科普及水上实践课程
		农耕文化课程
	生态运动	山地运动课程
		水上运动课程
		健康生活之环湾景观课程
	动植物	树说集大之美
		嗨！神奇动物在灵玲
		石斛养殖
		探秘自然
科技类课程	科技探索	星际探索之火星车
		漫步太空的时尚之宇航服
		筑梦苍穹之小火箭
		小小宇航员
		航空航天课程
	人工智能	人工智能
		AI未来教室
		人工智能垃圾分类与编程
		人工智能无人驾驶与编程
		人工智能生活运用
	工业科技	航模科技
		翻滚吧！轮胎君
艺术类课程	艺术赏析	摄影艺术课程
		西方文化感知及欣赏课程
		舞台艺术赏析课程

续表

课程类型	主题	活动内容
艺术类课程	艺术赏析	艺术美学教育
		闽南戏曲艺术
		走入动漫小镇,探索"二次元"世界
		音乐集美,星巢发现
	艺术创作	陶艺创作
		石雕技艺之影雕
		非洲鼓表演
	生活美学	茶道课
		香道课
		花道课

三、师资力量及服务保障

(一)营地师资力量雄厚

集美闽台研学总部/万千极美营地着力在师资培养上下功夫。集美区拥有十几所大中专院校和十余万高校师生,为研学旅行提供了源源不断的专业师资力量的支持。集美闽台研学总部/万千极美营地还建立了自己的研学导师库,邀请了一批海归博士、高校教师、台湾优秀青年加盟,从建发国旅集团的导游队伍及厦门大学、集美大学、华侨大学等闽台大学的众多优秀学子中挑选合适人才进行培训,并组建研学导师队伍,还建立配备包括总营长、营长、各类研学课程导师、生活辅导员等师资的队伍(见图6)。

图6 师资力量

（二）营地公共设施完善，安全保障措施完备

营地公共设施完善，安全保障措施完备。安全防控工作贯穿研学旅行的全过程，筑牢研学旅行"安全思想防线"（见图7）。

图7　安全保障措施

研学总部大楼：营地实行"人防+技防"的防控体系。营地的教室、宿舍、楼道均有紧急疏散路线图，聘用全职保安，实行安保各岗责任制，24小时值勤，采用视频全景监控系统进行实时图像传送。量身定制营地专项保险，保障入住营地学生的人身安全。另外，医务室配备专职医生；针对每个入住营地的研学团开展消防安全知识教育及课程演练，加强学生的安全及自我保护意识。

研学安全保障措施：研学过程中，构建了家庭、学校、研学机构、研学目的地"四位一体"的联合管控机制，形成了研学"安全链"，制定了一套周全、细致、职责分明的研学安全管理制度，为研学全程保驾护航。

四、营地运营情况

厦门集美闽台研学总部/万千极美营地自正式运营以来,得到各界领导的关注。截至2019年7月底,研学总部已接待来自北京、广东、香港、台湾等地的学生21787人,其中台湾青少年1941人,50%以上为"首来一族";成功举办了"'两岸一家亲·从小心连心'研学营"、台湾中学生研学活动、海外华裔青少年寻根之旅等一系列研学活动。

营地积极打造研学品牌,依托闽台优势,成功举办了"'中华六艺'两岸青少年知行合一研学营""'集美研学记忆'两岸青年创作工作营""'两岸一家亲·从小心连心'研学营""台湾学生'寻闽台渊源,叙两岸情谊'厦门研学旅行活动"等一系列研学活动(见图8、图9)。

图8 "中华六艺"两岸青少年知行合一研学营

图9 "两岸一家亲·从小心连心"研学营

营地着力推广以"嘉庚文化""闽南文化""'海上丝绸之路'文化""海洋文化"为主题的研学线路(见图10、图11)。目前已承接了来自北京、香港、重庆、广东、湖北、安徽等地的中小学生来厦门集美开展研学,持续不断地点亮全国市场版图(见图12—14)。注重课程研发,打造精品研学旅行线路,积极推动省内及本地研学市场发展,目前基本实现全域、全市各片区落地(见图15—17)。

图10　2019"寻根之旅"北美华裔青少年福建厦门集美营

图11　"纵情闽南文化　博彩多元厦门"广东东莞学子厦门研学之旅

北京大学附属中学

清华大学附属中学

北京市第四中学

北京交通大学附属中学

北京市第十二中学

北京航空航天大学实验学校

图12　北京学子参与研学

图13　安徽近千名学子厦门研学游

图 14　武汉中小学生厦门集美研学之旅

图 15　厦门市思明区实验小学三日研学

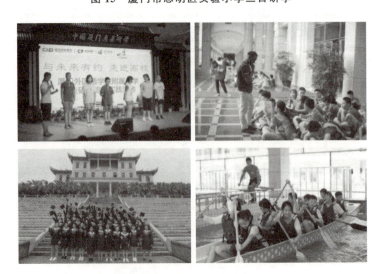

图 16　厦门市集美区第二小学两日研学

图 17　厦门外国语学校附属小学毕业研学旅行

与家长校长同盟　助力孩子健康成长
——武汉学知修远教育集团董事长祝胜华访谈

武汉学知修远教育集团（以下简称学知），成立于1998年，前身为武汉大学旅行社。

统计显示，仅2019年第一季度，学知集团就已接待全国各地中小学生十余万人次，单天承接线路最多可达40条。

从一家常规旅行社到专业教育机构，经过6年转型探索，学知在学校教育与家庭教育之外，初步开拓出一个集安全、体验、收获于一体的新型教育空间。

这其中，有哪些值得记录的经验教训？基于此，我们专访了学知修远教育集团董事长祝胜华。

问：资料显示，武汉学知修远教育集团曾连续5年被评为"全国百强旅行社"，荣获过的国家级、省级、市级荣誉不胜枚举，在旅游行业的地位举足轻重，为什么会在2013年转型，进入一个新行业，从头开始？

答：1998年，武汉学知修远教育集团诞生于武汉大学，前身为武汉大学旅行社，成立以来，一直依托武汉大学，锐意进取，以文化务本，发展顺利。2004年起，连续5年被评为"全国百强旅行社"，所获各项国家级、省级、市级荣誉不胜枚举，是当之无愧的业界标杆。

到了2013年，业内常规旅游的弊病日益突出，如恶性价格竞争、市场秩序混乱等，制约了学知的进一步发展。

外有竞争形式压力，内有学府基因引领，再加上与教育部门成功合作的经验，我们毅然决定，主动放弃成人散客、团体等业务，专注"为未成年人提供教育型旅行服务"。

值得一提的是，学知董事长祝胜华同时担任武汉大学副教授，转型对于他来说，更像是回归。他认为，教育型旅行服务实际是旅行和教育的跨界融合，教育为本质，旅行为载体，两者相辅相成，缺一不可。

问：在逐步转型的过程中，最困难的是什么？又是如何克服的？

答：最困难的是思想观念的转变。当时学知是旅游行业的一块金字招牌，很多导游慕名而来，希望加入，接受锻炼，成为行业翘楚。但突然有一天，他们得知，以后自我介绍不叫"导游"，改叫"研学导师"了，不少人接受不了而辞职。转型当中，又有不少人无法适应，主动离职。2014年前后，仅师资服务中心的员工离职率就高达50%。就连当时的导游部主任、如今的师资服务中心经理谷音也一度十分迷茫。当时大家只知道要转型，但转向哪、怎么转，一无所知。

人心动荡时，我在全体员工大会上的一句话，稳住了人心："只有将价格竞争转为价值竞争，学知才能打破行业桎梏，走出一条属于自己的康庄大道。"

紧接着，武汉学知不断完善研学导师的保障体系和激励机制，开启系统化的教育专业技能培训模式，在经济收入和个人发展两方面双管齐下，稳住了队伍。2015年年底，师资中心人员数量开始回升。对于学知来说，转型中最难过的一个坎，就算过了。

问：现在回头来看，这些年的转型探索中，是否有一两步起到了关键性的作用？

答：经过考察和思考，学知将"课程"和"师资"作为展开竞争、提升价值的两大抓手，并迅速组建起课程研究研发中心和师资服务培训中心。此举在旅游业属开风气之先。

事实证明，学知的成功转型，这两大中心起到了决定性的作用。课程研究研发中心原创的100多门研学课程已成为学知开拓市场的拳头产品；而发展壮大的研学导师队伍，则成为学知展现专业服务、积累优良口碑的最佳"名片"。

在转型中，时机也起到了重要作用。2016年，学知转型的第3年，教育部等11部门印发《关于推进中小学生研学旅行的意见》，将"研学旅行"纳入中小学教学计划。《意见》将研学旅行定义为：通过集体旅行、集中食宿方式开展的研究性学习和旅行体验相结合的校外教育活动。不难看出，这与学知转型的方向不谋而合。

问：到目前为止，学知转型是否能称得上成功？如果可以，有哪些佐证？

答：当然可以。来自外部的一系列肯定，是对学知的成功的最好注释。

这其中，有学校、家长、学生的投票，仅武汉市就有230所中小学校上百万中小学生在学知的教育服务下，走读山河；也有来自教育行政部门的支持，2017年，学知申报的"研学旅行课程化体系构建与实施策略研究"，获批湖北省教育科学规划年度重点课题，现已顺利结题；更有来自国家的肯定，学知主导编写的《研学旅行服务规范》成为国家行业标准，《中小学生夏（冬）令营服务规范》已立项完成编制，正在评审中。

学知内部也已形成了完备的内部架构，从组织形态上完成了从旅行社到教育机构的转变。

学知目前内设课程研究研发中心、师资服务培训中心、教学计划与器材管理中心及新民教育研究院。从课程开发到操作执行再到后勤保障，基本涵盖了教育实施的所有环节。

课程研究研发中心以上百门课程为基础，构建起一整套教育理论和课程体系，形成规范的输出运转机制，且每年两次定期"推新"，共计推出20余门新课程，并不定期更新既有课程。

其中，职业生涯规划系列课程、神农架自然教育系列课程、三峡大坝筑梦行系列课程等，因设计专业、教育效果显著，成为学知的拳头产品，备受社会各界欢迎。

一度人员流失严重的师资服务培训中心，通过构筑不断完善的激励机制和保障体系，如今人员数量攀升至历史最高，专职人数超过40，其中持导游证、教师资格证的导师已超过50%——具备教育理念、掌握授课技巧的导游，更容易找到校内外教育的结合点,也更容易将研学课程的执行落到实处。

教学计划与器材管理中心的前身是计调中心。计调是旅游业的专有名词,指负责游客行程的安排和调度。随着学知的转型发展,如今已转变为管理研学教课任务、目标、进度及教具学具的部门,为研学课程及实践提供全面有力的保障和支撑。

问:进入教育行业之后,学知要站稳脚跟,是否有自己的核心竞争力?

答:经过这些年的探索和思考,学知上下已经统一思想,研学绝不是在行程中加几个文化景点、几项体验活动那么简单,但也不是让学校老师"换个地方上课",如果缺乏对真实生活和集体旅行的体验,也就失去了研学的特色和意义。

如同国家教育部门设定课程,研学也应该有课程大纲,有明确的教学目标和方法,具备课程的基本要素。但基于研学的两大基本特点——要有组织性,要确保安全,学校和教育部门无法独立完成这一课程的实施,这就需要社会专业机构的深度参与。

要完成"深度参与",需要社会专业机构具备相应的核心竞争力。目前,学知已具备四大核心竞争力:研究研发能力、师资队伍构建能力、安全防控能力及市场开拓能力。

值得一提的是,前两项核心竞争力,是在学知转型之初就已确立的,后两项则是在发展中逐渐形成的。

由学知承办的"跟着课本游中国"夏令营至今已安全开展了21年,这得益于学知坚持将安全做到"惊人的细致"。

围绕安全,学知构建起完备而系统的管理架构,包括安全防控管理中心、安全应急工作领导小组、安全基金与综合保险办公室、职能部门安全小组、设置安全专员岗位等。

每一次夏令营出行,都被细分为进校、接送站、入住营地、车程、行程5大环节;17组工作人员被层层编排其中,守在各个环节的关键点,无缝对接,织起一张致密的防护网,全方位地守护学生安全。

问:听完您的介绍,我认为学知在教育行业用自己的核心竞争力占据了一席之地。但学知毕竟是"半路出家",要想在这个行业里谋发展,是否还需要

"修炼内功",进一步提升专业性?

答:这是个好问题。在转型之初,我们就组建了"学知智库",并一直希望通过理论研究抢占行业高地,站得更高,走得更远。

学知旗下的新民教育研究院深耕教育行业15年,开展了一系列学校文化建设和教育创新的学术研究和实证研究,已编写出版《中小学校长生存状况调查》《湖北省学校文化建设百强风范》《学校文化知行录》《我的班级故事》《班级文化概论》等图书,研发制定了《湖北省中小学学校文化建设评估标准》。

新民教育研究院主编的《学校文化》杂志已刊发超过100期,成为全国中小学沟通交流学校文化、班级文化、课程文化的桥梁。承办的"湖北学校文化论坛"已召开10届,被湖北省社科联评定为全省十大学术活动品牌。

"微课程教研室"是学知在教育研究上的另一大创举,在2018年年底由学知联合武汉大学、华中师范大学等高等学府的教授及学科带头人成立,着重在荆楚文化传承、长江文明传承与长江生态保护、工业文化传承、科学素养教育、红色文化传承五大方面开展深入研究。

这些时长不超过40分钟的"微课程",将嵌入学知研发的主题课程中,方便研学导师在行程中、活动间隙随时授课,能进一步丰富研学课程内容,也是对学知现有主题课程的补充和拓展。

问:完成转型后,学知下一步的目标是什么?

答:在2019年8月,学知举行了年中总结会,会上确定了新的企业战略目标及定位:专注中小学生实践教育,为未成年人提供新型教育空间,助力孩子知行合一、健康成长,打造企业核心竞争力,做中国实践教育龙头企业。

与过去的目标"专注3—18岁中国未成年人客户群体和新教育领域,坚定地跨界转型谋发展,做行业内最具影响力和引领性的教育服务专业机构"相比,新目标最大的变化是,去掉了"坚定地跨界转型谋发展"这句话。

我们的转型已宣告结束,日后将以教育服务专业机构的身份,去角逐实践教育行业中的"第一"!

/武汉学知修远教育集团简介/

1996年，学知诞生于武汉大学，其前身为武汉大学旅行社。企业继承了百年学府的文化基因，秉承"以人为本、以文立社，求真务实、循道发展"的理念，坚持发展，坚持进步。

学知发展20年来，先后荣获全国文明旅游先进单位、全国青年文明号、全国巾帼文明岗、全国百强国内旅行社、服务业湖北省名牌等光荣称号；拥有全国旅游系统劳动模范、湖北省劳动模范、武汉市劳动模范、全国优秀导游员、全国导游名师等精英团队，成为湖北省、武汉市的行业标杆。

2013年，学知开始全面转型，专注"为未成年人提供教育型旅行服务"。推进转型以来，学知提出了以体验为核心的研学教育理论，打造了以研究研发和研学导师为核心的服务体系，开发了以夏令营、研学旅行、亲子活动、营地教育为核心的研学教育系列产品，并于2015年主导编写了《研学旅行服务规范》全国行业标准。

2019年，学知确定了新的战略目标和定位，未来将持续构建更符合未成年人成长规律的教育新空间，助力孩子们学在乐途、知行合一！

编后记
POSTSCRIPT

2019 年 7 月，由武汉学知教育集团组织的"跟着课本游中国"夏令营在浙江横店举办。在从金华去横店影视城的大巴上，光谷小学的一名小女生拉着另一名小女生的手，挤坐在最后一排，谈论她们为什么来参加夏令营："我想跟好朋友晚上一起在房间说悄悄话。"那几天的活动中，每次遇到她们俩，总看到她们小手拉小手，一起参观、吃饭、拍微电影……想必那个炎热的夏天，她们在横店夏令营讲了好多"悄悄夜话"。这份少年时期的甜蜜也许会藏在她们一生的记忆里。

从很多这样的孩子身上，我们欣喜地发现，研学实践教育，可以教孩子们认识大千世界，认识广阔社会，认识美丽人生。

经过一年多的酝酿与筹备，我们收获了《研学实践教育研究 第 1 辑》。这本书的诞生得到全国各地教育界、研学专业机构及相关学术机构同仁的大力支持，聚合了他们的严谨思考、深入探索和辛勤耕耘，凝结了研学实践教育酸甜苦辣的真切果实。

这其中，有政府管理者对相关政策的宏观把控，有学术专家的政策解读，也有业界同人的经验分享；有对痛点和难点的剖析，也有分歧和争论。大家怀着同样的师者仁心，为研学实践的教育事业潜心耕耘，没有怨艾，不计回报。他们对教育事业的热忱，对孩子们的深沉爱意，可感可佩。

编写一本研学实践教育的专业理论研究书籍，编发相关论文与文章，不是一件容易的事。挑战很大，时间仓促，我们诚惶诚恐。所幸编辑部在遇到困难时，得到了多方面的帮助和支持。书中难免有疏漏和缺憾，恳请诸君批评指正。

研学实践教育，是一片新兴的沃土，还有很多领域可以开拓，还有很多话题有待深入探讨。我们将细心呵护《研学实践教育研究》这株新苗，也希望各界同仁踊跃来稿，共同培育、见证新苗的萌生与成长。

未来可期，孩子们终将健康长大。

周 蕾

2019 年 11 月 8 日

征 稿 函

《研学实践教育研究》是湖北新民教育研究院主办的专注研学实践教育的学术出版物，由华中科技大学出版社公开出版发行，旨在推进学术界和业界交融互动，推动理论与实践结合，于2020年开始每年出版一辑。诚挚欢迎海内外学者、中小学教师和教育专业机构惠赐稿件。

一、板块

研学理论与宏观思考，主题文化与研学教育，课程建设与课程践行，师资培育与评估评价，安全教育与风险防控，研学践行与区域发展，营地教育与研学实践，资源展示与机构风采。

二、来稿要求

来稿应立意新颖，观点明确，内容充实，论证严密，语言精练，资料准确，反映研学实践教育领域的最新研究成果。本书尤为欢迎有新观点、新方法、新视角的稿件。

来稿应包含标题、作者、作者单位及职务（或职称）、正文、注释或参考文献（若无则不需）。篇幅以5000～8000字为宜。若有图表，请保证图片和表格清晰且能和文字对应。

请在来稿末附上作者详细的通信地址，包括作者的详细地址及邮政编码、联系电话、电子信箱地址等，若有稿件发表上的其他要求，也可注明。

三、其他注意事项

本编辑部坚持"公平、公正、公开、客观"的审稿原则，严格实行"三审三校"制度。一般来稿由编辑人员审阅，重点稿件送交相关专家审阅。强调学术规范，坚持文责自负。

来稿一经采用，本编辑部将发出《用稿通知单》，出版后，即赠送样书2册并寄发稿酬。请勿一稿多投。来稿不退，20日未见通知可自行处理。

本编辑部可能对来稿进行修改，若不愿修改，请在来稿中说明。

四、联系方式

投稿信箱：yanxueshijian@163.com

联系人：周蕾 18627187101

丁勇 13907180360